KB014046

나다움 어떻게 찾을까!

강승규 저

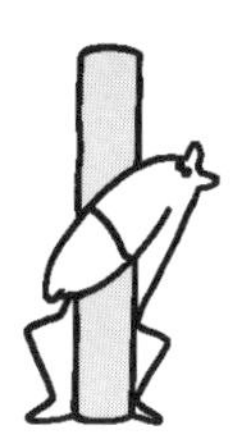

3판

학지사

3판을 내면서 ....

다음과 같은 세 가지 이유에서 부분적으로 개정하고 보완했다.

첫째, 자기존중감에 대한 대중적인 특성을 부각시키고 싶었는데, 학술용어인 자기존중감은 일반인에게 정작 자신과는 거리가 먼 용어로 여겨졌다. 이러한 이유로 이번 3판에서는 자기존중감 대신에, 일반인이 더 친근하게 느낄 수 있는 '자존감'이란 용어를 사용했다.

일상적으로 흔히 사용하는 '자존심'이란 단어는 자존감의 개념을 이루는 하위개념 중의 하나인 자기가치감과 동치어의 성격(본문 참조)을 가지는 반면, '자존감'은 학술용어인 자기존중감이나 자아존중감이 지니고 있는 뜻을 포괄하는 용어라고 생각했다.

둘째, 자기가치감을 자기능력감보다 우선하여 다루었다. 왜냐하면 자존감(self-esteem)의 개념을 형성하고 있는 두 축 중에서 자기능력감보다는 자기가치감이 더 본질적인 것이라고 생각했기 때문이다. 건전한 자존감을 지닌 사람은 '자신에 대한 사랑'을 기반으로 자기 나름의 삶의 가치를 터득하여, 비교가치가 아닌 절대가치로서 자신의 존재가치를 확신하고, 타인의 빛깔을 자신의 빛깔과 동등하게 존중하면서 타인과 무한 상생하는 공존관계를 만들어 가는 사람이다. 또한 서열화된 능력과 관계없이 한 인간으로서 모두가 동등한 가치를 지닌 존재라는 깨달음을 실천하는 사람이다. 즉, 자기가치감이 굳건히 형성된 사람은 남과 비교하여 우열을 가리지 않고 자신만이 소유하고 있는 고유한 능력을 찾아 실현할 수 있는 사람이다. 이러한 이유로 자기가치감을 자기능력감보다 우선하여 다루었고 보완했다.

이 점은 기존의 이론들, 특히 브랜든(Branden)의 이론에서는 자기가치감보다 자기능력감 또는 자기효능감을 더 우선하여 다루고 있는데 그러한 이론과 다른 점을 분명하게 밝혀야 하는 이유이기도 하다.

셋째, 부록을 보충했다. 그간 수업 중에 수강생들로부터 수많은 보고서를 받아 읽고, 각각에 대해서 보충하기도 하고 인생살이에 도움이 될 만한 글을 적어 다시 돌려주었었는데, 그중에서 여러 수강생들과 함께 읽어 볼 만한 보고서는 공개 발표하여 감상하고 토론하는 시간을 가지기도 했다. 자존감의 중요성을 자신의 체험을 바탕으로 기술하여 감동을 준 보고서 몇 편을 부분적으로 수정하고 제목을 다시 적절하게 붙여 책에 실었다. 사실 수업 중 수강생들이 제출한 모든 보고서들이 많은 깨달음을 주었다. 이 자리를 빌려 많은 수강생들에게 그 고마움을 전한다.

마지막으로 경제적으로 어려운 상황에서도 이 책의 출판을 결심한 학지사 김진환 사장님에게 감사의 뜻을 전하며, 편집과 교정에 정성을 기울여 준 신경아 님에게 감사의 말을 전한다.

2009년 초여름

저자 삼가 씀

1판 머리말 ····

나는 자기존중감을 알게 되면서 쉼이 없는 인생에 쉼표를 하나 얻게 되었다. 늦은 깨달음이지만 그것은 행복한 삶, 성공한 삶이 무엇인가를 새롭게 생각하게 했고 사람을 보는 눈을 크게 변화시켰다. 이는 공부하고 가르치면서 얻을 수 있는 즐거움, 그것이었다.

여러 해 동안 나는 자기존중감에 대한 강의를 하면서 매 학기 많은 학생들로부터 "이번에 선생님 강의를 듣고 인생에 새로운 전환점을 찾게 되었습니다."라는 말을 들었다. 그로 인해 아직 부족하지만 강의내용을 토대로 이에 관한 책을 내 볼 생각을 하게 되었다.

전반부에서는 자기존중감의 뜻과 중요성을 논의하고 우리 학교와 사회에서 이루어지고 있는 교육에 관해 반성적인 눈으로 새롭게 바라볼 수 있는 단초들을 제시하고자 했다. 후반부에서는 가정과 학교에서 자기존중감을 어떻게 기를 수 있을 것인가에 대해 이야기했고 마지막 부록에서는 그동안 수강생들로부터 받은 과제물 중 몇 편을 선정하여 실음으로써 자기존중감에 대한 경험담을 소개하고자 했다.

이 책을 내면서 바람이 하나 있다면 독자 여러분이 '나다움'과 '나됨'을 찾는 일이 얼마나 소중한가를 생각할 수 있는 기회가 되었으면 한다. 그리고 자라나는 아이들에게 어떻게 하면 '나다움'과 '나됨'을 찾아 줄 수 있을 것인가를 고민해 보는 계기가 되길 바란다.

이 책이 나오기까지 학지사 김진환 사장님의 격려가 힘이 되었다. 교정과 편집을 맡아 애써 주신 학지사 편집부 여러분에게 깊은 사의를 표한다. 그리고 이 원고를 여러 차례 읽고 교정하면서 아이들 교육에 관한 여러 이야기를 함께해 준 내자 조금남과 대학원생들, 그리고 탈고에 앞서 꼼꼼히 읽고 좋은 글이 되도록 도와준 고려대학교 국문학과 설중환 교수님에게 감사의 마음을 전한다.

끝으로 내가 재직하고 있는 우석대학교로부터 안식년을 얻어 2001년 한 학기를 미국에서 보낼 수 있었고 그동안 이 원고를 정리할 수 있었다. 이 자리를 빌려 감사의 뜻을 표한다.

2002년 9월
한내벌 가을 들녘에서
강승규 삼가 씀

차 례 C\O\N\T\E\N\T\S

제1장 ‘나다움’을 찾는 일: 교육

‘나다움’과 우리 교육

우리는 12년 동안 초등학교와 중 · 고등학교를 다니면서 오직 교과목의 성적만으로 서열화하여 자신의 모든 것이 평가되는 교육을 받았다. 즉, 교과를 얼마나 잘 이해하여 암기하고 있는가 하는 획일화된 기준과 틀로써 천차만별한 학생들의 삶을 평가하는 교육을 해 왔다. 각 개인의 수준에 맞는 학습내용을 가르치는 개별학습이 아닌, 하나의 방법과 내용을 가르치는 획일적 집단학습에 길들여 왔다. 그런 탓으로 많은 사람들이 자신들의 내면적인 세계에 대하여 성찰하거나 나름대로의 삶의 길을 탐색할 수 있는 기회를 경험하지 못한 채 대학에 진학하고 성인이 되어 간다. 많은 사람들이 자신의 인생에 대한 본질적인 물음을 던지고, 이에 따라 인생의 깊이를 고민하고 자신의 참다운 길이 무엇인가를 찾지 못한 채 살아간다. 자신의 참된 행복이나 삶의 보람과 가치에 대한 깊은 성찰이 없는 상태에서 성인이 되어 가는 사람들이 많다.

더욱이 우리는 오랫동안 민족 분열을 경험하였고 이로 인한 냉전 이데올로기, 획일화된 군사문화와 독재정치 그리고 여러 단체와 기관들의 독재적 운영방식 등에 의하여 인생살이가 단순해지고 편협화되어 왔다. 따라서 많은 사람들이 자신의 사고방식과 생활방식을 다양한 시각에서 이해할 수 있는 풍토가 형성되지 못하였다.

지금은 어떠한가? 우리 사회는 풀뿌리 민주주의를 실현하기 위한 시민들의 역량이 크게 성장하기도 했지만, 이미 곳곳에 뿌리내려져 관습화되어 있는 냉전적 사고와 권위주의적 사고는 우리들이 정상적으로 성장하는 데에 크나큰 걸림돌이 되고 있다. 이러한 척박한 문화풍토는 우리 모두가 힘을 모아 척결해야 하는 짐으로 남아 있다.

현재 우리 사회에 만연한 권위주의나 간판주의 그리고 권력지향적 생활방식은 과거의 그러한 척박한 풍토와 무관하지 않다. 개인의 내면적 삶은 뒷전이고, 피상적이고 외향적인 기준에 따라 쉽게 남을 평가하며, 자기 자신 또한 그런 방식으로 평가되어 버리는 경우가 많다. 결국 자신이 지닌 내면적인 본질적 가치를 간과하면서 살아가는 생활이 일상화되어 있다. 대부분의 사람들은 자신도 모르는 사이에 자신에게 참으로 충실한 것이 무엇인가를 잊고 살아간다. 아니, 오히려 자신의 참된 모습을 찾으려는 노력은 번거로운 일이 되어 버렸다. 나의 내면세계와 '나' 자신에 대한 충실한 삶보다는 일상적인 기준과 가치에 매달려서 인생의 방향을 찾으려는 경향이 강하다. 그 대표적인 기준과 가치가 권력과 재화의 획득일 것이다. 재화와 권력이 나쁘다는 것이 아니라 자신의 능력과 가치를 모두 이것으로 평가하고 그것에만 매달리는 사회적 분위기는 한 사람 한 사람의 인격적 가치를 자칫 놓쳐 버릴 수 있다.

성적이 좋은 학생은 성적이 나쁜 학생을 동료로 생각하기보다는 업신여기고 적당히 무시해 버려도 괜찮다고 생각하며, 공부를 못하는 학생은 자신의 느낌과 주장까지도 떳떳하게 표현하지 못하는 생활태도가 보편화되어 있다. 세칭 평판이 좋은 학교를 다니는 학생은 그렇지 못한 학교를 다니는 학생을 적당히 무시해도 된다는 생각과 태도가 당연한 것처럼 여겨지는 경우가 많다. 설상가상으로 특정 학교의 우월감에서 빚어진 학벌집단이기주의는 우리 사회 발전에 병리적인 요소가 되어 있다. 심지어 자식을 좋은 학교에 보낸 부모가 그렇지 못한 부모를 쉽사리 업신여기기도 한다. 그런가 하면 부자는 가난한 사람을 적당히 무시하고 억누르고 부려 먹어도 된다고 생각하며, 권력을 가진 사람은 부하 직원의 삶을 그럭저럭 무시하고 함부로 부려도 된다고 생각하고 그렇게 행동하는 사례를 주변에서 쉽게 볼 수 있다. 그것뿐이 아니다. 비싼 차나 비싼 집을 가진 사람들이 그렇지 못한 사람들보다 위에 있는 듯한 태도를 보이는 경우를 흔하게 마주칠 수 있다. 심지어 권력을 가졌다고 생각하는 구태의연한 정치인들은 법도 자기들의 편의대로 만들고 적용할 수 있다고 여기며, 여러 형태의 이권에 개입하여 자신들의 이익을 부당하게 챙기는 경우가 많아 힘없는 국민들의 권리나 삶은 그들 앞에선 초라해질 뿐이다.

새로운 틀 속에서 나의 삶을 찾아야 한다

앞서 언급한 사회가 개인의 인격을 존중하는 민주사회라 할 수 있을까! 부와 권세, 힘을 획득하지 못한 사람이 자신의 삶과 권리를 존중하면서 산다는 것은 눈물겨울 때가 많다. 민주화 사회라고 하지만 개성존중, 인간존중이라는 민주적 이념은 아직 허공에 뜬 소리일 뿐이다. 더욱이 '나'의 참된 가치를 찾아 세속적인 기준과 다른 나만의 일을 찾는 노력이 오히려 시대착오적인 행동이라고 지탄을 받기도 한다. 우리는 여전히 이러한 사회에서 살고 있다.

그러나 잘못된 사회의 풍토와 학교교육만을 탓할 수는 없는 일이다. 문제는 이러한 풍토 속에서 내가 '나다운 나'를 찾기 위해 고민하지 않으면 영원히 나의 삶을 잃어버리고 만다는 점이다. 남을 탓하고 정부를 탓하고 내가 받은 교육을 탓하고만 있는 것은 결국 서로를 건전하게 이끌지 못하는 소모적인 일일 뿐이다. 나부터 나의 삶을 새롭게 찾기 위한 노력을 하지 않으면 안 된다. 내가 부지하고 있는 생명이 다하기 전에 잘못된 가치관으로부터 자신을 건져 내지 않으면 나의 인생은 남의 것이 되고 만다. '나다운 나'의 모습을 찾아서 지킴으로써 나의 꿈과 잠재력을 실현할 수 있을 때 자신의 행복을 찾을 수 있을 것이다.

우리는 새로운 시각에서 사회와 교육 그리고 개인적 삶을 검토해야 한다. 즉, 개개인이 자신의 본질적인 가치를 찾기 위하여 새로운 안목에서 자신의 삶을 성찰해 볼 필요가 있다. 우선 학교교육과 사회적 관습이나 정책이 개인의 내면적 삶을 존중하는 차원에서 검토되고 변화되어야 한다. 그러나 더 중요한 것은 개개인이 자신의 삶 속에서 '나'를 존중하고 '나'의 참된 행복을 실현하기 위한 행동이다. 우리 모두가 자신의 내면적인 가치에 대해 충분히 자각할 때 비로소 사회를 개선할 수 있고, 개개인이 자신의 본질적 가치에 충실할 수 있는 좋은 사회가 될 수 있다.

우리의 삶은 각자 나름대로 길이 있기 마련이다. 따라서 그것을 키워 줄 수 있는 교육과 사회적 풍토가 필요하다. 남의 기준에 따라 살아가는 '나'가 아닌 나 자신의 기준과 나의 가치를 실현하기 위하여 살아가는 삶이 나에게 보람을 안겨 주고 즐거움을 가져다 줄 것이다. 그래서 자신의 내면적 가치에 따라 삶의 방향을 찾는 노력이 자기를 존중하는 삶이 된다. 개인의 본질적인 가치를 어떻게 찾을 수 있는가 하는 문제는 우리 모두에게 주어진 과제다. 특히 청소년기에 더욱 중요한 문제가 아닐 수 없다.

우리 사회는 과거 어느 때보다도 민주화란 단어에 중요한 의미를 부여하고 있다. 민주화를 추구한다는 것은 어떤 의미일까? 여러 가지 주장이 있을 수 있겠지만 민주화된 사회란 함께 살아가는 모든 개개인이 자신의 참모습과 참된 가치를 찾고 그것을 실현하여 스스로 삶의 보람과 가치를 느낄 수 있는 사회다. 정치와 경제는 여기에서 어떤 역할을 해야 할까? 살기 좋은 사회를 만들기 위한 노력의 일환으로 결국 사람들에게 행복을 경험할 수 있도록 도와주는 일이 정치며 경제라고 할 수 있다. 그런데도 우리 사회는 정치, 경제의 역학적인 논리만을 주장하면서 정작 중요하게 여겨야 할 시민의 인권과 생존권을 경시하는 사례가 비일비재하다.

이러한 사회 풍토에서 나의 참모습을 찾아 지키고 자신의 행복을 누릴 수 있는 권리를 실현하기 위해서는, 우선 '나'를 존중하고 소중하게 여기는 마음과 행동이 선행되어야 한다. 나를 존중하기 위해서는 먼저 자기 나름대로 삶의 방식과 길을 검토해야 한다. 개개인의 행복을 실현하는 데에는 여러 가지 방법이 있겠으나, 가장 중요시해야 할 것은, 자신의 가치를 정확하게 알아내는 것이고, 이를 정당하게 실현하기 위해서는 공동체를 마련하는 일도 요청된다. 우리는 서로를 보다 자유롭게 할 수 있는 사회, 서로가 부당하게 차별받지 않는 사회, 서로가 존중하면서 서로를 아끼고 보살필 수 있는 사회를 바란다. 우리 모두가 꿈꾸는 행복한 사회에서 실현되어야 할 핵심 가치는 바로 '인간존중'이다.

민주주의의 보편 가치인 인간존중이 실현되기 위해서는 시민 개개인이 우선 '나를 정당하게 존중하는 일'을 중요하게 여겨야 한다. 모든 사람이 자신의 '존중감'을 제대로 느끼면서 살아갈 수 있는 사회라면 그것이 우리의 행복을 실현해 주는 이상적인 민주 사회일 것이다. 모든 사람이 자신의 삶을 가치 있게 만들면서 그것을 정당하게 즐기고 살아갈 수 있는 사회, 그것이 이상 사회가 아닐까? 물론 나름대로 자신의 삶을 가치 있게 만들어 나가는 일은 사회나 학교, 가족이 도움을 줄 수 있는 부분도 있으나, 분명한 것은 내가 나를 찾지 못하면 나의 삶을 주체적으로 이끌 수가 없고 결국 '나의 존재가치'를 찾지 못한다는 점이다. 즉, 개개인이 자신의 가치와 능력을 존중할 때에 사회 전체적으로 인간존중이라는 이념이 자연스럽게 실현될 수 있다.

다른 사람이 좋아하는 기준과 가치에 따라 나의 길을 선택한다면 그것은 나를 위한 길이 아니라 다른 사람을 위한 길이 되고 만다. 결국 나의 인생을 내가 주체적으로 선택하여 살아가기 위해 다른 사람들의 기준과 가치를 참고할 수는 있겠지만 다른 사람들이 원하는 기준대로 나의 길을 택할 수는 없는 일이다. 그러나 우리 사회에는 다른 사람들이 대체적으로 좋아하는 직업과 길을 유행처럼 따르는 경향이 있음을 부정할 수 없다. 그런 이유로, 자신의 진로를 선택할 때 자신의 잠재력이나 자신이 하고 싶은 일을 충분히 검토하지 못하고 진로를 결정하여 결국 자신이 할 수 있는 일이나 하고 싶은 일을 놓쳐 버리게 된 사례를 많이 볼 수 있다. 다른 사람의 기대를 만족시키기 위해 나의 진로를 택한다든지 많은 사람들이 좋다고 하는 일이기 때문에 나도 해야겠다고 한다면 자신에게 적합한 삶을 포기하는 셈이 되고 만다. 자신의 처지와 능력 그리고 가치를 자신의 입장에서 생각하고 다듬어 보는 일이 자신을 지키는 일일 것이다. 여기에 '자존감'의 중요성이 부각된다.

자존감이란

자존감에 대해서는 이 책 뒷부분에 가서 자세하게 설명할 것이므로 여기서는 개괄적인 내용만을 소개하려고 한다. 먼저 자존감이 높은 사람과 낮은 사람의 특징을 알아보자.

자존감이 낮은 사람은 힘이 있다고 생각되는 타인에게 인정받고 존중받기를 원하므로 남에게 이끌리는 삶을 살아간다. 그들은 매사를 주체적으로 처리할 자세가 갖추어져 있지 않아서, 자신의 일을 활기차게 수행하지도 못한다. 또한 다른 사람에게 늘 의존하여 생활하며, 모든 일에서 자신의 책임이 분명하지 못한 삶을 이끌어 나가고, 자신의 주장도 분명하게 할 수 없다. 그뿐만 아니라 자신의 길을 책임 있게 선택하고 결정할 만한 마음의 준비가 되어 있지 않은 상태를 지속한다. 따라서 자신의 잘못을 느끼지도 못하고 살아간다. 늘 잘못된 일은 나의 책임이 아니라 모두 다른 사람의 책임이라고 회피한다. 결국 다른 사람과의 인간관계에서도 편한 관계를 유지할 수가 없다. 더 불행한 것은 사랑이나 행복의 가치를 중요하게 여기면서도, 항상 다른 사람으로부터 인정받기 위한 욕망에 이끌려 주체적으로 삶의 보람을 즐기거나 행복을 실현할 수 있는 상태를 만들지 못한다.

즉, 건전한 자존감을 가지고 있는 사람은 자신에게 적절한 것을 탐색하여 이를 즐기면서 살아가지만, 자존감이 낮은 사람은 자신에 대한 정확한 인식에 바탕을 둔 삶이 아니라, 남의 기준에 따라 인정받기 위한 삶을 추구하므로, 본의 아니게 자신이 감당할 수 없는 일임에도 불구하고 무리하게 일을 맡게 된다. 그리고 자신이 이루어 놓은 성과에 대해서도 자신이 보람 있게 즐기기보다는 다른 사람에게 과시하고 인정받으려고 하는 겉치레의 삶을 살아간다. 또한 자신뿐만 아니라 사물의 됨됨이나 주변 현상에 대해서도 있는 그대로 바라보지 못하며, 남의 삶에 대해서도 긍정적으로 바라볼 수 있는 자세를 갖추고 있지 못하다. 일을 하고 공부를 함에 있어서도 자신의 기준이 아닌 남의 기준으로 나를 봄으로써 늘 마음

〈자존감이 낮은 사람과 높은 사람의 주요 특성〉

자존감이 낮은 사람	자존감이 높은 사람
• 남들과 의사소통이 순탄치 못하다.	• 숙련된 의사소통이 가능하다.
• 사랑(인정)받기만을 원한다. • 나를 남에게 과시한다.	• 나 자신을 사랑하고 다른 사람의 사랑을 자연스럽게 받아들인다.
• 나는 아무거나 다 잘한다고 생각하고 또 그렇게 하려고 한다.	• 나에게 적절한 것(내가 할 수 있는 것, 책임질 수 있는 것)을 한다.
• 타인을 비난하면서 죄책감을 갖도록 한다.	• 타인과 나의 차이점을 존중한다.
• 문제가 발생했을 때 나는 문제와 별개라고 생각한다.	• 문제가 발생했을 때 남과 나를 포용하면서 긍정적으로 해결책을 찾는다.
• 나의 현실에 대해 늘 부정적인 생각으로 일관한다.	• 나의 현재 상황을 있는 그대로 받아들인다.
• 틀에 박힌 생각으로 완고함을 보인다.	• 여러 가지 가능한 대안을 늘 생각한다.
• 모든 것에 대해 심판적이다.	• 열린 마음으로 융통성 있는 사고를 한다.
• 의무와 규칙에 얽매어 있다.	• 열린 자세로 폭넓은 해결책을 강구한다.
• 외형적인 것으로 인간과 사물을 판단한다.	• 자신과 남을 수용하는 자세로 성찰한다.
• 타인에게 늘 방어적이다.	• 타인에 대해 신뢰와 정직으로 성실하게 대한다.
• 자신의 감정을 늘 억압하고 있다.	• 개개인의 감정, 성실성, 인간성에 대해 수용적인 자세를 갖고 있다.
• 안전하고 익숙한 것만을 선택한다.	• 새로운 것을 시도하며, 모험을 즐긴다.
• 과거에 매달려 있고, 현재의 체제에 매달려 있다.	• 현재에 대해 긍정적이며 미래 지향적인 사고를 한다.

의 안정을 찾을 수가 없다. 일상적인 인간관계, 즉 부모, 가족과의 관계, 친구와의 관계, 사랑하는 이성과의 관계 등에서 부적응과 불협화음이 많이 따르게 된다. 결과적으로 자신이 하는 일이 항상 불만족스럽고 실패로 여겨지는 것이다. 그래서 자존감이 낮은 사람은 삶 속에서 어떤 보람과 즐거움을 느낀다는 것을 상상할 수가 없다. 하물며 사회정의 실현이라든가 공동체를 만들어 나가는 일과 같은 공동의 보편적 이상을 함께 고민하고, 이를 주체적으로 만들어 나갈 수 있는 마음의 준비가 갖추어져 있지 않다.

결국 자존감을 갖추고 있을 때 나를 지킬 수 있고, 다른 사람과도 좋은 관계를 이끌어 나갈 수 있는 기본조건을 갖추게 된다. 실제로 자존감은 개인의 삶을 행복하게 혹은 불행하게 이끌 수 있는 결정적인 요소가 된다. 그렇다면 과연 자존감이란 무엇일까? 자존감의 뜻을 간략하게 정리해 보면 다음과 같다.

1. 나는 한 인간으로 살아갈 수 있는 생명을 지니고 있으며,
2. 나 자신이 한 인간으로서 가치 있는 존재임을 느끼고,
3. 나는 한 인간으로 생각하는 능력을 가지고 있으며,
4. 나는 인생을 살아가면서 부딪치는 여러 가지 크고 작은 어려움과 낯선 역경을 이겨 낼 수 있는 기본적인 능력을 가지고 있으며,
5. 내가 필요로 한 것과 원한 것을 표현하고 주장할 수 있는 자격이 있다고 믿으며,
6. 나 자신이 필요로 하는 것과 원하는 것을 적극적으로 시도할 수 있는 능력과 자격을 지니고 있다고 믿고 이를 실행할 수

있으며,

7. 내가 그렇게 실행한 일로부터 어떤 성과를 얻어 낼 수 있고,
8. 노력하여 얻어 낸 성과를 즐길 수 있는 권리를 내가 가지고 있다고 믿으며,
9. 그러한 결과들을 스스로 즐김으로써 행복을 얻을 수 있고 행복하게 살아갈 수 있다고 믿는다.

실제로 한 고등학교의 학생들을 대상으로 실시한 조사(1999년)에 따르면, 자신을 스스로 가치 있는 존재라고 답한 학생들이 예상보다 매우 적게 나타났는데, '나는 쓸모 있는 사람이라는 느낌이 든다'고 답한 학생이 불과 41.8%에 불과했고, 나머지 58.2%의 학생이 스스로 쓸모없는 사람이라고 생각하고 있었다. 이는 한 학교의 예이지만 매우 불행한 삶을 살아가고 있는 학생들의 단면을 보여 주는 사례다. 지난 자료이지만 근래에도 별 차이는 없을 것이다. 교사들을 대상으로 한 2002년 조사에 따르면, 교사들의 자존감 정도가 5점 중 3점을 넘지 못했다. 사회적으로 심각한 문제가 아닐 수 없다.

우리 학생들은 생각해 보면, 유치원과 초등학교에 들어가기 전에는 모두 가능성이 있는 큰 인물로 여겨지지만, 학년이 올라갈수록 점점 자신에 대한 자신감을 잃어 가는 학생들이 많아진다. 그것은 여러 이유가 있겠지만 사람들의 개성적인 삶까지도 획일적인 기준과 가치에 의해 평가하는 학교와 사회적 풍토로 인하여 자신들도 모르게 자신의 모든 것을 남들과 비교하는 습관이 몸에 익숙해지고, 이로 인하여 암암리에 항상 '남보다 잘하는가 못하는가'

또는 '남보다 나은가 못한가'라는 기준으로 우열을 가리기 때문일 것이다. 그런 결과로, 성적이 좋은 학생에게는 우월감을, 그렇지 못한 학생에게는 열등감을 심어 주고 있다. 급기야 성적이 부진한 학생은 스스로 한 인간으로서 가치 있는 존재가 될 수 없을 것 같다는 생각을 하게 되는 것이다. 인생에서 이처럼 더 불행한 일은 없을 것이다. 이는 우리 교육과 사회에 매우 심각한 병리현상으로 반드시 치유되어야 한다.

돌이켜 보면 성공이란 기준이 무엇일까? 획일적인 기준에 따라 성공의 정도를 가려낼 수 있을까? 나의 삶의 상태에 맞는 기준이 아닌 남의 기준에 따라, 즉 일률적인 기준에 따라 평가한다면 결국 어느 누구도 언제나 성공한 수준의 위치에 있다고 말할 수가 없다. 각자의 삶의 방식에 따라 자신이 도달해야 할 기준이 따로 있다. 그것은 자신의 소질과 특성에 따라 선택되고, 가야 할 방식과 성취해야 할 도달점이 각각 달리 설정되어야 한다. 이 목표를 모두 동일한 기준과 내용에 맞추어서 성공 여부를 가리는 것은 잘못된 것이다. 흔히 우리가 비유하는 말인, '학교에서 우등생이 사회에서도 우등생인가?'란 반문 속에서도 교과 성적으로 우열을 가리는 것에 대한 잘못된 인식을 인정하고 있는 셈이다. 언제 어디서나 영원한 1등은 있을 수 없다.

우월감과 열등감을 갖게 하고 또 그러한 것을 가지고 살아가는 것은 불행한 삶이다. 우월감과 열등감은 동일한 심리기제인데 그것은 '남보다 나아야 한다'는 심리에서 비롯된다. 우월감은 남보다 낫다고 생각하기 때문에 생기는 심리이고 열등감은 남보다 못하다고 여기기 때문에 생기는 심리다. 우월감이나 열등감은 모두 다른 사람과 나를 비교하여 우열을 가려야 한다는 심리기제라는 점에서 공통적이다. 왜 우리는 항상 다른 사람과 비교하여 우열을 가리면서 살아야 하는가? 우리가 남과 비교하여 더 낫다 더 못하다고 여기면서 살아야 할 이유가 무엇인가? 나의 얼굴이 남보다 못나다고 생각하면서 살아간다면 내가 어떤 꼴이 되겠는가? 아들딸들이 자신의 아버지가 친구의 아버지보다 못하다는 생각을 가지고 살아갈 수 있을까? 우리 어머니가 친구 어머니보다 못하다고 생각할 수 있을까? 부모의 입장에서도 마찬가지다. 내 자식이 남의 자식보다 못났다고 생각할 수 있을까? 그럴 수 없다. 내 자식은 항상 부모에게 세상에서 제일 잘난 자식이다. 마찬가지로 자식의 입장에서도 나의 부모님을 남의 부모님과 비교할 수가 없는 것이다. 나에게 부모님은 절대적인 존재로서 늘 머릿속에 자리하고 있고, 마찬가지로 부모에게 자식은 절대적인 존재로서 자리하고 있다.

우리는 모든 사물을 우와 열, 흑과 백, 청과 홍, ○와 × 등으로 이원화하여 보는 것이 일상화되어 있다. 이것은 크게 잘못된 사고유형이다. 만약 내가 살고 있는 집이 오두막집이라고 해 보자. 내가 살고 있는 집과 친구가 살고 있는 집을 비교할 수는 있다. 그러나 나에게 중요한 것은 내 친구가 살고 있는 큰 집이 아니라 내가 살고 있는 오두막집인 것이다. 이 오두막집이 없이는 내가 살아갈 수 없기 때문이다. 아무리 친구의 큰 집을 부러워해 봐도 내가 살고 있는 오두막집이 그 큰 집으로 바뀌지 않는다. 남의 큰 집을 부러워만 하고 나의 집을 업신여긴다면, 나의 꼴이 어떻게 될까? 그것은 매우 어리석은 짓이 아닌가! 내가 해야 할 일은, 오두막집을 아끼고 가꾸어 더욱 편안한 곳으로 만들어 가는 노력이다. 이러한 노력이 나와 내 집을 의미 있게 만들어 준다. 내가 살고 있는 오두막집이 나에게 잠자리를 마련해 주고 부모와 형제간에 정과 사랑을 만들어 주는 삶의 터전이다. 그곳은 나에게 가장 소중하고 귀중한 곳이다. 현재의 우리 집을 근본으로 삼아 좀 더 살기 편하고 나에게 적합한 집으로 가꾸는 일이 나에게 삶의 의미를 주고 보람을 주는 것이다. 아무리 편하고 좋아 보이더라도 남의 집이 내 집이 될 수는 없다.

나만의 빛깔과 향기가 따로 있다

명문교, 높은 지위, 명문가, 재벌 회사, 비싼 차, 비싼 옷, 호화로운 집 등의 외향적인 가치가 나의 내적인 삶을 반드시 알차게 해 준다고 볼 수 없다. 그것이 결코 나에게 내면적 행복을 가져다주는 것은 아니다. 나에게 적합한 삶의 방식이 있기 마련이고 나의 형편에 맞는 일들이 따로 있다. 나에게 걸맞지 않는 행위나 욕심은 마음의 상처를 초래한다. 이를 자동차 운전에 비유해 볼 수 있다. 자동차를 운전할 때도 초보자가 낼 수 있는 속도가 있고 숙련된 운전자가 낼 수 있는 속도가 따로 있다. 초보 운전자가 숙련된 운전자를 추월하기란 어려운 일이다. 모두가 빨리 달리고 있다 하더라도 나만이 자유자재로 통제할 수 있고, 소화할 수 있는 속도가 따로 있다. 특히 초보 운전자는 그 속도를 지켜야 한다. 만약 자신의 운전 솜씨와 몸의 컨디션을 고려하지 않고 무리하게 욕심을 내어 빨리 달리고 있는 숙련 운전자의 속도를 따라잡으려고 한다면 그것은 목숨을 건

행위가 되고 말 것이다.

이렇듯이 자신에 대한 여러 가지 여건을 정확하게 파악해서 자신을 굳건하게 믿고, 남의 속도와 남의 방식이 아닌 자신의 속도와 스타일 그리고 자신의 신체조건에 맞추어서 인생의 여정을 행보할 수 있는 자세와 마음이 요청된다. 중요한 것은, 나를 정확하게 직시하고 '있는 그대로의 나의 모습' 에 나의 마음을 적응시키고 그에 맞는 속도와 방식으로 나의 길을 찾는 것이 나의 인생을 행복하게 만들 수 있다는 사실이다.

'나만의 향기' 와 '나만이 가질 수 있는 빛깔' 을 찾아야 한다. 우리는 어느 누구도 같은 얼굴을 하고 있지 않다. 생김이 서로 다르듯이 모두가 각자의 삶의 형태와 능력이 따로 있다. 그것을 좀 더 일찍 찾는 사람도 있지만 늦는 사람도 있다. 늦더라도 내가 '할 수 있는 일'과 내가 '하고 싶은 일' 을 찾는 것 그리고 내가 '해야 할 일' 을 찾는 것이 나의 삶을 의미 있게 만든다. 더욱이 이 세 가지 기준, 즉 '하고 싶은 일' 과 '할 수 있는 일' 그리고 '해야 할 일' 이 일치될 수 있다면 그보다 더 행복한 삶이란 있을 수 없을 것이다. 여기에는 반드시 자신의 삶을 스스로 책임지겠다는 굳은 결단과 지혜로운 선택이 뒤따라야 한다. 이 길은 자신만이 결정할 수 있으며, 자신에게만 주어진 권한이고 자신에게만 부여된 자격이다. 다른 사람들의 의견과 기대, 바람은 모두 나의 일을 선택하고 결정하는 데 참고자료에 불과할 뿐이다. 결국 나의 삶에 대한 책임은 나에게 있다. 여기에는 굳건한 자존감이 요구된다.

제2장 ····

자존감의 의미

앞에서 자존감에 대해 간략하게 소개를 했으나, 자존감이 구체적으로 어떤 의미를 지니고 있는지 자세히 알아보자. 자존감은 서로 밀접하게 관계되어 있는 두 가지의 요소로 구성되어 있다. 그 하나는 자신이 행복해질 가치가 있다고 믿는 느낌, 즉 자기가치감이며, 다른 하나는 삶을 이끌어 나가면서 겪는 여러 가지 일에 대한 기본적인 자신감, 즉 자기능력감이다. 사람들이 자존감을 체험한 사례를 자세히 살펴보게 되면 반드시 이 두 가지의 요소를 찾을 수 있다.

자기가치감은 한 인간으로서 살아갈 만한 가치가 있다고 확신하는 것으로, 내가 살아갈 권리가 있고, 스스로 행복해질 권리가 있다고 확신하는 태도다. 즉, 내가 생각하는 것과 필요로 한 것을 적절히 주장할 수 있으며, 그것을 성취할 수 있다고 믿고, 또 그렇게 함으로써 보람과 기쁨 그리고 성취감을 얻는 것이 나의 천부적 권리라고 믿는 것이다. 이는 한 인간으로서 살아갈 만한 기본적인 권리를 내가 가지고 있다는 믿음을 말한다.

자기능력감은 생각하고, 무엇을 배우고, 사태를 파악하고, 어떤 일에 대해 선택하고 결정할 수 있는 능력이 나에게 있다고 믿는 것을 말한다. 즉, 내가 관심을 가지고 있는 일거리에 요청되는 기능이나 역할에 대해 자신이 할 수 있다고 믿는 확신을 뜻한다. 특정한 한 분야에서 자신이 할 수 있는 일이 있고 자신이 해야 할 역할이 분명하게 있다고 생각하는 믿음이다. 곧 자신이 사회의 한 구성원으로서 마땅히 자기의 방식대로 할 수 있는 일이 있다고 믿고 있음을 말한다.

좀 더 자세하게 이 두 가지 요소를 생각해 보자. 한 개인은 인생살이에서 크고 작은 어려움을 겪는다. 어려움에 직면한 사람이 마음속에 자신에 대한 기본적인 믿음이 없거나 부족하다면, 자신에게 부딪힌 일을 스스로 해결하기란 쉽지 않다. 이런 경우에 처해 있는 사람은 절대적으로 자기에 대한 기본적인 가치나 생존적 가치를 느끼거나 지니지 못한 상태에 있다.

이렇게 자신에 대한 기본적인 존중감이 결핍되어 스스로 가치가 없다고 생각하고 있는 사람이라면, 주위 다른 사람의 기본적인 가치나 생존력에 관해서도 수긍하지 못하고 존중하지 못한다. 나의 인격적인 가치를 존중하지 못하므로 다른 사람의 인격적 권위나 생존적 가치를 정상적으로 존경할 수가 없을 것이기 때문이다. 결국 이런 사람은 어떤 특정한 분야에서 자신만의 독특한 능력을 가지고 있다 하더라도, 자신에 대한 생존적 가치를 느끼지 못해 자신의 능력이 소중하고 중요하다는 생각을 가질 수가 없다. 즉, 능력이 있음에도 불구하고 자신에 대해 가치 있다는 믿음이 결핍되어 있으므로 자신의 능력을 제대로 확인하거나 인정하지 못한다.

자기가치감과 자기능력감은 건전한 자존감의 두 개의 큰 축이다. 그중 어떤 하나가 부족하거나 정상적으로 갖추어지지 못한다면, 두 축은 서로가 손상을 입힌다. 그 둘은 자존감을 형성하는 데에 파생적이거나 부차적인 것이 아니라 필수적인 요소가 된다. 자기가치감에서 얻은 경험은 함께 있는 타인들과 내가 별개의 존재가 아니고, 나와 동일한 사람들과 함께 살아가고 있음을 느끼게 하며, 동료의식을 가지면서 독립된 한 개체로서 서로가 존중하고 협동하며 살아가는 존재라는 것을 느끼게 한다. 바로 자기가치감으로 인해 내가 한 인간으로서 살아가면서 나와 같은 타인을 감싸고 아끼는 정과 사랑을 느낄 수 있다. 자기능력감에서 얻은 경험은 남의 입장에서 나를 바라보는 것이 아니라 내가 삶의 주체로서 나의 생존의 의미를 느끼고 인생에 대한 통정된 감각을 갖게 한다.

다시 정리해 보면, 자존감은 보통 사람들이 살아가면서 부딪치는 여러 가지 크고 작은 고난들을 극복해 낼 수 있는 생존적 가치와 기본적인 능력이 자신에게 있다고 믿고, 자신이 한 인간으로서 가치 있는 존재이며 그에 적합한 능력을 발휘하여 어떤 성과를 만들어 낼 수 있고 그로부터 삶의 보람을 느끼며 인생을 행복하게 살아 나갈 수 있는 사람이라고 믿는 것을 말한다.

그러므로 건전한 자존감을 가지고 있으면, 자신이 선택한 삶을 적절하게 수용하고 그로부터 삶에 대한 보람을 만들어 나갈 수 있다. 내가 선택한 일이 나의 가치감에서 비롯되었으므로, 내가 하고 있는 일이 나에게 가치 있고 나의 능력감을 실현할 수 있다고 생각하게 된다. 그러나 자존감이 낮은 사람은 자신의 삶이 늘 뭔가 흡족하지 못하고 부적절하다는 느낌을 가지며, 반면에 자신에게 잠재되어 있는 부족감조차 느끼지 못한다. 그것은 자신감이 없기 때문이다. 이런 사람은 늘 주변 사람들에게 잘못의 책임을 돌리며, 자신은 그로부터 책임을 회피하면서 살아간다. 그리고 항상 주변의 인물로 남는다. 불행한 삶이 아닐 수 없다. 자존감이 아직 확립되지 않은 사람은 자신의 삶에 대해 적절하다고 생각할 때도 있지만, 때에 따라서는 부적절하다고 여기기도 한다. 따라서 마음이 안정되지 못하므로 늘 동요와 번민에 휩싸여 있다.

왜 자존감이 중요한가

인생살이에서 자존감이 왜 필요한가? 이 질문은 자존감이 뜻하는 바를 더욱더 깊이 설명해 줄 것이다.

자신의 존재가치에 관해 자문자답하는 행동은 하등동물에게서 찾아볼 수 없다. 오직 인간만이 늘 자신의 존재가치에 관해 스스로 질문한다. 나는 내 자신을 믿을 수 있을까? 나의 생각이 옳은가? 나는 지금 적절한 행동을 하고 있는가? 나는 만족스러운가? 나는 얼마나 좋은 사람일까? 나는 얼마나 완전한가? 내가 하고 싶은 일은 무엇일까? 현재 내가 하고 있는 일은 나를 얼마나 실현시킬 수 있을까? 나는 사랑을 할 수 있을까? 나는 성공할 수 있을까? 나는 행복해질 수 있을까? 나는 남들로부터 존경받을 수 있을까? 나는 어떤 사람일까?

이러한 질문들은 직간접적으로 자존감과 관련이 있다. 자존감에 대한 욕구는 두 가지의 본질적인 사실과 관련된다. 첫째는 인간이 자신의 사고력을 적절히 사용해 생존할 수 있는 방법을 찾는 일인데, 자신이 처한 환경을 잘 활용할 때만 성공적으로 살아 나간다고 할 수 있다. 둘째는 이 사고력을 바르게 사용하는 일인데, 그것은 신체의 자동장치처럼 자동적으로 찾을 수 있는 것이 아니다. 각자가 주체적으로 열심히 '전력투구할 때에만' 가능하다. 여기에는 가치 선택과 결단이 전제되어 있으며 자신에 대한 무한 책임이 따른다.

모든 사람들이 목숨을 부지하고 살아가기 위해서 필연적으로 영양분과 에너지가 필요하다. 이는 혼자서는 만들어 갈 수 없다. 태아나 영유아 시절은 말할 것도 없고 성인이 되어서도 우리는 다른 사람의 도움 없이 원활한 생활을 해 나갈 수가 없다. 다른 사람과의 협조관계를 적절하게 형성하지 못하면 그만큼 삶이 활발해질 수가 없다. 내가 만나는 여러 사람과 사물 그리고 환경을 적절하게 활용하고 순응할 수 있는 적응능력이 없이는 원만한 삶을 영위할 수 없다.

그렇다면 내가 접하는 사람들과 사물 그리고 환경과의 관계를 원활하게 형성하고 만들어 나가는 능력이 어디에서 나오는가? 바로 사고력이다. 궁극적으로 이 사고력에 우리의 삶을 의존하고 있는 셈이다. 음식 얻는 법을 배우고, 병을 치료할 수 있는 방법을 찾아내고, 보기 좋고 편한 집을 만드는 방법을 궁리하고, 아이들을 어떻게 잘 가르칠 것인가를 고민하고, 부를 창출하는 방법을 탐색하고, 도로나 다리를 건설하고, 가정용품을 만들고, 과학적인 탐구를 하는 등 이 모든 일은 사고의 과정이 없이는 이루어질 수 없다. 사랑하는 가족 그리고 이웃과 적절한 관계를 형성하는 일, 거짓 감정과 하고자 하는 행동 사이의 불균형을 적절히 조절하는 일 등, 이 모든 일들에 일정한 사고의 과정이 수반된다.

이렇듯 삶의 과정에 사고력이 필수적인 요소이지만, 문제는 자동적으로 생각할 수 있도록 계획되어 있지 않다는 점이다. 심장과 폐와 같은 신체 활동은 자동제어장치에 의해 살아 움직이고 있다. 조물주는 계획적인 통제 없이도 자동적으로 우리 신체기관의 기능이 질서정연하게 작동될 수 있도록 자동화 시스템을 만들어 놓았다. 그러나 우리의 사고기능은 이와 다르게 작용한다. 사고기능은 심장이 필요에 따라 일정하게 혈액을 분출하듯이 지식을 분출시키지 못한다. 사고력은 우리가 가장 합리적으로 스스로를 이해하도록 하지만, 사고와 행동을 질서정연하게 자동적으로 연결시켜 작동시킬 수 있는 시스템은 없다. 생각 없이 행동하는 일은 위험하다. 사고체제는 신체의 자동제어장치처럼 새롭고 낯선 일들을 '자동적으로' 대응하지 못한다. 가끔씩 저지르는 실수에 관해 관용과 용서가 따르기도 하지만, 조물주는 그에 대한 엄격한 책임을 우리에게 부과했다. 즉, 우리가 의식을 더 밝게 사용할 수도 있고, 또 어둡게 사용할 수도 있으나 이에 대한 선택권은 자신에게 주어져 있다. 우리는 가치 있는 일을 추구할 수도 있지만, 그와 반대되는 일을 추구할 수도 있다. 심사숙고하여 일을 할 수도 있지만, 아무 생각 없이 행동을 할 수도 있다. 어느 쪽을 택할 것인가 하는 것은 자신의 자유다. 그렇지만 여기에는 엄정한 평가와 책임이 따르게 된다. 그렇기에 책임 있는 심사숙고와 선택이 요구된다.

나이에 관계없이 인생살이에서 선택과 책임은 항상 필수적이다. 살다 보면 후회스러운 선택도 있을 수 있고, 현명한 선택도 있을 수 있다. 어느 누구라도 한두 번 정도는 소스라칠 정도로 후회스러운 경험을 마음속에 간직하고 있을 것이다. 그런가 하면 참 현명한 결정이고 선택이며 판단이었다고 자랑할 만한 경험도 마음속에 간직하고 있다. 이 모든 것에 대한 선택과 결정 그리고 책임을 감당해야 할 주체가 바로 '나'이며, 여기에 '나의 자존감'이 관여하고 있다. 자기능력감을 확실히 가지고 있는 경우와 없는 경우 그리고 자기가치감이 확실하게 형성되어 있는 경우와 그렇지 못한 경우, 우리의 판단과 선택이 어떻게 이루어질 것인가를 곰곰이 생각해 볼 일이다. 자존감은 우리 삶의 질을 향상시키는 일과 직결되어 있으며, 행복감을 느끼는 일과도 직결되어 있다.

인생을 살아가면서, 현실을 직면하느냐 회피하느냐 또는 책임 있게 행동하느냐 책임을 회피하느냐, 정직한 행동을 하느냐 정직하지 못한 행동을 하느냐, 지각 있는 행동을 하느냐 그렇지 못하느냐, 새로운 정보에 개방적이냐 폐쇄적이냐, 합리적이냐 불합리적이냐 또는 주어진 현실을 긍정적으로 보느냐 부정적으로 보느냐 등은 모두 자존감과 관계가 있다. 이러한 상황에서 양자택일을 해야 하는데, 어느 쪽을 선택할 것인가에 결정적인 영향을 끼치는 것이 바로 자존감이다.

자기가치감

앞에서 사람이므로 지니고 있는 본질적인 가치나 품위를 내가 지녔다고 믿고 있는 상태를 자기가치감이라고 명명했다. 자기가치감은 내가 자연스럽게 우정을 나눌 수 있고, 사랑을 주고받을 수 있으며, 행복해질 수 있을 것이라는 믿음이다.

자기가치감은 나 자신의 가치를 믿는 것이다. 그것은 우리가 완전하다거나 다른 사람에 비해 훨씬 우수하다는 착각 같은 것이 아니다. 나와 남을 비교하거나 경쟁적인 상대로 여기는 개념이 아니다. 이것은 나뿐만 아니라 우리 자신의 생명과 안녕이 함께 보호받고 지원받아야 할 대상으로 확신하는 믿음에서 시작된다. 즉, 우리는 모두 선하며, 타인으로부터 존중받을 만한 가치가 있고, 자신의 일에서 행복해지고 보람을 찾게 될 수 있는 존재라는 확신이다.

우리에게 잘 알려진 발명가 에디슨은 학교에서는 가망이 없는 학생으로 낙인찍혔지만, 그의 엄마는 아들의 가치를 굳게 믿고 자기가치감과 신뢰감을 심어 주었다. 에디슨은 학교 담임교사의 그릇된 판단으로 '가망이 없는' 학생으로 간주되어 자칫 인생을 실패와 좌절로 끝낼 수도 있었으나, 부모가 아들의 가능성과 인격적 가치를 믿었기 때문에 교사의 잘못된 생각과 신념을 극복하고 에디슨이 자기가치감을 가질 수 있도록 하였으며, 그 결과 그는 자신의 존재가치를 굳건히 믿을 수 있었다. 에디슨의 발명품 중에 전구가 있는데, 그것은 처음 '좀 더 밝고 오래 쓸 수 있는 불이 없을까?'란 단순한 궁금증에서 출발했다. 이러한 착상을 가지고 그는 1천 3백

번이 넘도록 실험을 하였다. 자신의 주위에 있는 소재들을 비롯하여 가능한 재료를 무수히 실험대상으로 삼았다. '좀 더 오래 쓸 수 있고 밝게 비칠 수 있는 불'을 만들기 위해 수많은 시행착오를 거치면서 전구를 만들어 냈다. 그가 처음 만든 전구는 현재 우리가 쓰고 있는 작은 모양의 전구가 아니라 큰 항아리만한 거대한 전구였다. 사람 키만 한 큰 전구를 점점 줄여 가고 발전시켜 간 것이다. 에디슨이 만약 학교 담임교사의 말대로 자신을 '가망이 없는 학생'으로 간주해 버리고 낮은 자기가치감을 가졌더라면 그러한 큰 일을 해낸다는 것은 어려운 일이었을 것이다. 자기가치감은 나를 지켜 주는 가장 큰 동력이다.

우리나라 헌법(제37조)에도 '국민의 자유와 권리는 헌법에 열거되지 아니한 이유로 경시되지 아니한다. 또 국민의 모든 자유와 권리는 국가안전보장 · 질서유지 또는 공공복리를 위하여 필요한 경우에 제한할 수 있으나, 이 경우에도 자유와 권리의 본질적인 내용을 침해할 수 없다.'라는 조항이 있는데, 이는 한 사람 한 사람의 존엄성과 가치가 가장 우선하여 보호받아야 한다는 것을 밝히고 있다.

긍정적인 자기가치감 또는 높은 가치감을 지니고 있는 사람은 우선 '나' 자신에 대해 좋은 생각을 가지고 있고, 자신의 행동과 자신의 인격을 분리시켜 생각할 수 있으며, 적극적인 세계관을 지니고 세상에 대한 두려움이 없이 밝게 바라보며, 투명하고 정직한 관계를 이루고 생산적인 활동과 활발한 상호교류 관계를 만들어 나간다. 그러나 부정적이고 낮은 자기가치감을 지닌 사람은 소극적이고 부정적인 사고와 관계를 만들어 간다.

자기가치감의 의미:
인간의 가치에 우열이 있을 수 없다

모든 사람은 태어나면서 이미 고유한 생존적 가치가 부여되어 있다. 그 가치는 어느 누구와도 비교할 수 없는 절대적인 것이다. 그것은 자신에게만 주어진 무한하고 고유한 것이다. 그 가치는 부모의 편견이나 교육방법 그리고 사회제도나 왜곡된 선입견과 가치관에 의해 훼손되어서는 안 된다. 그러나 살아가면서 접하는 여러 가지 관습이나 사회제도에 의해서 우열과 서열이 만들어진다. 우리 사회에서는 부모의 신분, 성별, 나이, 사회적 지위, 재산, 종교, 인종, 학벌, 유행 스타일 그리고 외모 등에 의한 편견과 선입견에 의해 서열이 만들어지고 또 그것을 당연하게 여기는 풍조가 만연되어 있다. 특히 학교교육에서는 교과 성적으로 학생을 서열화하는 관행으로 학생의 삶에 서열이 있는 것처럼 유도하는 차별의식은 크게 잘못된 현상이다.

철학자 칸트는 인간은 모두가 목적적인 존재이며 어느 누구에게도 수단시될 수 없다는 주장을 한 바 있다. 철학적인 입장에서 인간 가치의 절대성을 강조한 말이다. 이 말은 항상 옳다. 한 사람 한 사람은 모두가 동등하게 소중하고 가치 있는 존재다. 사람들 개개인에게 있는 내면의 핵심 자아는 그 자체로서 고유하고, 영원한 무한의 가치가 있으며, 그것은 무조건적이고 절대적이며 타인과 동일하게 소중하다.

하워드(Schiraldi, 2001)는 이러한 인간의 가치에 대해 설득력 있는 설명을 하고 있는데, 모든 개개인에게는 무조건적인 인간 가치(human worth)가 있다고 강조하고 있다. 다음의 다섯 가지는 고유한 개인 가치의 소중함을 설득력 있게 설명해 준다.

① 모든 사람은 타인과 똑같이 무한하고 무조건적인 가치를 지니고 있고 그것은 영원하다.
② 그 가치는 상대적이거나 경쟁적이지 않다. 그 가치는 인간이라는 공통적 특성으로서 동일한 가치를 지니고 있다. 어떤 사람이 다른 사람에 비해 운동을 잘하거나, 공부를 더 잘하거나, 사회 활동을 더 잘하고, 영업 활동을 더 잘한다 할지라도 그의 인간적 가치가 더 있다고 할 수 없다. 잘한 사람이나 못한 사람이나 모두 한 인간으로서 동일한 가치를 지니고 있다.
③ 그 가치는 외적인 요소 때문에 감소되거나 더해지는 것이 아니다. 다시 말하자면, 재화의 소유 정도라든가, 얼굴의 생김새 또는 이룬 업적 그리고 수행 능력 등으로 인간적 가치를 차별할 수 없다. 이러한 외적인 요인으로 사람의 가치가 가감될 수 없다. 그러한 외적인 요소들은 단지 경제적인 가치나 사회적인 가치를 가감시키는 요인에 불과하다. 한 인간으로서 지니고 있는 가치는 무한하고 변화되지 않으며 가감될 수 없는 절대가치다.
④ 개개인의 인간적 가치는 결코 어떠한 위험에 빠질 수 있는 것이 아니라 그 자체로 안정된 생존적 가치다. 비록 어떤 사람으로부터 비하되거나 거부된다 하더라도 위협당하거나 감소되는 것이 아니다. 그 가치는 안정되어 있는 고정불변한 인격

적 가치다.

⑤ 개인의 인간적 가치는 준비하거나 돈을 벌듯이 만들어지는 것이 아니다. 그것은 이미 주어져 있는 가치다. 바로 개개인은 그 가치를 깨달아 이를 수용하고 즐길 수 있는 권리와 자격을 지닌 존재라는 점을 아무리 강조해도 지나치지 않는다.

인간 개개인의 본질적 핵심 가치는 마치 크리스털처럼 변하지 않고 절대적이며 영원한 가치다. 그것은 마치 태양 아래 빛나는 아름다운 보석과 같은 것이다. 갓 태어난 아기는 그 자체로 무한한 가치를 지니고 있으며 절대적 존재다. 그 가치는 천부적으로 주어진 가치다. 그러나 그 아이는 완결된 모습은 아니다. 그는 앞으로 어떤 형태로든지 완성해 갈 수 있는 나름대로의 무한한 잠재성을 지니고 있는 소중한 가치가 부여되어 있다. 우리가 반드시 잊지 말아야 할 것은, 개개인 모두가 아름답고, 사랑스럽고, 자신을 실현시킬 충분한 재능을 지니고 있다는 점이다.

한 인간에게 부여된 가치는 외적인 요인과 별개로 절대적이다

우리 사회에는 사람의 가치를 외형적 기준으로 우열을 가리려는 풍조가 만연되어 있는데, 이것들을 더 상세하게 나열해 보자. 즉, 부모의 재산과 사회적 지위, 출신 학교, 출신 지역, 나이, 학벌, 사회적 지위, 생김새, 능력 그리고 여성인가 남성인가, 학업 성적이 좋은가 안 좋은가, 경제력이 얼마나 있는가, 어떤 기능을 보유하고 있는가, 경험이 얼마나 많은가 적은가, 창의적 능력이 있는가 없는가, 결점이 있는가 없는가, 실수가 많은가 적은가, 탁월한 의사결정 능력이 있는가 없는가, 지위가 높은가 낮은가, 신체 상태가 어떤가, 정상인인가 장애인인가, 태도가 어떤가, 경쟁력이 있는가 없는가, 목소리가 좋은가 나쁜가, 옷차림을 잘했나 못했나, 타고 다니는 차가 무엇인가, 어떤 신앙을 가졌는가, 성격은 어떤가, 결혼을 잘했는가 못했는가, 한국인인가 아닌가, 백인인가 흑인인가, 심지어는 예쁜 얼굴인가 아닌가 등등!

그런데 우리가 명심해야 할 것은 바로 이러한 기준으로 사람의 가치를 가감하는 행동과 태도에 대해 무감각하다는 점이며, 이러한 행태 자체가 인간으로서 한 사람의 가치를 무시하는 행동이라는 사실을 망각하고 있다는 점이다.

또한 우리는 일상의 능력으로 우열을 가리기 쉬운데, 즉 일을 얼마나 잘하는가 못하는가, 통제력이 있는가 없는가, 감정을 잘 다스리는가 또는 사람들과 좋은 관계를 맺고 있는가, 얼마나 건강한가 등에 따라 사람들을 차별하고 서열을 만든다. 그러나 우리가 망각해서는 안 될 것은 사람의 가치를 이러한 능력과 관련지어 차별하고 서열을 가리는 일이 바로 개인의 인격적 가치를 무시하는 처사라는 점이다. 사람들 개개인의 가치는 불변하고 절대적이며 고유하다.

또 우리가 흔히 비교하는 기준으로 누가 나를 좋아하는가 싫어한가에 관심을 쏟기도 한다. 소위 인기에 관심을 갖게 되는데, 그것에 의해 자신의 정체성이 흔들릴 수 없는 일이다. 이러한 기준으로 사람의 생존적 가치를 평가할 수 없다. 다른 사람이 나를 좋아하든 싫어하든 간에 '나'는 절대적이며 소중한 가치를 지닌 존재다. 누가 나를 얼마나 좋아하는가 싫어하는가에 따라 '나의 가치'가 변하거나 달라지지 않는다. 이 점을 확실하게 인정하고 받아들여 자신의 가치감을 신뢰하고 있다면, 자기가치감을 정상적으로 지니고 이를 충분히 누리고 있는 사람이다.

교육을 통해 인간의 기본적인 가치가 실현되어야 한다

우리는 나의 '나다움'과 너의 '너다움'이 함께 무한 상생하는 교육과 사회를 만들어 가야 한다. 내가 옆 친구를 이기지 않으면 낙오자가 되고 마는 무한 경쟁을 벗어나 '너'와 '내'가 무한 상생하는 교육과 사회를 만들어 가야 한다. 모든 사람을 차별하고 서열을 만들어 외줄 세우기 경쟁으로 몰아가는 정책은 결국 개인에게도 국가 전체적으로도 좋은 결과를 남기지 못한다.

모든 개개인은 이름도 없는 야생화들처럼 나름대로 각각 다른 빛깔과 향기를 지니고 있다. 그런데 어른들은 자신의 경험으로 얻은 고정된 빛깔과 향기로 어린이들의 빛깔과 향기를 예단하고 그렇게 자라야 한다고 요구하고 있다. 국가는 국가 경쟁력이라는 목표에 학생들을 맞추어 넣으려고 하고, 부모들은 부모대로 자신들의 가치관과 인생 목표에 맞추어 아이들을 길러 내야 한다고 생각한다. 학교의 교사들 역시 자신의 교육목표에 따라 학생을 만들어 가려고 한다. 어린이와 학생의 인생은 각자 자신의 것이라는 생각은 아예 없어 보인다. 바로 이것이 불행의 씨앗이다.

내가 스웨덴의 교육을 벤치마킹하기 위해 그 나라를 방문한 적이 있는데, 그곳에서 성공한 한국인으로부터 들은 이야기가 있다.

그는 세계적으로 유명한 원로 교수의 지도 아래 공부를 하였다고 한다. 지도교수와 함께 점심 식사를 하고 교정을 걸어가고 있을 때인데, "아 씨, 남이 청소하는 것도 안 보이나, 쌍!" 하는 소리에 뒤를 돌아보았더니, 청소부 아주머니가 걸어가고 있는 자신의 일행을 향해 내뱉은 소리였다. 일행은 아주머니가 청소를 하고 있는 줄 모르고 그곳을 아무렇게나 지나가고 있었던 것이다. 그러한 상황을 알아차린 교수는 아무런 당혹감도 없이 그 아주머니에게 고개를 숙이며 "죄송합니다."라고 말하고는 가던 길을 멈추고 되돌아 나와 다른 방향으로 걸어갔다.

여기에서 원로 교수가 청소부 아주머니를 대하는 태도가 대단해 보인다. 또한 아주머니가 한 말도 우리 같으면 상상하기 어려운 행동이다. 명성이나 하는 일과 관계없이 두 사람이 서로 대등한 주체로서 하는 일을 방해한 교수와 청소하는 아주머니 간에 편하게 대하고 있는 장면이다. 나에게는 감동스러운 이야기였다. 일에 귀천이 없다고 했던가, 직업에 귀천이 없다고 했던가, 청소부 아주머니의 예의 없는 태도에 원로 교수가 취한 행동은 사람으로서 서로가 동등한 관계라는 것을 몸소 실천한 장면이다. 교수는 하는 일과 관계없이 한 인간으로서 동일한 실존적인 가치를 소중하게 여기고 있는 장면이다. 유명한 원로 교수와 청소부 아주머니 사이에는 어느 누구도 외적인 요소와 관계없이 소중하고 절대적인 가치를 지니고 있다는 삶의 철학이 몸에 배어 있는 행동으로 보인다. 우리가 배워야 할 선진 문화다.

학교교육을 통해 우리 학생들은 얼마나 인격적 손상을 당하고 있는가! 학생들의 행복을 책임질 사람은 도대체 누구인가? 학생이 자신이 원하는 답을 모른다는 이유로, 자신의 논리를 따라오지 못한다는 이유로 학생에게 인격적 모독을 가하고 심지어 울리고 마는 행동을 어떻게 정당화할 수 있겠는가? 어른의 기대와 욕심에 차지 않는다고 하여 어린이에게 폭력을 가하는 행동을 어떻게 정당화할 수 있겠는가? 육체적 폭력뿐만 아니라 말에 의한 심리적 폭력이 인격적 손상을 더 크게 입히고 또 오래 지속된다고 한다. 상급 직원이 하급 직원에게 함부로 폭언을 하고 일방적으로 지시하고 예의 없이 대하는 행동을 어떻게 정당화할 수 있을까? 정치인이 국민의 인권과 인격은 안중에도 없이 자신의 정치적 목적을 위하여 몰아붙이는 행동을 어떻게 정당화할 수 있겠는가? 자기가치감을 키워 주는 학교와 가정 그리고 사회 풍토를 만들어 나가야 한다.

우리는 어려서부터 어른이 되기까지 살아가면서 알게 모르게 만들어진 무기력감을 스스로 탈피하지 못한다면 영원히 '나의 행복'을 찾지 못한다. 존 고든(2007)은 『에너지버스』란 책에서 '학습된 무기력감'을 '학습된 행복감'으로 전환시켜 긍정적 활력과 에너지를 주체적으로 만들어 내야 한다고 주장한다. 교육으로 손상된 자기가치감을 회복한 경우에만 우리는 내 자신의 삶을 당당하게 이끌어 갈 수 있다. 한 인간으로서 정상적으로 밝고 건전한 삶을 영위하기 위해 바른 자기가치감을 형성해야 한다.

자기가치감과 자존심

자기가치감은 우리가 일상적으로 사용하고 있는 자존심이란 용어와 많은 부분에서 같은 뜻을 지니고 있다. 예를 들어, "넌 자존심도 없느냐?"란 말이 사용되는 국면을 보면, 내가 기대했던 너에 대한 인품이나 위신으로 보아 그러한 일을 한다는 것은 너다움을 포기하거나 너에게 부적절한 행동을 하고 있어 너의 품격을 떨어뜨리고 있다는 뜻으로, 친한 이에게 자신의 마음을 전하는 말이다. 다시 말하면, "넌 자존심도 없느냐?"란 말은 '너의 가치'나 '너의 품위'를 지키지 못하고 행동하는 것 같다는 마음을 전하면서, '너의 인격적 품위'를 손상시키지 않는 행동을 했으면 좋겠다는 뜻을 전하는 말인 셈이다. 또, "그 사람 자존심도 없나 봐."란 말은 '그 사람'이 지나치게 자신의 위신이나 품위를 지키지 못하는 행동을 할 때 하는 다소 비난 섞인 말이다. 그러므로 우리가 일상적으로 사용하는 '자존심'이란 말은 자신의 인격적 가치나 생존적 가치를 존중하는 뜻을 지닌 '자기가치감'과 동의어라고 볼 수 있다.

자기가치감의 형성

한 사람이 존중되어야 할 존재로서 자신을 믿는 일은 어린 시절 가정교육으로부터 비롯된다. 우리의 행동은 우리가 살고 있는 사회의 도덕과 풍토에 의해 많은 영향을 받는다. 우리 사회에서는 사람들의 행복에 대한 권리를 강조하기보다 능력을 더욱 중요시하는 것처럼 보인다. 또한 자기가치감이 중요하다는 주장이 일반적으로 강조되지 않고 있는 것도 사실이다. 사실 자기가치감은 어떠한 도덕 규범보다 가장 중요한 가치다.

능력이 많아 큰일을 해내는 사람들은 상대적으로 자신이 해낸 성취에 대한 충분한 보람을 즐기지 못한다. 성과에 대한 개인적인 가치를 충분히 즐기지 못하는 것이다. 흔한 일이지만, 휴가를 내놓고도 직장과 일에 얽매여 가족과 여유로운 시간을 보내지 못하고 따라서 가족 간의 사랑을 충분히 나누지 못한다. 그들은 또한, 만들어 낸 성과물로서 자신의 개인적인 가치를 합리화하고 또 즐겨야 하므로, 그들의 '자기가치감'을 손상당하기도 하고 상처를 받기도 한다. 그들에겐 자존감이 없는 것이 아니라 그것을 비참하게도 박탈당하고 있는 셈이다.

그러나 우리가 성공적으로 살아가기를 원한다면 자신의 가치를 찾고 실현할 수 있어야 한다. 적절한 삶을 누리기 위해 자신의 일에 대해 가치를 부여받아야 한다. 행동의 결과에 따라 자신이 대우를 받아야 한다는 생각이 필요하다. 그렇지 않으면 자신을 보호할 수 없으며, 적절한 혜택도 받을 수 없을 뿐더러, 자신의 업적을 즐길 줄도 모르게 된다. 그 결과 결국 자기능력감에도 손상을 입게 된다. 자신이 사람 대접을 받지 못한다고 생각하고 있으므로 자신의 가치를 모르고 이에 따라 자기의 능력도 제대로 인정하지 못하게 된다.

주변을 돌아보면, 직장에서 열정적으로 일을 하지만 일의 결과를 인정받지도 못하고 경영주에게만 성과가 돌아가는 경우가 비일

비재하다. 동료끼리는 능력이 있다고 인정을 하지만 피고용자의 가치가 직장 내에서 공공연히 인정받지 못하는 사례가 많다. 그런데 이런 경우 피고용인 스스로가 자신의 능력에 대한 가치를 존중하지 못하고 남에게 돌리는 겸손한(?) 봉사정신(고용주들이 강조하는 것이지만)으로 일에 헌신하는 경우가 많다. 이런 경우 자기가치감이 크게 결핍되어 있으므로 자신에 대한 만족감이나 보람을 정상적으로 즐기기란 어려운 일이다. 유능하지만 정작 자기능력감이나 자기가치감이 결핍되어 있는 것이다.

그러나 우리가 자신을 존중한다면, 다른 사람에게 나를 적절하게 존중해 달라고 요구하는 것처럼, 나 스스로를 존중하는 일을 제대로 할 수 있어야 한다. 자기 자신을 존중하지 못한다면, 남들로부터 적절한 대우를 받지 못하는 것처럼, 자신의 가치에 대해 항상 부적절하게 평가하게 된다. 자기가치감을 올리기 위해서는, 사람으로서 지니는 기본적인 존엄과 가치를 인식해야 한다. 인간의 생존권과 기본권이 왜 중요한가를 삶을 통해 느끼고 자신이 한 인간으로서 존중받아야 하고 존중받을 만한 가치가 있다는 사실을 확신하며 이를 적절한 행동을 통해 표출할 수 있어야 한다.

자신을 긍정적으로 인식하는 것이 자기가치감을 경험하는 첫 출발이다. 점진적으로 자신의 행동을 선택하는 일 그리고 이에 대해 책임을 느끼는 일로부터 출발을 해 보자. 독립된 한 인간으로서 존재가치를 경험해 보는 것이다. 이러한 과정이 좋은 것이라는 느낌을 갖게 되고, 점차 사람들 간에 독립적인 존재로서 관계를 형성해 가고 서로가 도우며 살아간다는 느낌을 갖게 될 것이다. 그래서 우리가 함께 좋은 관계를 만들 수 있다는 믿음을 갖고, 우리 모두는다 '악의에 찬 존재가 아니라는 느낌'을 갖게 될 것이다. 사람에 대한 좋은 생각을 체험해 보는 것이다. 이러한 경험이 지속되면 우리 모두는 '선한 존재' 라는 생각을 가질 수 있을 것이다. 바로 사람들에 대해 그리고 나에 대해 긍정적인 생각을 갖게 된다. 우리는 성인들로부터 선과 악, 옳고 그름을 배운다. 그러나 어떻게 보면 그것은 우리의 잠재된 자연성에서 나오는지도 모른다. 그것은 생존의 문제와 직결되어 있다. 내가 사는 것이 정당한가? 인간으로서 살아가는 것을 정당하다고 생각한다면, 자신이 이룰 수 있는 성공과 행복도 정당한 것이 되지만, 그렇지 않다고 생각한다면 삶 자체가 늘 고통이며, 행복이나 성공을 이룰 수 없을 것이다. 어떤 사람이 '나는 행복하거나 성공할 자격이 없다.'라고 느낀다면, 이는 이미 '나는 인간으로서 가치가 없다.'는 말과 같다.

자기가치감은 인간으로서 당연하게 지녀야 할 필수적인 것이다. 우리의 잠재 가능성을 적절하게 실현하기 위해 우리는 우리 자신을 믿고 스스로를 존중해야 한다. 또한 그것이 자기 환상에 빠진 존중이 아니라 자신의 실존적인 모습에서 우러나온 존중감이어야 한다.

자기능력감

살아가면서 부딪히는 크고 작은 문제를 해결할 수 있는 기본적인 능력이 나에게 있다고 믿는 것이 자기능력감이다. 능력이 있다는 말은, 일반적 의미나 사전적 의미에서 볼 때, 바라는 바의 결과를 만들어 낼 수 있다는 뜻이다. 기본적 능력에 대한 믿음이 있다는 뜻은 자신이 세운 특정한 목표를 달성하기 위해 필요한 것을 배울 수 있고, 또 해야 할 일을 해낼 수 있다는 자신에 대한 믿음을 말한다. 여기에서 유의해야 할 점은, 우리의 통제 밖의 외적인 기준에 의해 판단해야 한다거나 전지전능함, 즉 절대 완전하고 완벽한 수준의 능력을 말하는 것이 아니다. 자기능력감은 우리가 결코 실수를 저지르지 말아야 한다는 자신감과는 거리가 멀다. 그것은 우리가 생각하고 판단하고 해결할 수 있다는 자신감이다. 사람이므로 실수도 할 수 있고 또 그 실수를 고칠 수도 있다는 자신감을 말한다. 그것은 보통 사람이 마음속에 간직하고 있는 자기신뢰감이다. 자기능력감은 우리가 삶에서 겪는 모든 고난을 완벽하게 극복할 수 있다는 자신감이 아니다. 그것은 원칙적으로 우리의 가치기준에 따라 선택한 목표와 일을 수행하기 위해, 최대한 합리적이고 양심적으로 행동할 수 있으며, 또 그것을 위해 배워야 할 것이 있으면 최선을 다해 배울 수 있다는 자신감을 말한다.

자신이 노력하여 얻은 성취로부터 확인한 자신의 성취 능력에 대해 스스로 신뢰할 수 없다면 자신에 대한 가치감이 형성되지 못한 상태이고, 이럴 경우 아무리 능력이 많더라도 자신에 대한 믿음 없이 그 능력은 공허한 것이 되어 버린다. 자기능력감을 뒷받침해 주기도 하고 또 자기 능력으로 이루어 낸 성과를 정상적으로 즐길 수 있는 힘을 제공해 주는 것이 자기가치감이다. 그러므로 자기능력감과 자기가치감은 분리하여 생각할 수 없는 관계에 있다. 특별한 지식과 기술을 획득할 수 있고 성공할 수 있는 힘을 제공해 주는 것이 바로 자기가치감 또는 자기신뢰감이다. 기술과 지식을 사용하는 방법을 어떻게 선택할 것인가 하는 문제도 결국에는 자신의 생각과 의식에 대한 신뢰가 없이는 결정될 수 없는 일이다. 그것은 일을 추진하는 과정에 대한 신뢰를 바탕으로 자신이 노력하면 성공할 수 있을 것이라는 기대에 대한 믿음이 있어야 가능하다.

자기능력감을 체험하지 못한 경우라면, 자신의 능력을 믿지 못하므로 자신감, 즉 자기가치감이 형성되어 있지 못하므로, 좋은 결과보다는 나쁜 결과를 머릿속에 그리고 있어서 늘 적극적인 행동보다는 소극적인 행동을 한다. 따라서 자신에게 부딪치는 크고 작은 고난이나 도전을 극복해 나갈 힘이 스스로 없다고 생각하거나 부족하다고 생각하므로, 이에 대해 스스로 적극적으로 대처하지 못한다. 결국 자신의 일을 해결해 나갈 능력이 부족하다고 여기고 있으므로 자신이 생활하면서 만나게 되는 여러 가지 크고 작은 일과 역경을 헤쳐 나갈 마음을 갖지 못하는 불행한 처지에 놓일 수 있다. 그런 사람은 다음과 같은 질문으로 자신에 대해 회의하는 고통을 겪을 수도 있다. 나에게 생각할 능력이 있는가? 어려움을 극복할 수 있는 나인가? 여러 가지 있을 수 있는 장애를 뚫고 나갈 수 있는 나인가? 나의 존재가치가 도대체 무엇인가? 등의 인생에 대한 근본적으로 회의적인 물음을 스스로 해결하지 못할 수 있다.

예를 들면, 자신의 업무에서 성공한 판매원이나 기술자가 가끔 의외로 경영인의 지위로 승진되는 경우가 있다. 그런데 성공적인 경영인이 되기 위해 필요한 능력은, 과거의 직위에서 필요했던 판매나 기술이 아니라 새로운 직위에 필요한 업무를 잘 수행하느냐에 달려 있다. 즉, 새로운 역할을 감당할 수 있는 준비가 되어 있는가에 달려 있다. 그것은 그에게 형성되어 있는 자기능력감에 따라 달라진다. 자기능력감이 낮은 사람의 경우에는, 낯선 새 업무에 대한 심리적인 부담으로 늘 불안감을 느낀다. 그는 지난날의 자신의 업무인 판매나 기술에 집착하려고 한다. 즉, 그는 과거의 경험 속에서 벗어나지 못하고 새로운 직책의 업무에 대한 노하우를 지난날의 작업 조건으로부터 찾으려고 애쓴다. 그에게는 새로운 업무를 배워서 추진하려는 적극적인 행동보다 과거의 업무 조건에 집착하고 있으므로, 새로운 직위의 업무를 수행하는 것이 힘들고 부적절하다고 느끼며, 시간이 흐를수록 이러한 현상이 더욱 심화되어, 결국 적응에 실패할 가능성이 많다. 자기능력감이 낮기 때문에 인간세계에 두려움을 느끼며, 적절한 인간관계를 만들지 못한다. 결국 그는 기계를 다루는 일이나 다른 사람들이 쉽게 접하지 못하는 추상적인 생각을 요구하는 일의 세계로 도피하여 자신의 능력을 보장받고 심리적인 안정을 도모하고자 한다. 그들은 개인적으로 높은 수준의 성과물을 달성한다 하더라도, 자존감의 결함으로 결국 인생의 중요한 국면에서 보람을 즐기면서 안락하게 지낼 수 있는 기초적인 조건이 결핍되어 있는 셈이다.

그러나 자기능력감이 높은 사람은 새로운 직위에서 해결해야 할 낯선 업무를 극복하기 위해 쉽게 탈바꿈할 수 있는 마음의 준비가 되어 있다. 자기능력감이 높은 사람은 극복해야 할 여러 가지 특별한 업무를 완수하는 일 이외에도 높은 책임감과 호기심, 변화에 대한 개방적인 마음, 긍정적인 사고를 지니고 있다. 따라서 새로운 직위를 맡으면서 부딪히는 낯선 업무를 배울 준비가 되어 있고, 낯선 업무 상황을 극복해야겠다는 마음이 있으므로, 새로운 일에 대해 적절한 대처 방안을 쉽게 찾을 수 있다. 결국 자기능력감이 더욱 크게 발휘될 것이며 새로운 직위에서 성공할 것이다. 자기능력감이 높은 사람은 기본적으로 살아가면서 부딪치는 여러 가지 난관을 극복하려는 마음의 준비가 되어 있다는 점이 중요하다. 즉, 자기능력감이 높은 사람은 새로운 상황을 탄력 있게 대처할 수 있는 자세를 잘 갖추고 있다.

스스로 자신의 능력이 부족하다고 믿고 있는 사람의 자존감

자존감이 낮을 때, 우리는 종종 두려움에 시달리며 그 두려움에 의해 행동이 조종되기도 한다. 내가 부적절하다고 느끼는 데서 오는 것인데, 자신과 타인을 부정하고 억압해 왔던 경험에서 시작된 두려움이다. 그것은 나의 주장이 무너지는 것에 대한 두려움, 남에게 노출되는 것에 대한 두려움, 혹시 실패하지 않을까 하는 두려움, 실패한 후의 굴욕감에 대한 두려움, 때로는 성공을 하더라도 그것을 감당할 책임감에 대한 두려움 등이다. 자존감이 낮은 사람은 어떤 일을 통해 자신이 얻을 즐거움을 직접적으로 체험하려 하기보다 두려움으로부터 갖게 되는 고통을 피할 방법과 요령을 찾아 생활한다. 따라서 생활의 형태가 소극적인 자세가 된다. 때에 따라서는 지나치게 적극적인 형태의 생활을 보이기도 하는데 그것은 인정받고자 하는 욕구에서 비롯되는 것이다. 결국 자신이 감당할 수 없는 일까지 도맡아 무리하게 능력 이상으로 결과를 이루어 놓을 때도 있다.

자존감을 느끼게 하는 것은 자신의 정서에 뿌리를 두고 있다. 우리의 느낌은 자신감을 주는 반면에 희망을 갖지 못하게 할 수도 있으며, 우리를 사실과 진실로 안내할 수도 있지만 정반대로 현실을 회피하고 사실을 은폐해 버리도록 할 수도 있다. 이는 자존감을 만들어 가는 첫 출발이 얼마나 어려운가를 말해 주는 것이다.

우리는 반감을 느끼면, 의식적으로 활동을 추진하는 행동이 중단되기도 한다. 자신이 하고 있는 일이 맹목적이라는 느낌이 들 때 그 일로부터 어떤 의미를 찾지 못하지만, 자존감이 낮은 사람의 경우 자신의 참된 흥미나 관심을 드러내지 못하고 의지적인 노력으로 이를 극복해 보려고 애쓰는 것이 일상화되어 있다. 바로 자신의 행동을 어렵게 만드는 것은 다름 아닌 자신의 무의식 세계, 즉 마음의 심연에 자리 잡고 있는 자신을 숨기고 자신에게 정직하지 못한 자아다. 이렇게 초라하기까지 한 자신의 모습을 발견한다면 스스로 인생에 대한 절박한 위기감을 경험하여, 새롭게 자아에 대한 성찰을 하고, 결과적으로 새로운 삶을 시작할 수 있는 계기를 갖게 될 수도 있다. 바로 자신의 정체가 무엇인가에 대해 고민하고 자신의 내면적인 삶에 대한 소중함을 느끼기 시작하는 것이다. 바로 이러한 번민의 과정 속에서 자기를 새로운 각도에서 보고 새로운 자아를 얻게 된다. 바로 자존감의 중요성을 체험하는 첫걸음을 내딛는 것이다. 이는 자신의 삶 속에서 가장 가치 있는 전환점이다.

자존감이 낮은 경우, 가장 위험스러운 것은 부정적인 자기 영상 속에 갇히게 되는 일이다. 부정적인 행동을 지시하고 자신을 폄하하여 스스로 능력이 없다고 여기고, 자신의 인생살이 자체에 크게 부족한 점이 있다고 생각한다. 즉, 스스로 살아갈 자격이 부족한 사람이라고 규정지음으로써 결국 자아개념과 자기상을 스스로 비하하게 된다. 이처럼 우리는 자신을 부정적인 사람으로 만들 수 있고, 또 이에 대한 강한 도전을 하여 자신을 긍정적으로 만들 수도 있다. 즉, 스스로 자신에게 힘이 없다고 말하면서 자신의 모습을 초라하고 약한 존재로 만들 수도 있고, 그와 정반대의 모습인 유능한 사람으로 자아상을 만들어 그렇게 행동을 할 수도 있다.

그런데 부정적인 자아개념을 갖게 되면 자신의 행동을 지속적으로 소극적인 방향으로 강화시키고, 자신을 부족한 존재로 인식하여 생활을 자신 있게 이끌 수 없으며, 삶에서 부딪히게 되는 크고 작은 위기나 난관을 극복할 수 있는 길을 어렵다고만 생각하거나 아예 포기해 버릴 수도 있다. 자존감을 바르게 형성하지 못하면 의식과 사고력이 약화되어 자신을 마치 생각할 수 있는 능력을 지니고 있지 않은 사람처럼 하찮게 여기게 되어, 결국 자포자기하는 형태로 자신의 삶을 이끌어 나간다. 이러한 행동은 결국 자신에 대한 진실이나 사실을 왜곡시키고, 주변의 사물이나 자신에게 부딪혀 오는 여러 가지 상황을 정상적으로 감지하거나 합리적으로 수용하고 판단하지 못하게 한다.

만일 우리가 자신에 대해 스스로 부정적인 자아관과 나쁜 평가를 하고 있다면, 자신의 행동이 적극적이지 못하고 사실을 사실대로 받아들이기 어려우며 오히려 엄연한 현실에 대해 방어적이고 짜증스럽게 대응한다. 또는 죄의식과 자신에 대한 무가치감으로 인해 자신의 행동을 이성적 논리로 해명하거나 풀어 나가기보다 도덕적으로 죄악시하며 자신을 파괴적인 모습으로 그려 갈 수도 있다. 오로지 자신에 대한 책망만이 당연한 것이라고 느낀다. 더욱이 다른 사람들로부터 부당한 비난을 받는 경우에도, 이에 정당하게 대항하고 논박하여 극복하기보다는 그대로 수긍해 버리고 만다. 자신을 방어하고 지키는 일이 힘들고 어렵다고 생각하기 때문에 그것을 수긍해 버리는 것이 편한 것이다. 다시 말하면, '내가 그것을 어떻게 할 수 있을까?' 하는 의기소침한 생각만을 갖고 있는 것이다. 그러한 잘못된 심리적인 중압감으로 인해 스스로 무력해지고 자신에 대한 타인들의 부정적인 지적이나 비난을 마치 진실인 것처럼 받아들이고 만다.

나약한 자존감을 지닌 사람의 활동력은 자신감에서 출발하는 것이 아니라 두려움에서 출발한다. 활기찬 생활이 아니라 생활에 대한 두려움으로부터 도망치는 것이 최대 목적이 된다. 새로운 일을 추구하는 것보다는 안전함을 지키려는 심리가 최대의 욕망이다. 그런 경우 다른 사람에게 도움을 요청하는 것은 인간적인 진실한 접촉을 경험할 기회가 아니라 두려운 관계를 만드는 일일 뿐이다. 심한 경우에는 정상적인 도덕적 관계가 모두 두려움이고 질곡으로 다가와 이로부터 도망가려는 것이 심리기제의 중심이 된다.

자존감이 정상적으로 형성되어 있지 않은 사람은 미지의 세계와 낯선 것을 두려워하는 반면에, 자존감이 건전하게 형성되어 있는 사람은 늘 새로운 것을 추구하는 데에 적극적이고, 개척자적인 삶을 자연스럽게 즐긴다. 자존감이 약한 사람은 도전을 피한 반면에, 자존감이 건전한 사람은 도전을 열망하고 필요로 한다. 자존감이 낮은 사람은 어떤 일이나 과제를 면제받을 기회를 노리는 반면에, 자존감이 건전한 사람은 일을 추진하고 그 결과에 대해 정상적인 평가를 받을 기회를 노린다.

어떤 일을 추진하는 동기가 긍정적인 확신, 즉 자신을 사랑하거나 삶을 사랑하는 믿음에서 우러난 생활 자세에서 비롯된 경우라면 그것은 매우 건강한 삶이지만, 삶에 대한 두려움이나 공포를 벗어나기 위한 삶이라면 그것은 분명하게 잘못된 것이며, 성공적인 결과를 만들어 낼 수도 없다.

능력을 탁월하게 발휘하면서도 낮은 자존감을 가진 사람

가끔 우리는 세속적으로 성공한 사람들에게 존경의 마음을 표하기도 하고 선망하기도 한다. 그런데 성공했다는 평판을 받는 사람임에도 불구하고 스스로 자신의 삶에 대해 불만을 지니고, 의기소침하고 소극적인 삶을 살아가는 경우를 볼 수 있다. 그들은 겉으로 보이는 모습과 달리 자신에 대한 진실된 모습을 찾지 못해 위장된 자존감이란 탈을 쓰고 있을지 모른다.

건전한 또는 참된 자존감을 형성하지 못할 경우, 사람들은 여러 가지의 정서적 불안을 지니고 자기회의, 즉 자신을 스스로 의심하여 신뢰하지 못한다. 그런 경우 실제로 일상생활에서 스스로 무언가 부적절한 존재라고 여기고, 자신에게 잘못된 점이 있다고 여기면서 살아간다. 이는 고통스러운 삶이 아닐 수 없다. 고통스럽기 때문에 이로부터 빠져나가려고 애쓰고, 내면에 숨겨져 있는 두려움을 부정하려고 하며 자신의 행동을 늘 합리화하거나, 잘못 형성된 자존감을 과시하는 말과 행동이 나타날 수도 있다. 바로 이것이 위장된 거짓 자존감이다.

그것은 자기가치감이나 자기능력감을 위장한 허황된 모습이다. 비정상적이며 불합리한 모습을 드러내고 있을 뿐이다. 그것은 거짓으로 마음의 안정감을 보이고 있으며, 마음속에 간직한 불안감을 감추기 위해 찾아낸 자기 보호 기제일 뿐이다. 참된 자신의 모습을 숨기고 있으므로 건전한 자존감을 만들어 나갈 수가 없다.

그것이 이따금씩 자신의 삶 속에서 장점으로 보일 경우도 있지만, 그것은 자기능력감이나 자기가치감과 거리가 먼 것이다. 예를 들면, 큰 집에 살고 있는 것은 분명하게 적절한 가치를 평가받을 수 있는 증거물이 될 수 있지만, 그것은 결코 한 인간의 개인적인 내면의 능력과 가치를 평가해 줄 수 있는 증거물은 될 수 없다. 이와 달리 범죄 집단에서 통용되고 있는 규범이나 가치가 일반적으로 합법적인 가치가 될 수 없듯이, 그것은 건전한 자존감을 형성시켜 주는 강화 요소로 작용할 수 없다. 그것은 일시적 안정감과 소속감을 느끼게 하는 환상일 뿐이다.

참된 자존감을 형성하는 것 이상으로 더 좋은 것은 없을 것이다. 흔히 우리는 의식적 삶이나 책임감 있는 행동과 성실한 삶의 결과물로써 자존감을 갖추기보다는, 재화를 획득한다든가 인기를 얻는다든가 신체적 대담성을 과시함으로써 자존감을 향상시키려고 한다. 또는 개인적인 내면의 참된 모습을 가치 있게 평가하는 것보다 권력 지향적인 단체나 정당 또는 종교단체에 가입함으로써 자신의 힘을 평가받으려고 한다. 또는 적절한 자기주장을 통해 자신의 가치를 평가받는 대신에 특정한 단체에 대한 무비판적인 순응을 통해 자신을 평가받으려고 한다. 정직한 행동을 통해 자신의 가치를 실현하려고 하는 것보다 '나는 훌륭한 일을 하는 사람이야.'라는 식의 마음을 갖고 자선사업 같은 일을 하는 것으로 자신의 가치를 평가받기를 갈망한다. 또는 자신의 참된 잠재 능력을 실현하여 자기능력감을 평가받는 대신에 사람들을 조정하고 부릴 수 있는 능력을 과시하면서 자신의 능력을 인정받으려 한다. 이렇게 자기기만의 행동이 끝없이 전개될 수 있다. 그러나 이것은 자기 자신을 잃어버리고 마는 최악의 상태를 초래한다. 우리는 위조지폐를 가지고 살아갈 수 없다. 자존감은 자신과의 싸움 속에서 얻을 수 있는 내면적인 체험의 성과물이다. 그것은 '나'라는 존재를 증명해 주는 중심체다. 또한 다른 누군가가 나에 대해 생각하거나 느끼는 것이 아니라 내가 나 자신에 대해 생각하고 느끼는 것이다. 이 진실은 아무리 강조해도 지나치지 않다.

이러한 사람들에게 나타나는 행동은 다음과 같다. 나는 나의 가족, 나의 동료, 친구들을 사랑한다. 그러나 아직 나 자신은 사랑하지 못할 수도 있다. 나는 나의 동료들에게 칭찬을 받을 수 있고, 나 자신이 매우 훌륭한 사람으로 대우받을 수 있다. 그러나 내가 나를 참되게 칭찬할 수 있고, 사랑할 수 있고, 능력 있는 사람으로 평가할 수 있는가? 다른 사람들의 기대를 채워 줄 수 있으나 아직 나 자신의 욕망을 채울 수는 없다. 나는 모든 명예를 얻을 수 있으나 어떤 것도 성취했다는 느낌을 내면에서 느끼지 못한다. 나는 수많은 사람들에게 존경을 받지만 늘 그 허탈감을 이겨 내지 못하고 고통스러운 마음으로 매일매일 아침 잠에서 깬다.

다른 사람들이 나에게 보낸 환대와 칭찬은 절대 자신의 참된 자존감을 만들어 주지 못한다. 박학다식함을 보이며 떠들어 대는 일,

재화의 획득, 호화로운 결혼, 남들에게 과시하려는 부모다움, 남에게 보이기 위한 자선사업가의 헌신, 성적 행위를 통한 정복감, 권력 획득, 지위 상승, 어떤 것도 진정한 자존감과 거리가 멀다. 이러한 것들은 때에 따라서는 일시적으로 기분을 즐겁게 해 주며 편안하게 느끼도록 해 줄 수 있다. 그러나 일시적인 편안함이나 좋은 기분이 자존감이 될 수는 없다. 많은 사람들의 비극은 자존감을 자신의 내면에서 찾으려 하기보다 밖에서 찾으려 하기 때문에 빚어진다. 결국 건전한 자존감을 형성했을 때 참된 행복감과 성공감을 얻을 수 있다.

자존감의 궁극적인 원천은 다른 사람들로부터 오는 것이 아니라 자신의 내면에 있다. 다른 사람들의 행동이나 반응에 전적으로 의존하여 자신의 모습을 찾으려고 하면 그것은 불행과 비극을 초래할 것이다. 나 자신의 동료를 찾는 일이 적을 찾는 것보다 더 현명한 일이다. 심리적으로 건강한 사람은 타인으로부터 받게 되는 피드백에 의해 좌지우지되지 않는다. 개혁가나 발명가, 창작을 하는 사람들은 다른 사람들에 비해 고독감을 크게 체험한다. 다른 사람의 의견에 의존하는 사람은 그 자신의 내부로부터 진실한 소리를 들으면 들을수록 불안에 떨게 된다. 다른 사람의 반응이나 평가에 지나치게 의존적인 사람은 자신의 마음을 지지해 줄 기반이 없어지는데, 이것이 성숙한 인간으로서 갖추어야 할 가장 본질적인 것을 박탈당한 상태다.

자존감이 정상적으로 형성된 사람은 경험하지 못한 영역에 대해 두렵게 생각하지 않는다. 위대한 일을 해낸 예술가, 과학자, 발명가, 실업가들에게 숨어 있는 비밀 중의 하나다. 어떠한 사람도 체험해 보지 못한 가능성에 대해 도전하는 것을 두려워하지 않고, 또 이를 현실화시킬 수 있는 능력, 그것은 바로 독립적 사고로부터 나온다. 물론 공동의 목표를 향해 함께 해야 하는 일은 많은 사람들의 협력을 필요로 하기도 한다. 그리고 개혁가들은 서로 이질적인 집단들을 연결시키는 가교 역할을 해야 한다. 그러나 함께한다는 것은 나와 남을 같게 만든다기보다 나를 다른 사람과 분명하게 구별하여 서로의 됨됨이를 존중하고 지킬 수 있어야 한다.

이렇게 될 때에 건강한 화합과 협조가 이루어질 수 있다. 위대한 업적을 이루어 놓은 사람들에게서 발견된 주요 특징들로, 강한 독립심, 용기, 대담성, 굳은 자기신뢰, 자신감, 내면에 충실한 삶 등이 있다. 만약 우리 인간에게 행복이 목표라면 자신의 내면에 충실한 삶을 지향할 수 있도록 해야 한다. 바로 참된 자존감을 지닐 수 있도록 해야 한다. 무엇보다 우리 자신이 이를 삶의 중심 가치로 놓고 키워 나가야 한다.

자존감 유형에 따른 행동 특성

자존감을 다음의 그림과 같이 유형화하여 그 행동 특성(Christopher J. Mruk, 1999)을 그려 볼 수 있다.

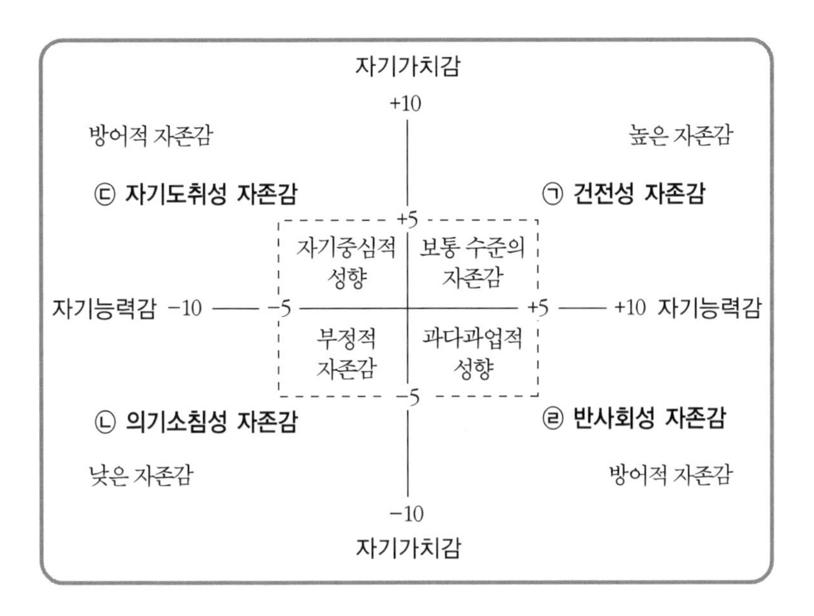

건전성 자존감

㉠의 유형은 자기가치감(자신의 인격적 존재가치)이 높고 자기능력감(자신의 능력에 대한 믿음인데, 남과 비교하여 우열을 가리는 능력이 아니라 자신이 지닌 능력에 대한 믿음)도 높은 상태로서, 한 인간으로서 가치 있는 존재라는 인식에 대한 확고한 믿음과 자신이 가진 능력에 대해 긍정적인 믿음을 지니고 있는 상태다. 남과 비교하여 상대적인 존재가치가 아니라 한 인간으로서 절대적인 존재가치와 자신만이 해낼 수 있는 능력에 대한 분명한 확신을 가지고 있는 상태다.

자신을 있는 그대로 받아들여 자신이 할 수 있는 일과 해야 할 일 그리고 하고 싶은 일 간에 일치를 이루고 있는 상태이거나 세 가지 일에 대해 객관적으로 정리가 되어 자신의 행동거지와 관련하여 안정감을 유지하고 있는 사람의 행동 특성이다. 다시 말하면, 앞서 언급했던 자존감이 높은 사람이 갖추고 있는 행동 특성을 모두 갖추고 있는 사람으로서 우리가 이상적으로 지향하는 행동과 인품을 대체적으로 지니고 있는 사람의 유형이다.

의기소침성 자존감

ⓛ의 유형은 자기가치감과 자기능력감 모두에 대해 부정적인 신념과 생각을 지니고 있으므로 생활 곳곳에서 소극적이고 의기소침한 행동을 하게 된다. 이 경우 특히 자신에 대해 책임감이 없고, 타인에 대해서도 하등의 책임감을 느끼지 못하는 행동이 나타난다. 자신이 해야 할 일에 대해 분명한 인식이 없는 상태며, 타인에게 모든 것을 의존하고 있는 행동 특성을 지니고 있다. 이 경우 크게 문제가 되는 점은 공적인 활동과 사적인 활동에 대한 구별이 없는 행동이 나타난다. 사소한 일에서부터 질서의식이 결여되어 있으므로 공공의 마인드가 절대적으로 부족한 사람의 행동 특성이다.

한 인간으로서 가지는 본질적인 존재가치의 소중함에 관한 인식이 결핍된 상태며, 자신의 능력에 대해서도 늘 남과 비교하여 남의 좋은 점과 자신의 열등한 면을 비교해 스스로 열등하다고 생각하는 심리 상태를 가지고 있는 사람이다. 그러므로 이런 사람은 자신의 행동 하나하나에 대해 자신감이 없고 남에게 의존하며 능력이나 힘이 있어 보이는 사람에게 보호를 받기 위한 행동과 심리를 지닌다. 스스로 '나는 주위 사람들로부터 가치 있는 존재로서 존중받을 만한 가치가 없다. 나는 어떤 일을 할 수 있는 능력이 부족하다.'라고 생각하고 있으므로 일상생활에서 늘 자신감이 없고 움츠린 생활을 하여 주체적인 삶과는 거리가 먼 생활을 한다.

이 경우 자신의 존재에 대한 새로운 인식을 하기 위한 노력이 필요하고, 자신만이 할 수 있는 작은 일에서부터 어떠한 성과를 만들어 내는 일을 지속적으로 해 가면서 자신감을 회복해 나가는 노력을 할 필요가 있다. 그러한 가운데 회복된 자신감으로 타인이 나에게 호감을 지니고 있을 뿐만 아니라 그렇게 나쁜 사람들은 아니라는 생각을 갖게 할 수 있는 환경이 요청된다. 무엇보다도 자신의 노력으로 나뿐만 아니라 타인이 한 인간으로서 동등하게 소중하고 가치 있는 존재라는 깨달음이 선행되어야 한다. 자신이 적극적인 노력을 하여 세상살이가 생각보다는 힘들지 않고 두렵지 않다는 깨달음을 지닐 수 있는 조건과 환경을 경험하는 일이 중요하다. 자기가치감과 자기능력감을 높이는 활동을 계속 적극적으로 진행하여 자존감을 높이는 일에 많은 노력을 해야 할 것이다.

자기도취성 자존감

ⓒ의 유형은 자신의 인격이나 인품에 대해서는 높은 신뢰나 가치를 부여하고 있으나 자신의 능력에 대해서는 부정적인 생각과 믿음을 지니고 있으므로 남들과 원만하게 어울리는 활동이 매우 어려운 상태다. 자신의 존재가치에 대해서는 매우 소중하게 여기고 있으면서도 자신의 능력에 대해서는 자신감이 결여된 상태이므로 상대적으로 주위 사람들로부터 자신의 능력이 인정받고 있지 못하다고 생각하고 자신만의 생활을 하는 행동 유형을 지니고 있

다. 혼자만의 활동이 많고 당연히 사회성이 결여된 행동이 많이 나타난다. 말하자면 '혼자서 잘난' 행동이 많은 것이 특징인데 타인으로부터 인정을 받지 못한다고 생각하고 있으므로 결과적으로 자기도취적인 행동이 많아진다.

이 경우 자신만이 소중한 존재가 아니라 주위 사람들도 모두 동등하게 소중하고 귀중하다는 깨달음이 요청된다. 한 인간으로서 나와 함께 모든 사람들이 존엄한 인격적 가치를 지니고 있고 나름대로 각자 능력을 지니고 있다는 점을 터득할 필요가 있다.

자신의 능력에 대해 과대평가하는 것보다 '있는 그대로'의 자신의 능력을 현실적으로 점검하고 자신이 할 수 있는 일을 객관적으로 찾아보려는 노력이 요청된다. 남과 비교한 능력이 아니라 자신이 할 수 있는 일을 구체적으로 발굴하고 그것으로부터 재미와 보람을 찾음으로써 자신의 능력에 대해 확신을 갖고 능력감을 더 높여 가는 노력이 요구된다.

반사회성 자존감

ⓡ의 유형은 자기 자신의 '사람 됨됨이'나 인격에 대해 부정적인 반면에 자신의 능력에 대해서는 자신감을 가지고 있는 상태다. '사람 됨됨이'보다는 사람의 능력을 더 중요하게 여기는 특성을 지니고 있다. 자신이 지닌 사람 됨됨이에 대해서는 별 의식이 없거나 자신의 존재가치에 대해 소중하다는 생각이 부족한 상태면서 능력은 많다고 여기는 상태다. 따라서 자신이 일을 많이 할 수 있는 능력을 지니고 있다고 생각하므로 어떠한 일을 추진하는 것 자체로

만족감을 찾는다. 그러나 일의 결말에 대한 책임감은 부족한 경우가 많다. 그것은 자신의 존재가치에 관한 확신이 결핍된 상태이므로 일의 결과에 대한 책임감 있는 행동이 결여되기 쉽기 때문이다. 그러나 일 속에서 만족을 찾고 일로써 자신을 인정받으려 하는 성향을 갖고 있기 때문에 자신의 능력을 고려하지 못하고 일을 과다하게 맡는 경향을 띤다. 타인과 인격적인 만남이라든가 인간적인 어울림 등은 소홀히 하는 경향이 있다.

이 경우에는 자신의 일에서 성과를 남기는 일이 중요하지만, 자신이 책임 있게 해낼 수 있는 일을 엄선하여 자신의 가치가 손상되지 않도록 유의할 필요가 있다. 자기가치감, 즉 한 인간으로 인간답게 살아가는 것이 중요한데 스스로 이러한 삶에 가치를 부여하고 이를 중요하게 여김으로써 품위 있는 삶을 지향하여 한 인간으로서 인격적인 품위와 가치의 중요성을 높일 필요가 있다.

자존감과 자부심

우리가 흔하게 사용하는 말인 자부심이라는 용어와 자존감의 관계를 살펴보면, '자부심을 느낀다.'라는 말은 어떠한 일을 성취해 놓고 그에 대한 만족감과 자랑하고 싶은 마음을 표현한다고 볼 수 있다. '자부심'은 어떤 일을 만족스럽게 또는 자랑스럽게 이루어 놓고 나서 느끼는 자존감이라 할 수 있다. 그러나 자부심은 허풍이나 자만심, 거드름을 피우는 행동 등과는 전혀 다르다. 자존감은 자신이 가지고 있는 인격적 가치와 잠재적인 능력에 대한 믿음과 관계되지만, 자부심은 내가 해 놓은 행동과 성과물로 자신을 명확하게 확인하고 느끼는 성취감에서 오는 즐거움과 관계된다. 자존감은 무엇을 이룰 수 있는 능력이 있고, '나는 대우받을 만한 가치가 있다.'는 것과 관계되는 반면에, 자부심이나 자긍심은 어떤 일을 성취하고 난 후에, '나는 해냈다.'라고 할 수 있는 증거인 성과물을 통해 얻게 되는 보람으로부터 비롯되는 느낌이다. 진정한 의미의 자긍심이나 자부심은 '허풍' 또는 '거만함' 또는 '거드름을 피우는 행동' '허장성세' '호언장담' 등의 들떠 있는 삶과 거리가 멀다. 오히려 그와는 정반대되는 정서적 뿌리를 가지고 있다. 그것은 공허가 아니고 남의 기준에 의해서가 아니라 나에게 맞는 내적인 기준과 그에 따른 만족스러운 성취가 근원이 된다. 자부심은 우리에게 흠도 단점도 없다는 착각에서 나온 것이 아니라 사람이기 때문에 불완전함을 인정하고 실수를 저지를 수도 있다는 것을 시인하면서, 스스로 열심히 노력하여 이루어 놓은 일이나 자신이 닦아 놓은 일에 대해 느끼는 성취감에서 비롯된 것이다. 그러므로 자부심은 건전한 자존감을 형성시키고 강화하는 데 중요한 내적 요소로 작용한다.

자존감의 내용

이 책 서두에서 자존감을 간단히 소개한 바 있다. 즉, 나는 한 인간으로 살아갈 수 있는 생명을 지니고 있고 또 생각할 능력을 지니고 있어서 나름대로 가치 있는 존재라고 믿고, 살아가면서 내가 부닥칠 수 있는 여러 가지 크고 작은 일들을 나의 힘으로 해결할 수 있는 능력을 가지고 있다고 믿고 이를 실천에 옮기고 있다. 그리고 그로부터 성과를 만들어 낼 수 있고, 그 결과 내가 나만의 보람을 찾을 수 있다고 믿으며, 나의 인생을 행복하게 이끌어 나갈 수 있는 자격을 갖추고 있다는 확신을 가지고 살아가는 모습이 자존감을 지닌 사람의 삶의 모습이다. 이러한 내용이 무슨 뜻을 담고 있는가를 자세히 살펴보기로 하자.

1. 나는 나름대로 살아갈 수 있는 '생명'을 지니고 있다는 것에 생동감 있는 확신을 가지고 있다

우리 모두 한 사람 한 사람은 각자가 생명을 지니고 있다. 자신의 목숨이 있기 때문에 살아갈 수 있다. 이 생명은 다른 사람의 것과 바꿀 수 없을 뿐만 아니라 서로 대체하여 살아갈 수 없다. 나만이 가지고 있는 소중하고 귀한 목숨이다. 이 목숨을 소중하게 간직하기 위해 우리는 병을 예방해야 하고, 하루에 세 끼의 식사를 해야 하고, 지치면 쉬어야 하는 집이 있어야 하며, 집 밖에 나오면 체온을 적절하게 유지하기 위해 옷을 필요로 한다. 일상적으로 그다지 중요하게 느끼지 못하면서 살아가지만 생각해 보면 본능적으로 또는 무의식적으로 이것을 가장 중요한 것으로 여기며 지키고 살아가는 것이다. 태아는 엄마의 영양 상태를 고려하지 않고 자신의 생명을 유지하기 위해 필요한 영양분을 모태로부터 흡수할 수 있는 생리적인 구조를 지니고 있다고 한다. 모두 그렇게 태어난 생명이다. 그러나 대부분의 사람들이 건강하고 목숨에 위협을 느낄 만큼 허약하지 않으므로 대체로 생명의 소중함을 잊고 산다. 생명이 없으면 이 세상에 없는 존재가 되어 버린다. 각자가 지닌 생명은 모두 소중하다. 그리고 그것은 서로 교체하거나 교환할 수 없는 자신만의 것이다. 이 생명의 원천 때문에 우리는 살아간다. 각 개인에게 가장 귀중한 것, 그것이 바로 생명이다. 내가 이 생명을 소중하게 간직하지 않으면 살아남을 수가 없다. 남이 보호해 주고 간직해 주는 것이 아니다. 내가 책임지고 보호해야 할 소중한 것이다. 그러나 나를 가치 없는 존재라고 여긴다면 이 생명을 소중하게 여길 마음도 없어지고 말 것이다. 그렇게 되면 나의 존재는 사라지고 마는 것이다. 나를 존재하게 해 주는 소중한 이 생명을 스스로 존중하고 지킬 때 내가 건강하게 살아갈 수 있다.

2. 나 자신이 '한 인간으로서 가치 있는 존재' 임을 느끼고 살아간다

내가 한 인간으로서 살아갈 존재가치가 있다고 믿는 일이다. 나에게 생명이 있고, 나름대로 살 수 있는 기본적인 능력인 사고력을 가지고 있고, 살아가면서 부딪치는 자잘한 일들을 내가 내 방식대로 처리할 수 있는 능력을 소유하고 있다고 믿음으로써 다른 사람들과 같이 한 인간으로서 가치 있는 존재라는 생각을 지니고 살아간다. 능력이 많건 적건 간에 한 인간으로서 생명을 지니고 있다는 것만으로 존재가치가 있다.

이것은 지극히 당연한 일인데도 실제로 그러한 모습이 아닌 경우가 많다. 우리는 다양한 삶의 방식을 여러 각도에서 존중해 주고 각자 나름대로의 독특한 모습과 특성을 지니고 있다는 점을 강조하고 그것이 모든 곳에서 실현되기를 바라지만 실제에서는 이와 거리가 먼 사실들이 행해지고 있다. 학교에서 학생의 생활을 보자. 획일화된 기준, 교육방법과 내용으로 학생들을 서열화하고 있는 학교에서 개개인의 다양한 사고방식과 특성은 존중될 수 없다. 학생 개개인이 한 사람으로서 존엄한 권위와 가치가 있다는 말은 그저 한낱 허공에 뜬 소리일 뿐이다. 서열화에 길들여져 있는 학교 풍토에서 학생 개개인이 지니고 있는 내면적인 특성을 존중한다는 것은 그저 말뿐이다. 대부분의 학생들은 학교생활 속에서 자신들의 인격적 권위와 가치를 존중받지 못하고 있다. 자신들이 지니고 있는 각자의 고유한 색깔을 선명하게 표출하고 당당함을 누릴 수 있는 기회가 크게 부족하다. 따라서 학생들은 긴 세월 동안 그러한 학교생활 속에서 자신의 존재에 대한 소중함을 깨닫지 못하고 살아간다.

그러나 평범한 사람으로서 인격적인 품위와 가치가 있다는 점을 당연하게 여기고 자신의 인생을 소중하게 존중하는 삶은 나의 존재를 가치 있게 만든다. 철학자 칸트가 말한 것처럼 모든 사람은 수단적인 존재가 아니라 목적적인 존재다. 어떤 누구에게도 부당하게 수단시되어서는 안 된다. 모든 사람은 각자 '인격적 권위'와 '인격적 가치'를 지니고 있다.

3. 나는 나름대로 '느끼고 생각하는 능력'을 가진다

신체적인 능력과 함께 생각할 수 있는 능력은 사람에게 없어서는 안 될 귀중한 능력이다. 생각할 수 없다면, 한 인간으로서 품위 있게 살아갈 수 있는 조건을 잃는 셈이다. 생명을 가진 다른 동물과 구별하고, 우주의 주재자로서 자리하고 있는 인간의 존재가치를 합리화시켜 주는 특징이 바로 느끼고 생각할 수 있는 능력이다. 내가 나름대로의 한 인간으로 살아갈 수 있는 능력이 바로 나의 사고력에서 나오는 셈이다. 데카르트는 인간의 존재가치를 이 사고력에 두고 있다. 그가 철학적 사유를 통해 철학의 명제들을 회의하고 검토하면서 마지막 결론으로 내놓은 '나는 생각한다. 그러므로 존재한다.'는 말과 루소의 '나는 느낀다. 그러므로 존재한다.'라는 말은 모든 것을 아무리 부정해 봐도 사유하는 존재로서, 느끼는 존재로서 인간실존은 부정할 수 없는 사실이라는 것을 확인한 셈이다. 인간이 인간다울 수 있도록 하는 것이 바로 '느끼고 생각할 수 있는 능력'이다. 이 능력은 큰일을 해낸 사람들이나 철학자나 과학자 등 위대한 사람들만이 갖는 것이 아니라 모든 사람들이 지닌다. 각자가 나름대로 자신의 느낌과 생각을 가지고 살아간다. 이는 다른 사람들의 것과 교체할 수 없으며 각자 자신만의 독특한 감정과 사고 능력을 가진다. 각자가 자신의 목숨을 바꿀 수 없듯, 자신의 느낌과 생각은 다른 사람과 바꿀 수 없는 나만의 독특함을 표상해 주고 있다.

그러나 우리 사회에서는 긴 세월 동안 획일적인 기준과 잣대로 인생을 평가하는 교육을 받은 나머지, 학교 성적이 지속적으로 부진했던 많은 사람들은 자신이 주체적으로 생각할 수 있는 능력이나 느낌이 없는 것처럼 살아가고 있다. 학교 시절에 성적이 우수한 사람들은 자유롭게 자신을 표현하고 인정받으면서 생활하지만 그렇지 못한 많은 사람들은 자신의 것을 억누르면서 생활한 탓으로 자신도 모르게 나름대로 생각할 수 있는 능력과 느낌이 없는 것 같은 착각 속에서 살아가는 경우가 많다. 그들은 왜곡된 자아관을 가지고 살아가고 있는 셈이다.

그러나 모든 사람에게는 나름대로 생각할 수 있는 능력과 느낌이 있고 이를 실현시킬 권리가 있다. 학교, 사회, 가정에서 개개인의 생각할 수 있는 능력과 느낌을 존중해 주고 키워 주는 풍토가 이루어져야 한다.

우리 각자에게는 아무도 측정하고 평가할 수 없는 놀라운 잠재력이 있다. 이에 대해 영국의 철학자이자 교육학자이자 수학자인 버트란드 러셀은 인간에게 '신에 버금가는 잠재력(God-like-potentiality)'이 있다고 강조한 바 있다. 한 사람의 사고력으로 인해 역사를 바꿀 수도 있고, 온 인류에게 보다 더 편한 삶을 누릴 수 있게 하는 발명품이 만들어질 수도 있다. 그러나 이를 어떻게 찾을 수 있고 누가 그 능력을 발휘할 수 있는 기회를 제공할 수 있는가? 그것은 교육활동이다. 교육이 사람들에게 숨겨져 있는 그 놀라운 능력을 바르게 찾아 길러 줄 수 있도록 해야 한다. 그것은 자신을 마음껏 실현시킬 수 있는 유일한 동력, 바로 한 사람 한 사람에게 생각할 수 있는 능력과 느낌이 있다는 굳은 신념을 학생들에게 형성시켜 주는 일로부터 시작해야 한다.

4. 나는 인생을 살아가면서 부딪치는 여러 가지 크고 작은 '어려움과 역경을 이겨 낼 수 있는 기본적 능력'을 가지고 있다고 믿는다

한 사람으로서 각자의 목숨 그리고 느낌과 생각으로 자신의 모습을 드러내고 있듯이, 살아가는 방식이나 길도 다 다르다. 서로 다른 길을 살아가면서 부딪치는 여러 가지 일들을 누가 해결해 주는가? 태아부터 유아기까지의 과정은 완전의존 상태에 머물러 있다. 인간의 삶의 출발은 완전의존 상태에서 점차 독립적인 삶으로 성장해 가는 과정이다. 인생의 궁극의 목적은 완전 독립일지 모른다. 완전 자립과 독립을 목표로 삶이라는 바다를 항해하고 있는지 모른다.

이런 과정에 크고 작은 고난과 처리해야 할 일들이 각자에게 발생하게 된다. 자신의 삶을 위해 이를 해결하지 않으면 안 된다. 내가 만나게 되는 이러한 수많은 어려운 일들을 누가 해결해 주는가? 어렸을 때에는 능력이 부족하거나 없으므로 대부분 부모가 해결을 해 주었다. 부모에게 의존해 사는 기간이 우리나라 사람은 서구의 생활에 비해 유난히 긴 셈이지만, 부모로부터 자립을 하지 못하면 나의 독자적인 인생을 찾지 못한다. 나 나름대로 나다움을 지키고 살아가려면 독립을 해야 한다. 그럼으로써 나 자신만의 세계를 체험하고 나아가 삶의 보람과 가치를 찾을 수 있게 된다.

모든 이에게 생명과 사고력이 있으므로 나름대로 삶을 개척하고 살아갈 수 있는 기본적인 능력이 있다. 이를 가치 있게 존중하면서 자신의 모습을 개척할 수 있다는 깨달음, 그리고 이에 대한 굳은 신뢰로 인해 자신의 삶을 스스로 이끌어 나갈 수 있는 활력을 얻게 된다. 각자가 살아가면서 부딪치게 되는 여러 가지 어려운 일들과 고난들을 스스로 해결할 수 있다고 믿는 마음과 자세가 나를 지켜준다. 내가 사회생활을 하면서 부딪치는 여러 가지 복잡하고 쉽지 않은 일들을 내가 나의 능력에 따라 내 나름대로 해결할 수 있는 기본적인 능력과 노하우를 가지고 있다고 믿고 그렇게 행동할 수 있을 때에 내가 살아간다고 말할 수 있는 것이다. 이것이 나를 지켜 가는 원동력이다.

5. 내가 필요로 하는 것과 원하는 것을 표현하고 '주장할 수 있는 자격'이 있다고 믿는다

나의 목숨을 지키면서 살아가기 위해, 그리고 나의 느낌과 생각을 키우고 실현시키기 위해 필요한 여러 가지 것들이 있다. 배고프면 먹어야 할 음식이 있어야 하고 추우면 따뜻한 집과 옷이 필요하듯이, 나의 느낌과 생각을 실현하기 위해서도 당연히 필요한 것이 있다. 미국의 교육학자이자 철학자인 존 듀이는 생명을 지닌 존재라는 점으로부터 인간을 이해하기 시작했다. 그는 인간 생명체, 즉 유기체의 삶에 대한 특징을 해명하는 일로부터 철학적인 논의를 시작했다. 인간에게 생명을 유지시키는 일, 그가 지니고 있는 본능과 충동 그리고 욕망을 있는 그대로 인정하면서 인간을 이해하고 있다. 인간의 충동이나 욕망은 다른 동물의 그것과 다르다. 이성과 생각을 지니고 있는 인간의 욕망은 단순히 일차적인 본능적인 욕망과 달리 이성과 사고력이 관여하여 목표를 세우고 또 그 목표를 달성할 수 있는 방법과 요령을 만들어 내며, 이런 과정을 통하여 자신을 실현해 간다.

내가 귀중한 생명을 존속시키고 잘 가꾸기 위해 한 인간으로서 필요로 한 것과 원하는 것이 있다는 것은 당연하다. 그것은 천부적인 권리다. 그러나 실제로 우리의 삶을 돌이켜 보면, 자신이 필요로 한 것을 떳떳하게 주장하지 못하고 억누르면서 살아가는 사례가 많다. 그 이유란 여러 가지 측면에서 찾을 수 있겠지만 '나다움'을 분명하게 표현하면서 살아갈 수 없게 만드는 교육과 사회적 풍토 그리고 가정에 그 탓이 있다. 늘 나보다 나아 보이는 타인의 삶을 부러워하는 의존적인 삶으로 인해 자신의 삶에 대한 소중함을 잃고 살아가는 경우가 많다.

그러나 살아가면서 나에게 필요한 것 그리고 내가 원하는 것을 말할 수 있고 이를 또 합리적인 절차를 통해 실현할 수 있을 때, 자신의 삶을 확인하고 살아간다는 것에 대해 의미를 부여하면서 살아갈 수 있다. 자신의 삶에 필요한 것을 정당하게 요구할 수 있는 권한과 자격을 당연히 내가 가지고 있다는 점을 간과하지 말아야 한다.

6. 나 자신이 필요로 하는 것과 원하는 것을 '시도할 수 있는 능력과 자격'을 지니고 있으며 이를 적극적으로 실행할 수 있다고 믿는다

내가 원하는 것과 필요로 하는 것을 주장하고 시도할 수 있는 자격이 있다고 믿는 것은 아직 이를 행동으로 실천할 수 있는 동기부여가 적극적으로 이루어진 상태는 아니다. 자격을 가지고 있다고 생각하는 것을 실제 행동으로 옮길 수 있다는 자신감이 부여되었을 때에 자연스럽게 실천에 옮기게 된다. 나 스스로 나의 삶을 주체적으로 이끌어 나가기 위해서는 내가 필요로 하는 것을 찾을 수 있고 이를 실현시킬 수 있다는 마음의 자세가 요구된다.

그런데 우리의 경우, 성적이 부진한 학생이 자신이 필요한 것과 원한 것을 충분히 주장하고 이를 실현할 수 있는 활발한 장소란 절대적으로 충분하지 못하다. 공부를 잘하는 동료에게 공부가 뒤진 학생은 압도되기도 하고, 또 선생님들로부터도 알게 모르게 자신의 행동과 의견이 무시당하고 있어서, 주눅이 든 생활을 한다. 공부에 흥미가 없는 학생은 본의 아니게 기나긴 학교생활을 통해 지속적으로 자신을 표현하지 못하는 삶을 살기 때문에 자신의 참된 잠재력이나 좋은 성격이나 생각을 억압받는 경우가 많다. 이러한 생활 속에서 그들은 자신에게 필요한 것과 자신이 원한 것을 잃어버리고 살아간다. 가정에조차도 많은 경우, 자신에게 맞지 않은 기준과 가치에 따라 쉽게 비교되면서 부당하게 자신이 억압당하고 살아간다. 이러한 학생들의 모습은 '기가 죽어 있다.' '열등감에 시달린다.' 또는 '주눅 들었다.'란 말로 표현할 수 있을 것이다. 이러한 상태에서 자유롭게 자신의 요구를 주장한다는 것은 어려운 일이다.

그러나 한 인간으로서 자신의 삶을 꾸려 가기 위해 필요한 것과 원한 것을 자유롭게 표현할 수 없다면 바람직한 삶이라고 볼 수 없다. 모든 사람이 자신이 필요로 하고, 하고 싶은 것을 자유롭게 표현하고 실현할 수 있는 풍토와 조건이 주어졌을 때에, 개개인이 삶을 활발하고 주체적으로 이끌어 나갈 수 있다. 각자가 나름대로 자신의 목표를 세우고 일을 추진할 수 있는 자격과 권한을 가지고 있다는 믿음이 '나'를 키워 갈 수 있게 한다.

7. 내가 시도하여 추진한 일로부터 '어떤 성과를 얻어 낼 수 있다'고 나를 신뢰한다

우리는 살아가면서 반드시 '해야 할 것'과 '하고 싶은 것'이 있기 마련이다. 또한 이를 시도한 행동의 결과로서 반드시 성과물이 있게 된다. 이 결과를 의도한 대로 만들어 낼 수 있다는 확신이 부족하면 일을 착수하는 것이 어려워진다. 자신 있게 내가 추진하는 일로부터 반드시 모종의 결과를 얻어 낼 수 있을 거라는 나에 대한 굳은 신뢰가 확립되어 있을 때에 자신이 의도한 것을 활발하게 추진해 나갈 수 있다. 아무리 내가 하고 싶은 일이 있더라도 그 결과나 성과를 만들어 낼 수 있다는 자신감이 없다면 실천으로 옮기는 과정에서 망설일 수밖에 없다. 그렇게 된다면 자신이 아무리 하고 싶은 것이 있고 살아가기 위해 필요한 것이 있다 하더라도 이를 제대로 만족스럽게 이룩해 낼 수가 없다.

나의 행동의 결과에 대한 긍정적인 믿음을 갖고 있을 때에 내가 바라는 바를 쉽게 선택할 수 있고 또 행동으로 옮겨서 성과를 얻어 낼 수 있다는 확신이 선다. 나를 지키고 나를 실현하기 위해 필수적으로 요청되는 것으로 나는 해낼 수 있는 사람이라는 자신에 대한 확고한 믿음이 뒷받침되어야 한다.

8. 내가 노력하여 얻어 낸 '성과를 즐길 수 있는 권리'를 가지고 있다고 믿는다

내가 하고 싶은 일에 착수해 모종의 결과를 얻어 낼 수 있다고 하더라도 그 성과를 내가 즐길 수 있다는 생각을 가지고 있지 않는다면 자신의 것이 될 수 없다. 어떤 일을 할 수 있다는 생각만이 아니라 일을 추진한 결과 얻어 낸 성과물에 대해 다른 사람에게 자랑하고 과시하고 끝내는 것이라면 나의 존재는 실제로 무엇인가? 흔히 아이들은 만족스럽게 어떤 일을 해 놓고 그 결과에 대해 자기가 좋아하는 엄마나 아빠에게 자랑한다. 자랑하면서 인정받고 그로부터 더 만족감을 느끼는 것이다. 그러나 성인의 일은 좀 다르다. 어떤 일을 이루어 놓고도 남들에게 자랑하는 것을 피한다. 그것은 다른 사람들에게 자랑하여 인정받는 일이 그렇게 중요하게 여겨지지 않기 때문이다. 그것은 자신이 그 일을 추진하면서 세웠던 자신의 기준에 따라 마음속으로 평가해 보고 자신이 음미할 수 있는 시간과 기회가 더 중요하다고 생각하기 때문이다.

아이의 '자랑'과 성인의 '음미'는 큰 차이가 있다. 아이는 대체적으로 남들에게 인정을 받으면 만족을 하지만 성인은 자신의 내적인 기준으로 자신의 성과를 음미하면서 즐길 줄을 안다. 남들에게 알려서 소란스럽게 과시하는 것으로부터 만족을 얻지 못한다. 그 자랑과 과시는 자신의 내면적인 기준에 비추어 적합하지 않기 때문이다. 스스로 평가하고 스스로 즐길 수 있는 자아를 지니고 있다는 뜻이 된다.

자신이 추진하여 이룬 성과는 자신의 기준에 따라 노력하여 얻어 낸 것이므로 자신이 우선적으로 음미해야 한다. 그 성과를 주체적으로 즐길 수 있는 자격이 자신에게 있다는 것이다. 내가 즐길 수 있다고 여기면서 한 일과 남에게 자랑하기 위해 한 일은 엄연하게 큰 차이가 있다. 겉으로 드러난 결과물이 아니라 그 성과물을 만들어 내면서 스스로 겪게 된 여러 가지 심리적인 만족감을 자신이 마음속에 곰곰이 음미하고, 재미를 찾고, 보람을 간직하는 내적인 삶이 요구된다. 이는 일을 새롭게 추진할 수 있는 큰 원동력이 된다. 이러한 부단한 과정 속에서 우리는 자신을 늘 새롭게 찾을 수 있고 자존감을 더욱 건강하게 강화시킬 수 있다.

9. 내가 노력하여 얻은 결과를 스스로 즐김으로써 '보람을 찾고 행복하게 살아갈 수 있다' 고 믿는다

우리는 자신이 계획하여 추진한 일의 결과로부터 보람을 얻고 자신감을 얻는 생활을 해낼 수 있다. 자신의 모습을 새롭게 확인하면서 즐거움을 찾는 생활이다. 모든 사람들에게 각자의 삶이 있다. 그러므로 개개인이 나름대로의 생각과 스타일에 따라 하고 싶은 일과 필요한 일을 찾아 하게 된다. 이를 실현할 수 있다는 믿음 자체가 삶을 풍요롭게 만든다. 바로 사람다운 삶을 꾸려 갈 수 있다는 느낌을 갖게 한다. 이러한 과정에서 행복감을 찾을 수 있는 계기를 갖는다.

한 인간으로서 생명을 지니고 스스로의 생각을 가지며, 하고 싶고 원하는 것을 주장할 수 있는 자격을 갖추고, 또 그것을 추진할 수 있는 자격과 권리를 누릴 수 있는 사람으로서 마지막에 남은 것은, 살아가면서 느끼는 인생의 보람 그리고 그로부터 얻게 되는 행복감이다. 그런데 사람들에게 '당신은 행복해질 수 있다고 생각하십니까?'란 질문을 했을 때 얼마나 많은 사람이 '나는 행복해질 수 있다.'라고 답을 할 수 있을까? 독자 스스로 자문자답을 해 볼 일이다.

사람으로 태어난 이상 모든 사람이 행복해질 수 있는 권리와 자격이 있다. 자신의 생명과 생각을 소중하게 존중하는 삶을 살아가면서 마지막으로 얻을 수 있는 것은 자신이 행복해질 수 있다는 믿음이다. 이 믿음은 자신의 삶을 윤택하게 하고 활기 있게 만들어 나간다. 우리나라 헌법(제10조)에서도 '모든 국민은 인간으로서의 존엄과 가치를 가지며, 행복을 추구할 권리를 가진다. 국가는 개인이 가지는 불가침의 기본적 인권을 확인하고 이를 보장할 의무를 진다.'라고 규정하고 있다. 행복을 누릴 권리를 법적으로도 모든 이에게 보장하고 있는 것이다.

자존감의 실천 규범

사람들이 생각하고 믿고 자신에게 말하는 것은 자신이 느끼고 행동하는 것에 영향을 준다. 우리는 일상생활을 통해 스스로 자존감을 유지하고 강화할 수도 있고, 그와 상반된 생활을 할 수도 있다. 자존감이 나의 삶에 매우 소중하다고 생각하지만 이를 생활 속에서 몸소 만들어 가는 과정이 없다면 아무 쓸모없는 것이 되고 만다. 아무리 소중한 목표이고 귀중한 가치라 하더라도 이를 실천에 옮기지 못하면 어떠한 결과도 만들어 낼 수 없는 일이다. 일관된 실천은 우리의 삶에 매우 중요하다.

우리가 가지고 있는 신념은 일상의 행동에 지속적으로 영향을 끼친다. 그런데 행동을 유발시키는 신념이 있는가 하면, 전혀 그렇지 못한 신념도 있다. 그러나 우리의 행동을 지시하고 있는 신념을 우리가 완전히 이해하고 살아가는 것은 아니다. 대체적으로 각자의 마음속에 확고하게 자리하고 있는 신념이 있겠지만, 경우에 따라서는 분명하게 인식된 신념이 있는가 하면, 전혀 깨닫지 못한 신념도 있을 수 있다. 그럼에도 불구하고 각자의 신념은 분명히 우리의 행동에 지속적으로 영향을 끼치는 작용을 하고 있다.

이와 같은 형태로 자존감은 한 사람 한 사람의 마음속에 자리하고 있다. 자존감이 건전하게 형성된 경우에는 다행히도 자신의 삶을 잘 이끌어 주는 힘이 되지만, 그렇지 못한 경우에는 지속적으로 개인의 삶을 그릇되게 안내하고 지시한다. 자존감은 개개인의 행동을 유발시키는 내면적인 일종의 심리적 기제라고 할 수 있다. 우리가 자존감이 '나다움'을 지켜 주고 삶의 동력을 제공해 주는 에너지원이라고 믿는다면 이를 계획적으로 체계적으로 발전시켜 나가야 한다. 자존감을 형성해 가기 위해서는 구체적인 구성요소를 밝혀야 한다. 즉, 건강한 자존감의 구체적인 내용이란 과연 무엇인가? 건강한 자존감을 지닌 사람의 삶은 구체적으로 어떠한 모습인가? 이를 어떻게 만들어 갈 수 있는가? 개인의 자기가치감과 능력감을 유발시키고 강화시켜 주는 구체적인 행동 특성은 무엇인가? 이러한 물음과 관련한 실천력 있는 행동 특성이 자존감을 키워 주고 건강하게 형성시켜 줄 수 있는 방향을 제공해 준다.

자존감은 두 가지 형태의 신념과 관계되는데, 하나는 '자신에 대한 신념'이고 다른 하나는 '자신의 현실에 대한 신념'이다. 앞서 언급한 자존감의 뜻은 이 두 가지 신념을 실현하기 위한 기본 전제인 셈이다. 이를 토대로 일상생활에서 자존감을 실천하고 높이기 위한 노력의 구체적인 행동 방향을 다루기로 한다. 결국 '나'를 스스로 세워서 독립된 건전한 삶을 이끌어 나가기 위해 요청되는 행동 지침에 해당되는 특성을 찾아보려는 것이다. 브랜든(Branden, 1994)은 이에 대한 여섯 가지의 실천 행동을 이야기했다. 이를 중심으로 자존감을 형성하는 데 요청되는 구체적인 단위 행동 특성들을 찾아보자.

① 의식적으로 자신의 삶을 이끌어 나가는 일관된 행동, ② 자신의 모든 것을 있는 그대로 수용하는 행동, ③ 자신의 행위에 대해 스스로 책임을 지는 행동, ④ 자신의 느낌과 필요를 적절하게 주장할 수 있는 행동, ⑤ 목적을 가지고 삶을 꾸려 나가는 행동, ⑥ 개인적으로 성실하게 삶을 이끌어 나가는 행동 등이 자존감의 정도를 말해 주는 지표가 될 수 있으며, 이러한 행동을 계획성 있게 지속적으로 하면 자존감을 높일 수 있다. 즉, 다음의 여섯 가지의 범주에 속하는 행동 특성을 자신이 믿고 신념화하여 실천한다면 자존감을 건강하게 만들어 나갈 수 있다는 뜻이다.

자존감 실현 요소

일반적인 신념

여섯 가지 실천 규범을 다루기에 앞서 자존감을 지키고 향상시키기 위한 보다 일반적인 실천 규범을 논의하기로 한다.

- 나는 한 인간으로서 살아갈 권리와 자격을 지니고 있다.

- 나는 내 자신을 가치 있다고 생각한다.
- 나는 내가 원하는 것과 필요로 한 것을 중요하게 여기고 이를 주장할 자격을 가지고 있다.
- 나는 다른 사람의 기대에 부응하기 위해서 존재하지 않고 내 인생은 나에게 달려 있다.
- 나는 다른 사람의 재산으로 간주되어서도 안 되며 다른 사람을 나의 재산으로 간주해서도 안 된다.
- 나는 사랑스러운 존재다.
- 나는 칭찬받을 수 있는 사람이다.
- 나는 내가 좋아하고 존경하는 사람들로부터 늘 사랑받고 존경받을 것이다.
- 나는 공정하게 다른 사람을 대우하고 다른 사람도 나를 그렇게 대우해야 한다.
- 나는 모든 사람들로부터 정중하게 대우받을 만한 존재다.
- 만일 어떤 사람이 무례하고 불경스러운 태도를 나에게 보인다면, 그것은 나의 잘못이 아니라 그들의 잘못이며, 그것을 받아들이느냐 그렇지 않느냐 하는 문제는 전적으로 나에게 달려 있다.
- 만약 내가 좋아하는 사람이 나에게 좋아하는 감정을 가지고 있지 않는 경우, 그것은 매우 실망스럽고 고통스러운 일이지만, 그것이 나의 개인적인 가치를 무시한 행동이라고 생각하지 않는다.
- 어떠한 개인이나 단체도 내 자신에 대한 느낌과 생각을 이렇게 저렇게 하라고 지시하고 결정할 권한이 없다.

• 나는 내 마음을 믿는다.
• 나는 내가 안 것과 본 것을 분명히 지각하고 표현할 수 있다.
• 나는 사실을 부인하거나 무시하면서까지 내 자신을 '옳다'고 우기지 않고, 무엇이 '진실'인가를 더 알아내려고 노력한다.
• 나는 내가 알아야 할 필요가 있다고 생각하는 것에 대해서는 스스로 밝혀낼 수 있다.
• 내가 설정한 목표가 실현 가능한 것이라면 그 목표를 성취할 능력이 있다고 믿고 있다.
• 나는 살아가면서 부딪치게 되는 크고 작은 어려움들을 극복해 낼 수 있는 능력을 가지고 있다.
• 나는 행복을 누릴 만한 자격을 가지고 있다.
• 나는 스스로 만족스럽다(이는 더 이상 배울 필요가 없다든가 더 이상 성숙하지 않아도 된다는 뜻이 아니라 자기주장을 적절히 할 수 있는 존재라는 뜻을 포함한다.).
• 나는 실패하더라도 다시 일어설 수 있다고 믿는다.
• 나는 실수를 할 수 있는 결함을 지니고 있지만, 결코 그것으로 인해 나를 저주하거나 가망이 없는 존재로 간주하지 않는다. 다만 그 잘못을 반성하여 더 나은 상태에 도달할 수 있는 계기로 삼는다. 즉, 실수를 나의 성장을 위한 학습의 한 과정으로 생각한다.
• 나는 인기에 영합하거나 인정을 받기 위해 나의 판단이나 확신을 희생시키지 않는다. 그것은 다른 사람의 생각에 따른 것이 아니라 내가 인식하고 있는 것이다. 그것은 다른 사람의 신념으로 잘못되었다고 하더라도 나에게는 소중한

것이다.

- 어떤 누구도 내가 수긍할 수 없는 가치와 생각을 나에게 강요할 권한이 없듯이, 나 또한 타인에게 그렇게 강요할 권한이 없다.
- 나의 목표가 합리적인 것이라면 이를 성취하기 위해 노력해 볼 만하다고 생각한다.
- 행복과 성공은 자연스럽게 당연히 나에게 다가올 수 있는 것이라고 생각한다.
- 자기계발과 자기실현을 위한 노력은 당연히 나에게 바람직한 목표라고 믿는다.
- 나의 행복과 자아실현은 나의 바람직한 목표라고 믿는다.

의식적인 삶

- 나의 흥미와 관심 그리고 나의 욕망과 목표를 더 의식할수록 나의 삶은 더 좋은 삶이 된다고 믿는다.
- 나의 생각을 실천해 보는 일은 즐거운 일이다.
- 나에게 잘못이 전혀 없는 사람처럼 행동하는 것보다는 결함을 인정하고 바르게 고쳐 나가는 것을 더 좋게 생각한다.
- 나의 어떤 것을 절대적인 것으로 받아들이기보다는 그것을 검토해 보고 확인하는 과정을 더 가치 있는 것이라고 여긴다. 즉, 무의식적인 행동보다 의식적으로 나의 가치를 검토하면서 결함은 고치고 좋은 것은 그대로 간직하는 행동을 더 좋게 여긴다.

- 내가 일상생활을 하면서 관련되는 여러 가지 일이나 사건에 대해 더 알아 가려고 하는 것은 나의 생활을 더욱 유익하게 만든다고 믿는다.
- 나는 항상 사회에서 더 필요한 사람이 되기 위해, 많은 지식과 기술을 더 갖기 위해 늘 학습하는 자세를 유지해야 한다.
- 내가 나 자신을 보다 많이 알고 인식하게 되면, 나는 인생을 더욱더 훌륭히 만들어 나갈 수 있다고 믿는다.
- 나의 기분을 불쾌하게 만드는 사건이나 사실을 회피하려고 하는 유혹에 현혹될 수도 있으나, 불쾌한 사건에 내가 빠지지 않고 회피충동을 조절하고 관리할 필요가 있다고 생각한다.

자기수용

- 한 사람 한 사람은 자신을 위한 삶을 산다.
- 나는 나 자신을 수긍한다.
- 내가 시인할 수 없고 그에 따라 행동을 할 수 없는 생각을 하였더라도 그것을 무시하거나 부정하지 않는다. 즉, 나는 나의 사고의 실상을 수긍한다.
- 내가 좋아하지 않거나 인정할 수 없는 감정을 표출했더라도, 그 느낌과 감정을 수긍할 수 있다. 나는 내가 한 일에 대해 후회하거나 비난을 받더라도 내가 저지른 일이라면 그것을 수긍한다.
- 비록 순간적으로 일어난 일일지라도, 나는 내가 생각하고 느끼고 행한 일이 나 자신을 표현한 것이라고 받아들인다.

- 나는 내가 겪고 있는 문제의 실상을 받아들이지만, 그러한 일들이 결정적으로 나 자신의 모든 것을 규정해 버린다고 생각하지 않는다. 그 문제들은 나의 본질과 다르다. 나의 두려움, 고통, 혼란 또는 실수가 내 됨됨이의 본질은 아니라고 생각한다.

자기책임

- 나는 내 존재에 대해 내가 책임진다.
- 나의 욕구를 성취하는 것은 나의 책임이다.
- 나의 선택과 행동에 대해 내가 책임진다.
- 행동하고 일하는 모든 과정을 내가 책임진다.
- 동업자, 동료, 고객, 배우자, 어린이, 친구와의 관계에서 일어난 나의 행동에 대해 내가 책임을 진다.
- 내 생활의 일정을 결정하는 방법에 대해 내가 책임진다.
- 나의 의사소통의 문제나 질에 대해 내가 책임진다.
- 나의 개인적인 행복에 대해 내가 책임진다.
- 나의 삶의 가치를 평가하고 수용하고 선택하는 일을 내가 책임진다.
- 나의 자존감을 기르는 책임은 전적으로 나에게 있지, 다른 어떤 사람에게 있는 것이 아니다.
- 궁극적으로 나는 혼자라는 것을 받아들인다. 어느 누구도 내 인생을 올바르게 해 주고 나를 구제하고 내 어린 시절을 되찾게 하고 나의 행동과 선택의 결과로부터 나를 구제할

수는 없다.

- 특별한 경우에 사람들은 나를 도와줄 수 있으나, 아무도 나의 실존에 대해 우선적으로 책임질 수 없다. 아무도 대신 호흡을 해 줄 수 없듯이, 내 삶을 누가 대신할 수 없다. 즉, 다른 사람이 나의 자기능력감과 자기가치감을 만들어 줄 수 없는 것이다.
- 내가 나를 책임지겠다는 것은 지극히 당연한 것이다. 그것을 부자연스럽게 본다든가 슬프게 인식하는 것이 잘못이다.

자기주장

- 내가 객관적으로 바람직하지 못한 상황에 놓여 있을 경우, 그에 대해 나의 생각이나 느낌 또는 신념을 적절하게 표현하는 것은 당연하다.
- 나는 적절한 방법으로 내 자신을 표현할 권리를 가지고 있다.
- 나는 나의 신념을 주장할 권리가 있다.
- 나는 나의 가치와 감정을 중요한 것으로 간주할 권리가 있다.
- 내가 누구인가를 다른 사람에게 알리기 위해 나의 관심을 표현할 수 있다.

목적이 있는 삶

- 오직 나만이 내 인생에 적절한 목표와 목적을 선택할 수 있다. 어느 누구도 나의 인생목표를 적절하게 설계할 수 없다.

- 성공하고자 한다면, 스스로 자신의 목표와 목적을 어떻게 성취할 것인가를 궁리하고 방법을 습득해야 한다. 그리고 행동할 실행 계획을 개발하고 실천에 옮기지 않으면 안 된다.
- 성공하고자 한다면, 스스로 자신의 행동 결과에 늘 주의를 기울여야 한다.
- 나의 신념과 행동 그리고 목표에 대해 늘 관심을 가지고 이에 필요한 정보를 점검하고 실행의 결과를 반추해 보는 일을 게을리 하지 말아야 한다.
- 자신의 단련을 '희생'이라고 여기지 않고, 나의 욕망을 실현시키기 위한 필수조건이라고 받아들인다.

개인적 성실성

- 나는 내가 지지하는 일을 실행에 옮겨야 한다.
- 나는 내 약속을 지켜야 한다.
- 나는 내가 만들어 낸 성과를 명예롭게 생각한다.
- 나는 공정하고 정당하게 그리고 사랑으로 다른 사람을 대해야 한다.
- 나는 도덕적으로 일관성을 유지해야 한다.
- 나의 자존감은 순간의 어떤 보상보다도 훨씬 가치 있는 것이다.
- 나는 나의 삶 속에서 내면에 자리하고 있는 선한 마음이 반영되도록 노력해야 한다.

자존감이란 결국 무엇인가

내가 지닌 실상은 결국 숨길 수 없다. 비현실적인 것은 진실을 만들 수 없다. 생존과 행복은 적절한 의식에 의존한다. 나의 의식에 대한 책임 회피는 스스로 자신을 포기하게 되고 만다. 인간은 결국 자신에게로 돌아온다. 다른 사람이 어떻게 나를 생각하느냐가 아니라 내가 나를 적절하게 그리고 정당하게 대접할 수 있어야 한다. 한 사람 한 사람은 모두 가족, 지역사회, 절, 교회, 성당, 국가, 세계 어디에도 귀속될 수 없다. 인간은 어떠한 단체나 신념에도 소유될 수 없다.

성숙된 모든 사람들의 결정은 선택적이고 자발적인 자기책임에 근거하고 있다. 우리는 다른 사람에게 희생되어선 안 되며, 또한 자신이 가진 잘못된 신념이나 허황된 자아상에 얽매여 희생되어서도 안 된다. 적어도 도덕적으로 사람을 희생하는 일이 정당화될 수 없다. 사람을 대체할 수 있는 대상으로 생각하는 신념체계는 결국 무서운 비극을 초래할 수 있다. 누가 누구를 위해 희생될 수 있다는 신념이나 생각은 모두 인간의 가치를 우열의 잣대에 의해 평가한 산물이다. 우열관계로 맺어진 인간관계는 늘 희생을 초래한다. 우열관계로 이루어진 사회나 조직은 늘 힘을 지향하는 삶을 유도하게 된다. 결국 개개인의 삶을 서로가 존중하기보다는 힘을 과시하는 행동이 일상화되므로 서로의 됨됨이를 존중할 여유를 갖지 못한다.

이러한 분위기에서 흔히 서로를 비웃거나, 험담하거나, 공연히 트집을 잡거나 또는 비난해 버리는 냉소적인 말이나 행동이 나타나기 쉽다. 이는 결국 자신이나 조직의 발전과 성숙에 전혀 도움이 되지 않는다. 이는 자신을 내면적으로 독립된 한 인격체로 존중하지 못함으로써 다른 사람도 한 독립된 인격체로서 존중하지 못하는 상태다. 서로가 아직 의존적이고, 인격적으로 미성숙한 상태에 놓여 있으므로 서로가 서로에게 인정받고자 하는 심리가 크게 작용한다. 따라서 인정받고자 하는 지나친 욕구로 인해 서로 간에 불협화음과 부작용을 초래할 수 있다. 즉, 자신과 타인에 대해 존중하는 자세나 마음이 결핍되어 있으므로 늘 불안한 심리를 안고 있으며 그 불안심리는 주체성을 형성하지 못하게 하고 다른 사람에게 의존하는 마음을 갖게 하거나, 다른 사람의 눈치를 보는 삶으로 이어진다. 따라서 다른 사람의 삶에 지나치게 관심을 두어 본의 아니게 서로의 마음을 손상시키거나 인격을 침해하는 결과를 초래한다. '나'란 인격체가 홀로 독립되어 자활하지 못한 상태로, 타인의 입장에서 나와 다른 타인의 고유한 삶의 형태를 이해할 수 있는 마음의 여유를 갖지 못한 상태다. 이들에겐 인정을 받기 위한, 자신의 내면적인 것과는 상반되거나 거리가 먼 외형적인 피상적 기준에 의해 자신을 과시하려는 행동이 나타난다. 결국 각자의 내면적인 삶에 충실한 삶이 부실해지기 마련이다.

서로의 입장을 정정당당하게 인정하지 못하고 존중하지 못한 행동은 바로 건전한 자존감을 형성하지 못한 데에서 비롯된 현상이다. 서로가 하나의 독립된 인격체로서 굳건히 뿌리내린 상태가 아니라면 건전한 존중과 협조관계가 형성되기란 어려운 일이다. 대등한 한 인격체로서 각자의 특성을 있는 그대로 존중할 수 있는 독립적 관계 속에서만 각자의 됨됨이를 지킬 수 있다. 우리가 자신의 행동에 대해 설명할 수 있는 만큼, 우리들 스스로 서로를 존중하는 사회는 서로의 관계를 명확하게 설명할 수 있다. 그리고 서로가 투명하게 자신의 모습을 설명할 수 있고, 또 서로를 투명하게 읽을 수 있어서 서로가 존중받고 있다는 느낌을 가지면서 살아갈 수 있다. 투명하게 설명할 수 없는 관계는 건전한 자존감을 형성하는 데에 결정적인 방해 요소가 된다.

앞에서 다룬 자존감의 여섯 가지 범주에 있는 각각의 실천 덕목은 자기를 지키고 실현하기 위해 필수적인 행동지침이라고 볼 수 있다. 자존감을 정상적으로 갖추게 해 주는 작은 행동지침들인 셈이다. 다시 말하자면, 이러한 내용의 행동을 얼마나 갖추고 있느냐에 따라 자존감의 수준이나 정도를 알아볼 수 있을 것이다. 물론 이것이 완벽한 것이라고 생각하지 않는다. 이 외에도 자존감을 향상시키고 실현할 수 있는 많은 덕목들이 있다. 앞으로 지속적으로 개발되기를 기대한다.

이제 보다 실천적인 논의가 요청되는데, 교육이 이루어지고 있는 장인 가정과 학교에서 자존감을 어떻게 효과적으로 기를 수 있을 것인가? 다음으로 가정과 학교에서 자존감을 기르기 위해 갖추어야 할 조건과 환경에 관해 살펴보도록 하자.

제3장 ....

가정에서는 자존감을 어떻게 기를 수 있는가

부모가 자녀를 기르는 데 가장 큰 바람은 각자 나름대로 독립된 인격체로 자라 성공하는 것이다. 유아기의 삶은 완전 의존상태다. 태아의 생명은 말할 것도 없고 영 · 유아기 아이들의 삶은 다른 사람(특히, 엄마) 도움이 없이는 살아남을 수가 없다. 인간의 삶이란 남의 도움이 없이는 살아갈 수가 없는 것이지만, 영 · 유아기의 삶은 다른 사람에게 전적으로 의존되어 있는 삶이다.

어린이 교육의 궁극적인 목적은 독립과 자활이라고 볼 수 있다. 즉, 어린이 스스로 자신의 생명체를 안전하게 지키면서 독립적으로 살아갈 수 있게 하기 위한 여러 가지의 능력과 힘을 길러 주는 일이 교육의 최종목표일 것이다. 가정교육이 성공적으로 이루어진다면, 성인이 된 후 자녀들은 자신이 태어났을 때의 종속적인 상태에서 자신을 독립적인 인격체로 존중할 줄 아는 인간, 자신이 스스로 책임을 질 줄 아는 인간으로 발전할 것이다. 그래서 타인들의 인격도 주체적으로 존중할 수 있어서 건강한 인간관계를 형성할 수 있을 것이다. 그들은 살아가면서 자신에게 부딪히는 여러 가지 난관이나 도전들에 대해 긍정적으로 수용하면서 활력 있게 대응할 수 있는 자세를 갖출 수 있을 것이다. 즉, '자기 부양적'인 인간으로 자신을 당당하게 홀로 세울 수 있는 사람이 될 것이다. 심리적인 면만이 아니라 지적으로, 경제적으로 그리고 정신적으로도, 말 그대로 '스스로를 부양할 수 있는 사람'이 되어 갈 것이다.

미성숙한 아이들은 아직 한 인격체로서의 자기정체감을 찾지 못한 상태다. 그는 아직 다른 사람과 떨어져 있다는 느낌, 분리되어 있다는 느낌, 즉 다른 사람들과 차별화된 자신만의 세계를 아직 경험하지 못한 상태다. 그는 성인이 경험하는 자신의 독자적인 일과 역할을 확실히 깨닫지 못한 상태지만, 결국 모든 사람은 각자 독립된 자아를 가지고 자활할 수 있도록 발전해 나가게 되어 있다. 그것은 인간에게 가장 본질적인 과정이자 의무이기도 하다. 그것은 또한 인간의 본질적인 도전이기도 하다. 그러한 과정이 순탄하지만은 않다. 많은 아픔과 고난을 체험하면서 독립과 자활의 단계에 오를 수 있다. 여기에 예기치 못한 방해와 탈선이 있을 수도 있다. 이러한 것이 심하면 정서적 장애를 일으킬 수도 있고 성숙 과정이 멈출 수도 있다. 더 이상 발전하거나 성숙하지 못하고 낙오되거나 정지해 버리고 만다. 이러한 사례들을 주위에서 어렵지 않게 발견할 수 있다.

사람들의 최종 목표는 자신의 삶을 독립적으로 꾸려 가면서 '자율'을 실현하는 것이다. 부모가 자녀를 위해 가장 소중하게 해야 할 일이 바로 이 역할이라는 점을 강조하고 싶다. 부모가 자녀에게 해야 할 가장 큰 과제는 성장할 수 있는 뿌리를 갖추게 해 주고 혼자 날 수 있는 날개를 달아 주는 것이다. 굳건한 뿌리를 만들고, 확실하게 자신에 대한 신뢰감을 형성하여 어느 날 활기차게 둥지를 떠날 수 있는 동력을 갖추어 주는 일이다.

아이들은 진공 속에서는 살아갈 수 없고, 또 온실 속에서만 자랄 수도 없다. 아이들은 자신이 소속되어 있는 사회적 맥락을 떠나 살아갈 수 없다. 참된 자율적 인간으로서 성장하는 과정 속에서 수많은 사람들과의 만남과 교류를 통해 자신을 만들어 나간다. 어린 시절 처음 경험하는 만남에서 아이는 앞으로 전개될 자신에 대한 전망과 상을 그리기 시작한다. 바로 그곳이 가정이다. 그곳에서 아이는 자신의 자아개념을 형성해 간다. 다행히도 좋은 경험으로 건전한 자아를 형성하기도 하지만 그렇지 못한 경우도 많다. 불행한 경우에는 건강한 자아개념이 형성되기도 전에 자아가 파괴되는 공포나 불안을 체험하기도 한다. 연속되는 다른 사람들과의 만남에서 어린이는 자신이 타인들에 의해 내가 '받아들여지고 있구나.' 또는 '대접을 받고 있구나.' 하는 느낌을 받기도 하지만 그와 반대로 내가 '배척되고 있구나.' '무시되고 있구나.' 또는 '부담스러울 정도로 많은 관심과 애정을 받고 있구나.' 하는 등의 느낌을 체험할 수도 있다. 전자의 경우에 있는 아이는 내가 보호받고 있다는 느낌과 자유롭다는 느낌을 경험하겠지만, 후자의 경우에는 건전한 자아 형성에 방해되고 저해되는 환경으로 과잉보호감을 체험하거나 또는 보호감의 결핍을 체험하기도 한다.

가정은 사람이 자존감을 형성하는 데에 가장 귀중한 장소가 된다. 가정이 교육의 영향력이 가장 큰 곳이라는 점에 대해서는 별도의 논의가 필요 없다. 인생살이를 성공적으로 이끌기 위해 필수적으로 갖추어야 할 것이 바로 자존감인데, 가정은 아이들에게 바른 자존감을 심어 주는 결정적인 장소가 된다. 가정에서 어떻게 자존감을 효과적으로 길러 줄 수 있을까? 여러 사람들의 주장을 참고하여 이를 기르기 위한 여러 가지 조건과 방책을 다루어 보겠다. 우선 자존감을 건전하게 기르기 위해 부모와 자녀 간의 관계가 중요한데, 브랜든과 스탠리 쿠퍼스미스 등 여러 사람들에 따르면, 가정의 재산, 교육수준, 주거환경, 사회적 신분, 부모의 직업 혹은 가정주부로서 어머니의 존재 등과 같은 외형적인 요소보다는 자녀와 부모 또는 보호자와 자녀와의 내면적인 관계가 중요하다고 말하고 있는데, 부모나 보호자의 건전한 자존감을 가장 중요한 요소로 지적하고 있다. 다음의 다섯 가지를 경험한 아이들은 높은 자존감을 형성하고 있었다.

▷자신의 생각과 느낌이 통째로 받아들여지고 있다는 체험을 하고 있다. 즉, 그의 인격적 가치와 됨됨이가 전적으로 인정되고 수용된다는 느낌을 체험하고 있다.

▷정당하고 억압적이지 않고 융통성이 있는 분위기에서 자랐지만 명확한 규제가 따르고 있다. 그들에게 자유가 무제한적으로 주어지지 않는다. 결과적으로 그들은 심리적인 안정감을 체험하고 있다. 즉, 그

들의 행동 방향을 정할 수 있는 명확한 근거를 가정에서 경험하고 있으며, 어린이를 규제하는 규범이 일반적으로 높은 수준의 것들이지만, 그러한 높은 수준에 언젠가는 도달할 수 있을 것이라는 신뢰감을 갖게 하고, 결과적으로 어린이들은 일상적으로 그렇게 하고 있다.

▷한 인간으로서 자신의 존엄성을 체험하고 있다. 부모는 어린이를 통제하거나 움직이는 데에 폭력을 사용하지 않고 무시하지 않고 놀림감으로 만들지 않는다. 그러한 부모(보호자)는 어린이들의 소망과 원하는 것들이 무엇인지를 신중하게 들어준다. 물론 어린이의 많은 바람이나 소망이 실현되기가 어려운 것일지라도 그것을 진지하게 들어주고 이야기한다. 그러한 부모는 지켜야 할 규칙에 관해 아이들과 기꺼이 협상할 마음의 준비가 되어 있다. 다른 말로 표현하면 그들은 독점적이거나 독재적이지 않지만 권위를 지니고 있다.

▷부모가 자녀들의 행위나 성취 수준에 대해 높은 기대치를 가지고 있다. 결코 '어떤 것이라도 다 좋다.'라는 태도는 아니다. 아이들의 행동에 대해 관용적이며 존중하는 태도로 아이들을 대하고 있으나 위압적인 태도를 보이지 않는다. 즉, 아이들에게 자신이 할 수 있는 한 최고가 될 수 있다는 자신감을 갖게 해 준다.

▷마지막으로 중요한 것은, 부모 자신들이 높은 수준의 자존감을 유지하려는 노력을 한다. 그들은 스스로 건전한 '자존감'에 대한 모범적인 모습을 보이고 있다. 그들은 모범적으로 자기능력감과 자기가치감을 아이들에게 보여 주고 있다. 그래서 아이들은 자신들이 배워야

할 행동 양식을 부모로부터 생생하게 보고 있는 셈이다.

여기서 우리가 주의해야 할 점은, 부모의 행위 그 자체만으로 자녀들의 심리 발전 과정을 결정할 수 없다는 점이다. 아이들의 성장에 영향을 끼치는 중요한 인물이 부모 이외에 선생님, 조부모 혹은 이웃이 될 수도 있고, 또 다른 외적 요인들이 작용할 수 있으나, 그것은 한 부분에 불과하지 모든 것이 될 수 없다. 모든 사람들은 나름대로 생각을 가지고 어린 시절부터 어떻게 살아갈 것인가, 어떠한 사람이 될 것인가, 어떤 수준의 자존감을 가질 것인가 등에 대해 자문자답을 하면서 자신을 만들어 나간다.

한편 그런 부모는 아이들에게 벌을 주려는 것에 치우쳐 있지 않고, 아이들의 좋은 점에 더 관심을 많이 기울이고 이를 계발시키기 위해 적극적이고 긍정적인 태도를 보인다. 이들은 '하지 말았으면' 하는 말보다는 '무엇을 더 해 주었으면' 하는 부분에 더 많은 관심을 기울이고 있다. 이들은 아이에 대해 부정적인 면보다도 긍정적인 면에 더 관심을 기울이고 있다. 이들은 아이들의 일상생활과 학교생활 등에 늘 큰 관심을 가지고 있으며, 아이들이 원한다면 기꺼이 그들과 마음을 열고 이야기할 자세를 갖추고 있다.

그렇지만 부모들이 자녀에게 건전한 자존감을 계발시키는 것을 도와줄 수도 있지만, 이와 반대로 더욱더 어렵게 할 수도 있다. 다음으로 가정에서 건전한 자존감을 형성시키기 위한 최소한의 조건과 환경에 대해 살펴보기로 한다.

마음속으로 안정감을 갖게 한다

어린이는 완전히 의존적인 상태에서 삶을 시작하기 때문에, 부모로부터 받은 심리적인 안정감 이외에 다른 어떤 것을 바라지 않는다고 말할 수 있다. 이 말은 결국 어린이가 지니고 있는 원초적인 불안감을 감싸 주고 달래 줄 수 있는 보호장치가 가정이 되어야 한다는 뜻이다. 가정은 분명히 여러 가지로 어린이를 보살펴 주어야 한다. 아이들이 심리적으로 편안하게 보호받고 있다는 느낌을 갖게 할 수 있는 환경을 만들어 주는 일이 부모가 가장 중요하게 해야 할 임무다.

이와 같이 심리적으로 안정된 분위기 속에서 아이들은 자신을 신뢰할 수 있는 사람이 될 수 있고, 독립과 자활을 향해 성장해 갈 수 있다. 이로부터 자신의 울타리에 대한 신뢰감이 형성되며, 외부의 환경에 나아갈 수 있는 자신감을 얻을 것이다. 자신이 전적으로 의지하고 있는 울타리를 믿을 수 없다면 자신이 불안하고 결국 자신을 둘러싸고 있는 사람과 사물을 믿을 수가 없다. 이것은 결국 자신의 환경으로 인식되는 사람과 사물을 부정적으로 볼 수밖에 없는 심리기제를 형성할 수 있다.

인생 초기에서의 심리적인 안정감이 매우 중요하다. 물론 심리적인 안정감은 청소년기나 성인에게도 중요하지만 영 · 유아기와 같은 초기의 심리적인 안정감은 생각보다 오랫동안 혹은 평생 동안 지속적으로 영향을 끼친다. 인생 초기의 가정에서 제공되는 심리적인 안정감은 사람들의 삶의 기본적인 동력이 된다. 자아개념은 사회성 발달과 동일한 과정을 거치는데, 청소년기에도 여전히 미완성의 상태이며 성인의 경우에도 자신의 노력에 의해 바꾸어 나갈 수 있다. 그러나 특히 어렸을 때에 가정이 혼란스럽고 근심스러우며 불안을 안겨 주는 곳이라면 건전한 자아 형성을 방해하게 된다. 사람들은 안정감에 대한 심리적인 욕구가 좌절되는 경우 심하면 공포와 불안의 심리가 형성된다. 이러한 불안 심리의 원인은 인생 초기의 생후 처음 몇 개월로까지 거슬러 올라가기도 한다. 정신질환자들에게 문제되는 것은 얼마나 많은 것들에 대해 불안해하고 있는가가 아니라 얼마나 심하게 불안을 느끼고 있는가에 관련된다. 정상적인 성인들은 불안을 느끼는 실체가 자기 자신인 반면, 환자들에게 있어서 정작 불안을 느끼는 주체는 현재의 자기 자신이 아니라 자신 안에 있는, 더 정확하게 말하자면 자신의 잠재의식 속에 있는 어린 시절의 자신이나 심지어는 영아 시절의 자신이다. 이러한 환자들은 자신들의 기억 속에 해묵은 심리적인 불안감과 자아경멸감이 잠재된 상태로 세상을 살아간다.

불안 심리의 원인은 근본적으로 출생 시의 충격에서 비롯한다고 볼 수 있으나, 그 외에 두 가지 요인이 있다. 첫째는 어린아이였을 때 받았던 대우와 환경이고, 둘째는 불안을 경험할 경우의 각 개인의 내재적인 성향이다. 즉, 어떤 사람들은 매우 민감해서 보통 사람들에게는 아무렇지 않게 다가오는 것임에도 불구하고, 큰 충격으로 느끼는 경우가 있다. 행동이 거친 아버지, 정서적으로 변덕스러워 예측할 수 없는 혼란스러운 어머니 그리고 늘 찌푸린 표정을 하고 있는 가족 구성원들은 그 자체로 아이를 무력하게 몰아가는 폭력이다. 불행한 사례지만 어렸을 때에 이러한 환경 속에서 자란 아이들은 불안감을 온몸으로 느끼면서 살게 되는데, 이것은 자신에게만 국한되는 것이 아니고 그의 주위 사람들에게까지 파급되기도 한다. 이들에게는 가정이 위협적인 대상이 되는 것이다.

서른여덟 살 된 한 간호사의 이야기를 예로 들어 보자. 그녀는 다른 사람이 의자를 옮기거나, 큰 목소리를 들을 때마다 무의식적으로 움찔하고 놀라는 행동이 습관화되어 있었다. 이것은 그녀의 어린 시절 경험으로, 그녀가 침대에 누워 울고 있을 때 어머니와 아버지가 서로 큰소리를 치며 싸웠기 때문이다. 이런 사건들로 인해 그녀는 늘 세상은 무섭고 위험한 곳이라고 여기게 되었고 그러한 무서움은 수시로 그녀를 전율케 했다. 그녀가 택하고 행동하는 대부분의 것은 공포감에 의한 것이었다. 이것은 말할 것도 없이 자존감을 키워 줄 수 없는 상황이다. 이 경우, 그녀는 불행하게도 정상적인 사람들보다 불안을 매우 예민하게 감지하는 기질을 갖고 태어났으며, 설상가상격으로 비합리적인 부모 때문에 더욱더 악화가 된 경우다. 어른들에게는 사소한 사건으로 여겨지는 일이지만 아이에게는 평생 동안 큰 상처로 남게 된 경우다.

또 다른 예를 들어보자. 서른네 살의 한 철학 교수는 지역 사회에서 존경받는 탁월한 물리학자인 아버지 밑에서 자랐지만, 어렸을 때에 아버지로부터 회초리로 난폭하게 얻어맞았고, 맞는 동안 무서워서 숨죽이고 있을 수밖에 없었던 공포감을 기억하고 있다. 그는 "내가 운다고 해서 아버지가 때리는 것을 멈추지는 않았어요. 그는 마치 미친 사람 같았어요. 그는 나를 괴멸시킬 수 있는 힘을 가지고 있었지만 나는 아무 힘도 없었어요. 그때의 그 공포심이 나의 뇌리를 떠난 적이 없습니다. 나는 서른네 살이에요. 그러나 여전히 어떤 위험에 부딪혔을 경우 나를 방어할 아무런 방법을 찾을 수가 없습니다. 나는 두려워요. 나는 항상 두려움 속에 살아왔어요. 나는 공포심이 없는 나의 존재를 상상할 수가 없어요. 늘 공포와 불안이 없는 세상을 상상하지 못했습니다."라고 고백했다.

어린이에 대한 학대나 폭력이 크면 클수록 그리고 그 경험이 이르면 이를수록 어린이가 건전한 자존감을 형성하는 일이란 매우 어려워진다. 자신이 겪은 심리적인 상처로 인해 갖게 된 무력감을 극복하고 자신을 지키고 찾기 위한 자존감을 갖는다는 것은 매우 어려운 일이다. 좋은 부모 노릇을 하기 위해서는 이와 같은 파괴적인 심리나 감정을 아이들이 갖지 않도록 하는 일이다.

가정에서 아이에게 두려움과 불안이 아닌 안정감과 편안함을 만들어 줄 수 있는 부모와 보호자가 필요하다. 이것이 아이의 자존감을 키워 줄 수 있는 첫째 조건이다.

항상 아이가 기댈 수 있게 마음의 여유를 가진다

사랑을 받으며 자란 어린이는 스스로를 사랑스러운 존재로 여기며 이를 내면화해 간다. 사랑은 부모가 표현하는 말 그리고 기쁨과 즐거움 등의 감정, 어린이를 다루는 모든 양육행동을 통해 느낄 수 있다. 사랑을 실천하는 부모는 화가 나거나 실망스러운 상황에서도 아이에게 사랑의 감정을 잃지 않는다. 그런 부모는 아이의 의견을 무시하거나 거절하지 않고도 아이를 효과적으로 지도할 수 있는 요령을 터득하고 있다. 그들은 아이를 한 인간으로서 존재가치를 시험하는 것은 사랑이 아니라는 점을 터득하고 있다.

아이들이 부모의 기대를 충족시키려는 생활에 얽매이거나 성과와 결과에 매달리게 될 때에, 아이들은 실제로 사랑을 느끼지 못한다. 그러한 삶 속에서는 늘 복종과 순종만이 좋은 덕목이 되고 만다. 이러한 삶의 스타일에서는 항상 아이들은 부모로부터 '너는 만족스럽지 않다.'라는 마음을 전해 받는다. 비록 아이를 사랑하는 마음을 부모가 지니고 있다 하더라도 이러한 상황이 이어진다면 아이는 부모의 참된 사랑을 경험하지 못한다. 불행하게도 많은 사람들이 '너는 잠재력을 가지고 있을지도 모르지만, 현재로서는 수긍할 수가 없다. 언젠가는 충분한 능력을 갖게 될지도 모르지만, 지금은 아니다.'라는 메시지를 받고 자란다. 이 말은 단지 나의 기대를 충족시킨다면 충분하다는 뜻을 내포하고 있다. 이러한 상황에서는 아이의 독자적인 삶이란 수용되지 않는다.

'나는 이것으로 충분하다.'라는 말은 '나는 더 이상 배울 것이 없다거나 더 이상 성장하지 않아도 된다.'는 것을 의미하지 않는다. 그 말은 '나는 현재의 나를 가치 있는 존재로 받아들인다.'는 것을 의미한다. 우리는 '나는 충분하지 않아.'라는 심리적인 기저 위에서는 자존감을 형성시킬 수 없다. 어린이에게 '너는 충분하지 않아.'라는 암시를 주는 것은 본질적인 의미에서 자존감을 파괴하는 것이다. 어떤 아이도 그와 같은 메시지를 받을 때 사랑받고 있다고 느낄 수 없다.

한 인간으로서 부족함이 없고 충분하다는 느낌을 아이가 갖도록 해야 한다. 시인 이정하의 「부끄러운 사랑」이란 시에서, 사랑이란, '……언제나 기댈 수 있게 한쪽 어깨를 비워둘 뿐입니다'라는 대목은 사랑한다는 것이 무엇을 말하는가를 잘 설명해 주고 있다. 부모와 아이의 사랑관계가 원만하게 이루어지고 있다면 늘 아이가 부모에게 편하게 기댈 수 있도록 해 주어야 할 것이다. 만약에 아이에게 넌 뭔가 부족하다는 메시지를 주고 있다면 아이는 부모로부터 멀어질 것이며 심리적인 안정감을 찾기란 매우 어렵게 될 것이다. 부모가 아이의 입장에서 아이를 바라볼 수 있고 아이의 입장에서 긍정적으로 수긍함으로써 아이가 편한 마음으로 부모에게 기댈 수 있도록 해 줄 수 있다면 아이는 자신을 존중하고 만들어 가꾸는 데에 큰 힘을 얻을 것이다.

아이의 감정과 느낌을 충분히 받아 준다

자신의 생각이나 감정이 부모에 의해 받아들여지는 아이는 그러한 반응을 스스로 내면화하게 되며, 그로부터 '자기수용'을 터득하게 된다. 수용이라는 것은 무조건 받아들인다는 뜻이 아니라 아이의 생각과 감정을 차분히 들어 주고 인정해 준다는 뜻이다. 그것은 체벌하거나, 논쟁을 하거나, 억지로 가르치거나, 심리전을 펴거나 혹은 모욕감을 주지 않는다는 뜻을 지니고 있다. 부모의 입장에서 아이를 이렇게 저렇게 지시하고 평가하고 단정해 버리는 행동과는 거리가 멀다. 만약에 반복적으로 '이런 생각은 가져서는 안 된다.' '저런 감정은 느껴서도 안 된다.'라는 말을 부모로부터 지속적으로 듣는다면, 그 아이는 부모를 기쁘게 하기 위해 자신의 감정이나 정서를 부정하거나 억제하는 것을 배우게 된다.

만약에 아이의 기쁨, 분노, 행복감, 성욕, 소원, 두려움과 같은 정상적인 감정의 표현들이 부모에 의해 수용될 수 없고, 또 그것을 잘못된 것 혹은 좋지 못한 것으로 취급하거나 심지어 죄악시한다면 아이는 점차 자신감을 상실할 것이며, 부모에게 버림받고 있다는 느낌을 가질 수 있다. 그 아이는 그러한 두려움을 피하기 위해 더욱더 자기 자신의 솔직한 감정이나 생각을 드러낼 수가 없으며 또 이를 부정할 것이다. 그런데 결코 어린이의 성장 발전은 '자기부정'을 기저로 해서는 이루어질 수 없다.

자녀들에게 자신의 성격, 기질, 흥미, 관심과 느낌 등이 부모에게 받아들여진다는 경험만큼 건전한 성장에 도움이 되는 것은 없다. 부모가 아이들의 그러한 성격, 기질, 흥미, 관심이나 예감 등을 전적으로 이해한다거나 받아들인다는 것이 중요한 것이 아니라 부모가 아이들의 반응과 생각과 느낌과 원망을 있는 그대로 진지하게 함께 해 주는 것이 중요하다. 하지만 그것은 부모가 아이들이 자신을 표현하는 모든 것을 찬동하거나 기꺼이 받아들여야 한다는 것을 뜻하지 않는다. 여기에서 말한 '수용'이란 말은 부모가 항상 즐거워해야 한다든가 만족을 해야 한다는 것을 뜻하는 것이 아니라 아이들이 자신을 표현하는 모든 것에 대해 부모가 함께 한다는 뜻을 의미한다.

부모는 운동을 좋아할 수 있으나 그 자녀는 그렇지 않을 수도 있다. 또 부모는 예술적 기질이 있을 수 있으나 그 자녀는 그렇지 않을 수도 있고, 부모는 선천적으로 순발력이 뛰어날 수 있으나 그 자녀는 그렇지 않을 수 있다. 부모는 꼼꼼하지만 그 자녀는 산만할 수도 있다. 부모는 외향적이나 그 자녀는 내성적일 수도 있다. 부모는 매우 사교적이나 그 자녀는 그렇지 않을 수도 있다. 부모는 경쟁심이 강하나 그 자녀는 그렇지 않을 수도 있다. 이 모든 경우가 그와 정반대로 나타날 수도 있다. 이러한 여러 가지 면에서 부모와 자녀 간의 차이가 인정되고 수용된다면 건전한 자존감을 형성하는 데에 큰 밑거름이 된다.

부모가 자녀에게 이러한 마음을 지니기 위한 마음가짐을 갖기 위해서는 아이에 대해 지나친 욕심을 갖지 않고 아이의 입장에서 아이를 받아들일 준비가 되어 있을 때에 가능하다. 즉, 아이를 부모의 마음대로 할 수 있다는 생각을 가지고 있으면 아이의 입장에서 아이의 생각과 느낌을 읽을 수 없다. 일상적으로 많은 부모들이 자신들이 머릿속에서 바라거나 동경하는 이상적인 모습대로 아이들이 행동해 주기를 바라는데, 그 기준에 따라 아이를 본다면, 아이는 항상 부족한 아이가 될 수밖에 없다. 그 바람이 크고 절실하면 할수록 '아이의 있는 그대로의 모습'을 받아들일 수 없게 된다. 이는 아이를 내가 소유할 수 있다는 숨겨진 마음에서 비롯될 수도 있다. 아이를 소유물로 여길 경우, 아이의 내면세계와 개성이 어른과 다르다는 사실을 인정하지 않은 셈이 된다. 이는 '아이는 어른의 축소판이다.'라는 구태의연한 사상에서 비롯된 것이다. 아이를 진정으로 아이의 입장에서 바라보고 이해하기 위해서는 쉽게 알 수 없는 아이의 내면세계를 이해하려 노력하고 아이 나름대로의 느낌과 생각이 어른과 달리 별도로 있다는 사실을 절실하게 깨달아야 한다. 프랑스의 교육철학자인 루소는 일찍이 '아이는 선하게 태어났지만 오히려 어른의 손에 자주 접하면서 악하게 변질된다.'라고 주장했다. 사람의 본성이 선하다는 주장이다. 아이의 내면세계에는 어른들이 이해할 수 없는 선한 면이 숨겨져 있다. 어른은 이를 소중하게 여기고 잘 보호하여 길러 줄 책임과 의무를 지니고 있다. 아이를 '있는 그대로 받아 줄 수 있는 부모'가 아이에게 좋은 자존감을 키워 줄 수 있다. 다음의 시는 아이의 입장에서 아이의 마음을 읽을 수 있는 자세를 갖기 위한 마음가짐을 상징하는 시로서 많은 시사점을 남긴다.

빈 배

<장자>

한 사람이 배를 타고 강을 건너다가
빈 배가 그의 배와 부딪치면
그가 아무리 성질이 나쁜 사람일지라도
그는 화를 내지 않을 것이다
왜냐하면 그 배는 빈 배이니까

그러나 배 안에 사람이 있으면
그는 그 사람에게 피하라고 소리칠 것이다
그래도 듣지 못하면 그는 다시 소리칠 것이고
마침내는 욕을 퍼붓기 시작할 것이다
이 모든 일은 그 배 안에 누군가 있기 때문에 일어난다

그러나 그 배가 비어 있다면
그는 소리치지 않을 것이고

화낼 필요도 없다
세상의 강을 건너는 그대 자신의 배를 빈 배로 만들 수
있다면
아무도 그대와 맞서지 않을 것이다
아무도 그대를 상처 입히려 하지 않을 것이다

마음을 비워 둔다면 아이가 하는 행동을 있는 그대로 받아들일 수 있는 준비를 하고 있는 셈이지만, 부모가 아이에게 바라는 것이 많고 양에 차지 않는다고 생각한다면 아이의 입장에서 아이를 이해할 수가 없으므로 아이를 받아들이기란 어려운 일이다. 부모가 아이에게 부모의 입장이나 기대대로 해 주기를 바라는 마음이 클수록 아이의 내면세계를 살피고 이해한다는 것은 어려운 일이며, 아이를 존중할 수가 없다. 그러나 마음을 비우고 아이를 믿고 아이의 입장에서 이해하려고 노력하면 아이의 내면세계를 볼 수 있는 여유와 마음을 가질 수 있을 것이다.

아이의 인격적 권위를 충분히 존중한다

어른들로부터 존중받고 자란 아이는 자신을 존중할 줄 아는 사람이 된다. 나의 경험에 의하면, 어느 교수님 댁을 방문했을 때의 일인데, 많은 손님 앞에서 교수님의 아들이 물을 엎질렀다. 그때 교수님은 아이에게 "너 참 칠칠치 못하구나! 어떻게 그럴 수가 있느냐!"라는 식의 나무라는 말 대신에, "너 마실 것을 엎질렀구나. 가

서 걸레를 가져올래? 우리 아이가 지금 피곤한가 봐요."라고 했다.

그런데 일상적으로 우리는 전자의 말에 더 익숙해 있다. 우리는 그와 같은 말을 더 자주 사용한다. 그러나 방문객에 대한 창피감보다는 아이의 인격이 더 중요하다. 아이에게 자신의 잘못을 깨우쳐 주어야 한다는 훈계에 익숙한 행동으로는 전자의 말이 당연하게 들린다. 그러나 후자의 경우는 아이가 자신의 실수를 순간 느끼고 당황하고 있는 마음을 읽어 주는 말이다. 오히려 당황하고 있는 아이의 마음을 달래 주고 손님에게도 가볍게 미안하다는 마음을 표하면서 아이의 마음속에 있는 창피감을 감싸 주고 있다. 엎질러진 물과 물 묻은 방바닥보다 더 중요한 것이 아이의 인격이라는 점을 알고 처리한 경우다.

또 다른 예를 하나 더 들어 보자. 테니스 경기에서 중요한 것 중의 하나가 파트너십인데, 파트너가 실수를 했을 때에 이를 탓하면 더욱 경기가 풀리지 않는다. 잘못을 지적하고 탓하면 자신의 잘못으로 점수를 잃었다는 자책감을 가지고 있는 사람에게 더욱 심리적인 중압감을 주어 평소에 보이지 않았던 실수들을 할 것이다. 그래서 파트너를 탓하기보다 '파트너의 약점을 탓하지 말고 내가 그것을 몸소 보충해 보려는 행동'이 파트너를 격려하고 경기를 더욱 유리하게 이끌어 갈 수 있다. 그러므로 상대방이 실수를 했을 때에 오히려 파트너를 격려해 줄 수 있다면 훨씬 좋은 경기를 만들어 낼 수 있다. 성인이라도 실수를 책망하면 실수를 더 하게 된다.

아이가 잘못을 하여 스스로 자신의 잘못을 감지하고 당황해하는데 또 다시 어른들로부터 꾸지람을 당하면 아이는 이중으로 심리적인 압박을 받아 몸과 마음이 위축된다. 그러므로 꾸짖는 것보다는 아이의 상한 마음을 달래주는 편이 아이로 하여금 심리적으로 인정받았다는 느낌을 갖게 한다. 이로부터 아이는 어른들이 자신을 믿고 있다는 생각을 갖는다. 결국 이러한 인정과 감싸 주는 부모의 마음으로 인해 아이는 꾸지람을 들었을 때보다 더 자신을 스스로 돌아볼 수 있는 기회를 얻는다. 아이는 부모가 가지고 있는 자신에 대한 인정과 믿음으로 인해 다시 그러한 실수를 하지 않겠다고 다짐할 수 있으며, 어른들이 바라는 행동에 더욱 관심을 가질 것이다. 결국 아이의 인격을 존중해 줌으로써 아이에게 인격적 신뢰감과 존중감을 심어 주는 결과를 낳는다.

아이들은 부모가 말하는 대로 되어 버릴 수도 있다. 만약에 아이에게 '어리석다.' '서투르다.' '나쁘다.' '실망했다.' 등의 말을 반복해서 한다면 아이는 부모가 기대한 것과는 반대로 실제로 그렇게 되어 버리기 쉽다. 어리석다거나 서투르다거나 나쁘다고 한 말은 그렇게 하지 않기를 바라면서 하는 말이지만, 그와는 반대로 아이들이 정말로 어리석고 서툴고 나쁜 아이로 자신을 반향시키고 그러한 행동을 보일 수 있다. 아이에게 말하기 전에 '하려고 할 말이 과연 아이의 입장에서 어떠한 결과를 초래할 것인가'를 순간 생각해 보아야 한다.

우리가 일상적인 생활에서 정중하게 하는 말인 '부탁합니다.' '미안합니다.' '감사합니다.'와 같은 말은 상대방을 존중하는 마음을 표하는 말이다. 이는 말하는 사람이나 듣는 사람의 인격을 존중하는 마음을 전하는 말이다. 아이에게도 이러한 마음을 전할 수 있어야 할 것이다. 아이의 인격을 존중하는 집안에서 자란 아이는 자기 자신에게는 물론 타인에게도 존경심을 표하게 될 것이다. 이에 덧붙여 자기 자신과 타인에 대해 자연스럽게 존경심을 표할 수 있는 마음을 가진다면, 여타의 사물을 인식하는 데에 있어서도 긍정적인 안목으로 합당한 질서체계를 배울 수 있을 것이다.

심리적으로 아이 자신이 투명한 존재임을 인식하게 한다

아이가 무엇을 요구하거나 말을 했을 때 그리고 행동을 했을 때, 엄마 아빠가 아이의 그러한 행위에 대해 어떠한 반응을 보일까? 만약 아이가 즐겁게 놀고 싶은 마음일 때는 엄마 아빠가 그 마음에 함께하고 아이가 즐거움에 흥겨워할 때에도 엄마 아빠가 아이의 감동에 함께 맞추어 준다. 또 아이가 기분이 안 좋아 보일 때에는 엄마 아빠가 아이의 마음을 달래 주려고 애쓴다. 아이가 무엇인가 자랑하고 싶어 할 때에는 반갑게 그 자랑을 수용해 주고 칭찬해 준다. 이러한 엄마 아빠의 모습에서 아이는 엄마 아빠에게 무엇인가 내 자신을 보여 주었다는 느낌을 확인하게 된다. 바로 이는 부모와 자식 간에 투명한 심리적 관계를 경험한 경우다.

이와 반대로 아이가 무슨 말을 하고 행동으로 보이는 데에도 엄마 아빠가 그에 대해 아무런 반응을 보이지 않는다면 아이는 엄마 아빠에게 자신이 보여졌다거나 이해되었다는 느낌을 갖지 못한다. 이러한 반응으로부터 아이는 자신의 존재가 엄마 아빠에게 별로 중요한 것이 아니라는 느낌을 받는다. 이를테면, 아이가 놀고 싶을 때 엄마 아빠의 마음에 들지 않는다고 하여 무조건 못하게 한다든지 혹은 아이가 자신의 기쁨을 표현하는 데에도 엄마 아빠가 아무 반응을 보이지 않는다면, 또는 아이가 슬퍼서 우울한 표정을 짓고 있는데 그것을 오히려 가식적인 행위라고 여기고 비난하거나, 심지어는 아이가 애써 해 놓은 일에 대해 자랑하고 싶어 하는데도 엄마 아빠가 그것을 무시하거나 비웃어 버린다면, 엄마 아빠로부터 인정받고자 하는 아이의 욕구가 그만 꺾여 버리고 만다. 이러한 부모의 태도로 인해 아이는 엄마 아빠에게 뭔가를 보이고 싶어 하는 마음이 사라져 버리며 서로 좋은 관계를 형성한다는 것이 어려워진다.

그런데 아이는 항상 부모에게 자신을 보여 주고 싶어 하고, 자신이 심리적으로 투명한 존재로서 인정받기를 바라고 있다. 아이는 부모에게 자신이 항상 중요한 인물로서 보이기를 원하고 있으며 그것을 확인하고 싶어 한다. 다시 말하면, 아이는 늘 부모와 심리적으로 투명한 관계를 맺기를 바라고 있다.

나의 존재가 상대방에게 투명하게 느껴질 때, 나는 그와 동일한 현실, 동일한 세상에 함께 있다는 느낌을 받는다. 그와 반대일 경우에는 서로는 전혀 다른 현실과 다른 세상에 살고 있음을 느끼게 된다. 서로가 더불어 함께 살아간다는 공동체 의식을 느끼지 못한다. '우리'라고 의식하고 느끼는 공동체란 함께 고민하고 즐거워할 수 있는 마음을 갖고 있는 경우에만 가능하다. 그러한 관계를 느끼지 못한다면 이미 함께 있는 것이 아니다. 그러한 경우에는 서로가 모든 것을 다르게 느끼며 살아가고, 각자 다른 길을 가고 있는 관계다. 여기에 사랑과 정이 있을 수 없다. 서로가 마음의 교류가 없이 따로 어떠한 만족도 느끼지 못하고 살아가는 형상이다.

투명성에 대한 욕구는 객관적 가치에 대한 욕구다. 아이로서는 혼자서 자신을 알 수가 없다. 아이는 자신의 됨됨이를 객관적으로 파악할 수 없다. 혼자의 마음속에서 자신을 파악할 뿐이다. 그러나 엄마 아빠의 반응이 아이의 마음속에 비추어진다면 아이는 엄마 아빠로부터 자신에 대한 객관적 가치를 체험한다. 즉, 엄마 아빠는 아이가 지닌 크고 작은 모든 가치를 인정해 주는 거울인 셈이다. 아이는 부모의 반응을 보고 '거울에 비추어진 자신의 모습'을 확인한다. 아이는 엄마 아빠의 적절한 반응에 비추어진 자신의 모습을 보고 이로부터 자신의 상을 그리게 된다.

다른 사람들로부터 자신의 행동을 되비추어 볼 수 없다면 우리는 살아가는 데에 자신을 확인할 길이 없다. 아이들은 오직 부모에게 자신을 확인하고 의지하며 살아간다. 만약 부모로부터 심리적인 투명한 반응을 경험하지 못한다면 평생 동안 그는 자신에 대해 피상적인 존재로 인식하고, 모든 사람들과의 관계가 피상적인 관계로 결말이 날 수 있다. 그는 인생살이를 겉치장으로 여길 수도 있다. 진지하게 나를 받아 주고 인정해 주는 가장 친밀한 엄마 아빠가 없다면 그러한 치명적인 결함을 안고 살아가게 될 수도 있다. 아이는 심리적으로 좀 더 깊은 투명한 관계를 부모로부터 느끼기를 항상 갈망하고 있다.

모든 남녀 간의 사랑에서는 이 심리적인 투명한 관계가 확인될 경우에 사랑이 더욱 깊어진다. 그렇지 못했을 때에 불안전한 관계라고 볼 수 있으며 정상적인 관계가 유지되기 어렵다. 어떤 이를 열정적으로 사랑하는 사람은 사랑하는 사람에 대해 모든 것을 깊게 알고 싶어 하는 것이 당연하다. 이는 더욱 친밀한 관계를 맺으려는 욕구에서 비롯되는데, 서로는 상대방의 행동 하나하나에 대해 투명하게 확인하고 싶은 욕구가 작용한다. 사랑의 심리는 독점적 특성이 있다. 사랑하는 관계에서 늘 들을 수 있는 말, 그것은 '그는 나를 이해하고 있다. 나는 이전에는 그런 느낌을 받아 본 적이 없다.'라는 말이다. 사랑하므로 서로가 더 깊게 알고 싶어 하고 그래서 서로 투명한 관계를 유지함으로써 함께 있음을 느끼려고 한다. 그래서 '우리'라는 느낌을 갖게 되며 그런 관계 속에서 서로가 서로의 가치를 부여하고 또 확인한다. 그런 관계 속에서 자신들의 존재를 투명하게 확인한다.

아이는 주위 사람들이 자기를 보아주고 자기 말을 들어주고 자기를 이해해 주고 자신의 행동에 대해 적절하게 반응해 주기를 바란다. 이는 아이에게 본능적인 것이다. 형성되어 가는 도중에 있는 자아에게는 이런 욕구가 특히 절박하다. 아이가 어떤 행동을 하고 난 후에 자신의 행동이 어떠했는가를 알아보기 위해 엄마와 아빠를 쳐다보는 것은 바로 자신의 행동을 확인해 보고자 하는 욕구에서 비롯된다.

그런데 이렇게 자신의 행동에 대해 주위 사람들의 반응을 원하고 있는 아이에게 어른들이 벌을 주거나 비난을 할 때 아이는 낯선 마음을 갖게 되고, 심리적으로 불투명성을 체험하며 심리적 박탈감을 경험한다. 그런가 하면 그와 반대로 늘 칭찬만 받더라도 그것이 진실이 아니라는 것을 알게 된다면 역시 뭔가 불투명함을 느껴 자신감 있는 행동을 잃어버린다.

어린 시절 가정에서 투명하지 못한 관계를 경험한 많은 성인들은 성장과정에 심리적인 상처를 입게 되며 이로 인해 어른들과의 인간관계가 원활하지 못할 뿐만 아니라 다른 사람들과의 인간관계에 대해 근본적으로 불신을 갖는 원인이 된다. 이는 이웃 사람들과의 원활한 관계를 맺는 데에 심각한 부작용을 만들어 낼 수도 있다.

만약 부모가 아이를 투명한 존재로 여기고 아이가 그것을 느꼈다면

- 아이는 다른 사람들이 자신을 멀리한다고 느끼지 않을 것이다.
- 그는 보통 사람들과 동일한 한 구성원임을 느꼈을 것이다.
- 그는 심리적으로 안정감을 느꼈을 것이다.
- 그는 자신의 솔직한 모습을 알게 되었을 것이다.
- 그는 사랑받고 있다고 느꼈을 것이다.
- 그는 희망이 있다고 느꼈을 것이다.
- 그는 가족의 한 사람이라고 느꼈을 것이다.
- 그는 자신이 중요한 어떤 것에 관련된 사람으로 여겼을 것이다.
- 그는 정신적으로 온전했을 것이다.
- 그는 다른 사람에게 자신을 이해시키는 일에 대해 보다 적극적일 것이다.
- 그는 자신을 보호해 주는 가족이 있다고 느꼈을 것이다.
- 그는 소속감을 느꼈을 것이다.

만약 아이가 오늘 "나는 학교에서 아이들과의 놀이에 끼지 못했어요."라고 마음 아파하며 말할 때, 엄마가 그 아이의 마음을 달래

주면서, "그래, 마음이 상했겠구나."라고 대답해 준다면, 그 아이는 심리적인 투명성을 느낀다. 만약 엄마가 그 아이에 대해 "하고 싶은 것을 항상 다 하고 살 수 없는 거야."라고 신경질적으로 반응을 보인다면 그 아이는 엄마로부터 심리적인 박탈감을 느끼게 되어 자신의 심리에 대한 투명한 경험을 하지 못한다.

만약 아이가 온통 기쁨으로 격앙되어 집에 들어올 때, 엄마가 웃으면서 "오늘 너 즐거워 보이는구나."라고 말한다면, 아이는 심리적인 투명성을 느낀다. 만약 엄마가 그런 경우에, "왜 그렇게도 소란스럽게 구느냐? 넌 너밖에 몰라! 천방지축이구나! 무슨 일이야!"라고 소리를 지른다면 아이는 무엇을 느낄까? 자신의 마음을 조금도 알아주지 못하는 엄마에게 배척당했다는 느낌이 들 것이다. 그 아이는 인정받고자 하는 자신의 마음을 엄마로부터 박탈당한 셈이 되어 버린다. 즉, 자신의 마음을 투명하게 받아 주는 사람을 찾지 못한 것이다. 만약 뒤뜰에서 나무집 짓는 놀이를 하고 있는 아이에게 아빠가 "너 어려운 일을 하려고 하는구나. 열심히 해보렴."이라고 격려해 준다면, 그 아이는 심리적으로 투명함을 경험한다. 그런데 만약 아빠가 "얘야, 맙소사! 너 그거 하면 안 돼. 넌 못해!"라고 말한다면 아이가 어떻게 느낄까?

만약 아이가 아빠와 함께 산책을 하면서 길가에 보이는 많은 것들에 대해 이런저런 표현을 하면서 수다를 떨 때, 아빠가 함께 이야기하면서 대꾸를 해 주고 "너는 여러 가지에 관심이 많이 있구나."라고 대응해 줄 때에 아이는 심리적인 투명성을 느낀다. 그와 반대로 만약 아빠가 "너 말 좀 그만하지 못해!"라고 면박을 준다면 아이는 아빠로부터 무엇을 느낄까?

우리가 사랑과 감사, 공감, 수용, 존경의 마음을 전달할 때 우리는 아이로 하여금 투명성을 느끼게 만든다. 우리가 무관심과 꾸중과 비난과 조소를 보낼 때 우리는 아이의 자아를 불투명성의 불안한 심연으로 몰아내는 셈이다.

많은 이론에서 아이의 자존감을 키워 주기 위해서는 아이의 개성의 가치를 인정해 주고, 아이에게 우호감과 소속감을 심어 주라고 말한다. 우호감과 소속감을 경험하는 것은 바로 아이가 심리적 투명성을 경험하는 것과 같다.

한 가지 첨가해 둘 것은, 심리적인 투명성을 경험하게 해 주는 것이 반드시 칭찬과 동일하지는 않다. 즉, 아이가 힘들게 숙제하는 것을 보고 엄마가 "너에게 문제가 어려워 보이는구나."라고 말한다거나, "너 지금 마음이 심란하지, 나와 이야기할래?"라고 말하는 것은 칭찬은 아니지만, 아이의 마음을 엄마가 분명하게 읽고 있는 것이다. 또 "너 지금 기분이 좋아 보이는구나."라는 말은 칭찬은 아니지만, 이 말로부터 아이는 자기가 엄마 아빠에게 관심의 대상이 되고 있고 자신의 마음이 알려지고 있다는 것을 확인할 수 있다.

엄마 아빠가 아이에게 사랑한다는 마음을 분명하게 전하려고 하면 아이에게 심리적으로 투명성을 경험할 수 있도록 해 주어야 한다. 즉, 부모가 아이에게 관심을 가지고 있고 아이의 어려움을 헤아리고 있다는 것을 확인할 수 있도록, 구체적인 행동과 말로 표현해 주어야 한다. 이는 부모로서 갖추어야 할 필수적인 능력이다. 사람을 관찰할 수 있는 능력을 먼저 갖추어야 한다는 말과 같으며, 아이의 모든 것을 이해하고 받아들일 수 있는 마음의 자세를 갖추어야 한다. 이에 필히 아이에게 일관된 관심을 갖기 위한 노력과 훈련이 지속되어야 한다. 그러한 노력이 자녀에게 전달될 때 아이는 건강한 '나'를 찾는 일에 힘을 얻을 것이다. 다음의 시는 투명한 관계를 예찬한 내용이다.

투명한 관계

<목우>

우리가 함께 볼 수 있을 때에
같은 세상에 함께 있다는 것을 느낀다

같은 세상에 함께 있다는 것을 확인할 때에
우리는 우주에 함께 있음을 확인한다

투명성은 너와 내가 함께
소속되어 있음을 느끼게 한다

투명성에 대한 열망은
객관성에 대한 열망이다

당신의 반응이 나의 내면에 느낌으로 다가올 때에
당신은 '나'란 사람에게 객관적인 가치로서 인식하게 된다

서로 투명한 관계를 형성할 때에
서로는 본보기가 되며
서로가 힘이 된다

나이에 적합한 기대와 요구를 한다

아이가 나이에 맞게 길러져야 한다는 것은 진리다. 중요한 것은 아이의 성장 발달 수준에 맞는 양육을 어떻게 할 것인가다. 3개월 된 영아가 옷을 혼자서 입기란 어렵고, 옷을 입을 때에 어른의 도움이 필요하다. 그러나 10세 된 아이는 혼자서도 충분히 옷을 입을 수 있다. 그런가 하면 아이가 어떤 것에 대해 질문을 해 왔을 때에 여섯 살 된 아이에게는 친절하게 설명하고 진지하게 답을 찾아주는 일이 필요할지 모르지만, 십대의 청소년에게는 그 주제에 대해 스스로 생각해 보도록 안내하거나 도서관이나 인터넷을 이용하여 탐구해 보도록 하는 것이 적절할 수 있다.

나는 서른 살의 한 여인을 기억하고 있는데, 그녀는 독립적으로 구매 행위를 하지 못했었다. 왜냐하면 그녀는 남편이 옆에 없을 때에는 혼자서 물건을 사지 못했는데, 시집가기 전까지 그녀의 어머니가 모든 것을 대신해서 사 주었기 때문이다. 결혼을 한 후에는 남편이 그 책임을 떠맡은 셈이었다. 가정용품을 포함한 모든 물건을 남편이 사 주어야만 했다. 그녀는 정서적으로 자신이 아이라고 여기고 있었고 어린이가 지니고 있는 자기만족적인 수준에 머물러 있었다. 심지어 그녀는 간단하고 일상적인 문제까지도 독자적으로 선택하고 결정해야 할 상황이 오면 겁을 먹었다.

아이에게 독립심을 키워 주려고 한다면, 부모가 아이의 성장 발달 수준에 알맞게 스스로 선택할 수 있도록 하고 결정할 수 있는 기회를 적절하게 제공해 주어야 한다. 세 살 된 아이에게 어떤 옷을 입을 것인지 물어보는 것은 적절하지 못할 수 있다. 그러나 몇 가지의 옷을 제시하고 어떤 옷을 입을 것인지 선택할 수 있는 기회를 마련해 줄 수 있을 것이다.

도움이 필요하지 않은 경우에도 어린이는 어른들의 충고를 바랄 수 있다. 그런 경우, "넌 어떻게 생각하니?"라고 물어보고 아이가 혼자서 할 수 있는 일은 독자적으로 하도록 하고 도움이 필요한 것에 대해서는 도와줄 수 있을 것이다. 어른들은 아이가 스스로 편안한 마음으로 선택하고 결정할 수 있다면 아이에게 그런 기회를 넘겨 주어야 할 것이다. 이것은 아이의 판단력을 존중해 주고 키워 주기 위해 필요한 일이다. 중요한 점은 아이가 최종적으로 갖추어야 할 모습과 목표가 무엇인가를 의식하면서 양육하는 일이다.

아이의 행동을 음미하면서 칭찬한다

자녀의 자존감을 키워 주기 위해 칭찬을 아끼지 않는 것은 좋은 방법이다. 그러나 적절하지 못한 칭찬은 적절하지 못한 꾸중만큼이나 자존감을 키우는 데 방해가 될 수 있다.

음미적 칭찬은 자존감을 키워 주고 바람직한 행동을 장려하는 데 모두 도움이 된다. '너는 착한 아이야.' '너는 훌륭한 일을 하고 있어.' '계속 해 보아라.'와 같은 칭찬은 격려하는 말이지만 칭찬의 효과를 올리는 데에 한계가 있다. 그러한 말들은 아이들을 흥분시키거나 의존심을 부추기거나 방어적 자세만을 조장시킬 수 있다.

칭찬을 하지 않는 것보다는 낫겠지만 아이의 마음속에 더욱 확실하게 하고 싶은 동기가 작동되고 더 오래 지속될 수 있는 칭찬이 보다 효과적이다. 위에서 말한 '착한 아이'나 '훌륭한 일'이라는 말은 말하는 사람의 기준으로 아이의 행동을 단정적으로 말하고 있다. 그러나 아이 스스로 자신의 행동의 결과에 대해 평가하고 판단할 수 있는 내용을 칭찬하는 말에서 제공한다면 아이는 더욱 자신의 행동에 대해 음미하고 스스로 판단하여 어떠한 행동을 해야 할 것인가에 대한 방향을 세울 수 있다. 스스로 자신의 행동에 대해 신뢰하고 구체적인 행동 방향을 독자적으로 설정할 수 있는 구체적인 행동자료를 제공할 수 있는 칭찬이 자신을 존중하는 힘을 키워 준다.

만약 부모가 아이의 행위나 행동 결과에 관해 어떻게 생각하고 있으며 어떠한 것을 좋아하고 싫어하는지를 구체적으로 말해 줄 수 있으면 아이 자신의 기준을 세워 평가할 수 있고 더욱 행동에 확실한 방향을 스스로 찾을 수 있다. 다음의 예를 보기로 하자.

어린 딸이 봄날 대청소를 했다. 엄마는 딸에게 "너 참 일을 잘하는구나."와 같은 칭찬 대신에 "이제 옷장과 책장이 정리되고 집이 깨끗해져서, 식구들이 원하는 옷과 책을 쉽게 찾아 입을 수 있고 볼 수 있게 되었구나! 집이 잘 정돈되고 깨끗해져서 아빠, 언니, 오빠가 정말 좋아하겠다. 정말 힘든 일이었지! 그렇게 힘든 일을 네가 해냈구나. 고맙다. 수고했다!"라고 말한다. 엄마의 이러한 말은 딸에게 다음과 같은 확신을 심어 주게 된다. '우리 엄마가 내가 하는 일을 좋아하고 계시는구나.' '나는 정말 일을 잘하는 사람이구나.'라는 생각을 하게 되고, '청소하는 일이 정말 중요한 일이구나.' 라는 생각을 가질 것이며, 엄마는 딸에게 확실하게 존중감을 심어 줄 수 있는 행동을 한 셈이다.

나이 열 살 된 아들이 첫눈이 오는 것을 보고 이에 관한 시 한 편을 썼다. 이에 대해 아빠는 다음과 같이 말했다. "네가 쓴 시는 아빠의 마음을 그대로 표현한 것 같구나. 너도 그렇게 느꼈구나. 그런데 어떻게 너의 느낌을 이렇게 시어로 표현할 수가 있지. 참 좋다! 매우 기쁘다!" 그 말을 듣는 아들은 얼굴에 수줍은 미소가 스쳐 지나갔다. 그 후 아이는 엄마에게 다음과 같이 말했다. "아빠가 내 시를 좋아하셔. 아빠는 내가 시를 잘 쓰는 사람이라고 생각하셔." 아들은 아빠의 이런 칭찬을 듣고 자신의 글솜씨에 대한 자신감을 갖게 되고 글쓰는 일을 어렵지 않다고 여기게 된다. 아들의 시를 읽고, "너 참 잘 썼구나. 좋은 글을 썼네!" 정도로 칭찬을 끝내는 것보다 아이가 쓴 시에 대해 부모의 생각과 느낌을 말해 주고 아들의 마음을 읽어 주는 칭찬이 더욱 아이에게 자존감을 심어 준다.

일곱 살 된 딸아이가 글씨체를 예쁘게 쓰려고 애쓰고 있었다. 아이는 글씨를 줄 쳐진 노트의 칸 안에 제대로 반듯하게 쓴다는 것이 매우 힘들다는 것을 알았다. 마침내 아이는 많은 노력 끝에 줄 쳐진 노트에 깨끗하게 글을 써 넣어 선생님에게 제출했다. 선생님은 노트 검사 후 노트에다 다음과 같이 써서 되돌려 주었다. '글씨를 참 예쁘게 잘 썼어요. 새아가 깨끗하게 노트 정리하는 것을 보니 마음이 매우 기뻐요.'라고 써 놓았다. 이것을 본 엄마가 딸에게 "너 참 좁은 칸에 또박또박 잘 맞추어 글씨를 잘 썼구나. 선생님도 너의 글씨를 참 좋아하시는구나!"라고 칭찬해 주었다. 아이는 그 후에 아빠에게 선생님이 써 준 글을 흥분하여 읽어 주었다. 그런데 갑자기 "쪽!" 하는 입맞춤 소리를 들었다. 새아는 돌려받은 노트에다 키스를 하면서 "엄마 난 글씨를 잘 쓰는 사람이야!"라고 했다.

아이들에 대한 칭찬을 좀 더 구체적으로 할 수 있으면 아이들에게 자신감과 할 일에 대한 능력을 더욱 확실하게 인정해 줄 수 있다. 일반론적이고 추상적인 칭찬은 아이들 자신에게 분명하지 못한 내용을 전달하고, 무엇 때문에 칭찬을 받는지를 아이는 모를 수가 있다. 추상적인 칭찬이나 일상적이고 피상적인 칭찬은 아이에게 분명한 칭찬의 효과를 얻을 수가 없을 뿐만 아니라 아이의 내면적인 동기를 유발시키는 데에 크게 도움이 되지 못한다. 아이의 행동을 구체적으로 음미하는 칭찬이 아이의 자존감을 키워 주는 데에 더욱 도움이 된다. 단지 칭찬이 좀 더 구체적인 내용을 가져야 하는 것만은 아니다. 칭찬할 만한 상응하는 내용이 있어야 한다. 과장된 칭찬은 오히려 아이에게 걱정거리를 만들어 줄 수도 있다. 왜냐하면 아이들 또한 자신의 행위가 그렇게 과도하게 칭찬받을 만한 것이 아니라고 생각되면 자신의 행동에 동기가 부여되지 않기 때문이다.

어떤 부모는 좋은 의도에서 자녀들의 자존감을 키워 주기 위해 칭찬을 해 준다. 그러나 그들의 칭찬은 구체적이지 못하고 추상적이고 막연하여, 자녀의 행동에 대한 적합한 방향을 제시하지 못하는 경우가 많은데, 그것은 아이에게 도움이 되지 않을 뿐만 아니라 칭찬하는 마음과 달리 역효과를 초래할 수도 있다. 왜냐하면 그러한 막연하고 마음에 없는 칭찬을 받는 경우, 아이는 자신의 본모습이 부모에게 분명하게 보이지 않았다고 생각하며 이로 인해 불안감을 가질 수 있기 때문이다. 이럴 경우 아이는 그 불안을 해소하기 위해, 그리고 부모로부터 인정을 더 받기 위해 어른이 전혀 예상치 못한 행동을 하게 된다.

또 달리는 '칭찬 중독증'을 일으키기도 한다. 칭찬 중독증에 빠진 아이들은 칭찬 없이는 한 걸음도 나아가지 못하며, 칭찬이 없는 경우 자신이 평가절하되고 있다고 느낀다. 칭찬에 대한 적절한 기술을 갖지 못한 채 맹목적으로 아이들에게 헌신하려는 부모가 지나친 칭찬이나 입에 바른 칭찬으로 아이들을 칭찬 중독증에 빠지게 만들기도 하는데, 만약 우리가 자녀들의 자율성을 키워 주고자 한다면 아이들 스스로 자신의 행동을 평가해 볼 수 있는 기회를 주어야 한다. 아이들 스스로 성인들로부터 많은 칭찬을 받지 않아도 된다는 생각을 갖도록 해야 한다. 아이들 스스로 독립적인 자신의 삶을 유지할 수 있는 생활 습관을 갖도록 해야 한다.

부모가 자녀들이 하는 좋은 질문이나 판단 그리고 사려 깊은 행위에 대해 기쁨을 표현해 줄 때에 아이의 자의식을 자극시키고 고무시켜 준다. 우리가 자녀들의 '자기표현'을 위한 노력에 긍정적이고 존중하는 반응을 보여 준다면, 자녀에게 '자기확신감'을 심어 줄 수 있다. 부모가 아이의 진실성을 인정하고 평가해 줄 때 아이들과의 간격을 좁힐 수 있다. 아이들의 행동에 올바른 것이 있으면 그것을 잘 포착하여 그에 대한 기쁨을 나타내 주고, 아이들 스스로 자신의 행동에 대해 적절한 평가를 하고 판단할 수 있는 기회와 조건을 제공해 주어야 한다. 그래서 스스로 결정을 이끌어 내도록 하고 아이에게 적절하게 신뢰감을 표현해 주어라. 이것이 바로 아이의 자존감을 키워 주는 효과적인 방법이다.

부모가 아이를 나무랄 때에 아이의 행동 그 자체에 한정해야 한다. 절대로 아이를 표적으로 삼아서는 안 된다. 기본 원칙은 다음과 같다. 아이의 행동, 즉 동생을 때렸을 때 또는 약속을 어겼을 때에, 이에 관한 상황을 자세히 표현을 하고, 그에 대한 엄마 아빠의 느낌을 솔직하게 이야기하며 아이의 반응을 보면서 "어떻게 했으면 좋았을까?"라고 아이에게 묻는 것으로 시작할 수 있다. 이럴 때에 절대로 아이의 인격을 침해하는 발언을 해서는 안 된다. 다음과 같은 표현들, 이를테면 "네 녀석은 지금까지 보아 온 아이들 중에 가장 싹수가 없는 놈이다."라는 표현이나 "넌 가망이 없는 놈이야."이라든가 하는 꾸중은 부모의 느낌을 표현한 것이 아니다. 이런 말은 부모의 기대에 못 미치는 행동에 대해 부모의 기준에 따라서 아이를 판정해 버리는 표현이다. 아이에 대한 부모의 증오심이 담겨 있는 표현이다. 그러한 표현은 아이에게 큰 고통을 주기 위한 마음에서 비롯된 것이다. 그에 비해, "너의 행동으로부터 난 많이 실망했다. 엄마는 왠지 기운이 빠지는 기분이구나." 또는 "아빠는 너의 행동을 보고 무척 화가 난다." "네 동생이 얼마나 아팠겠니?" 또는 "약속을 지키지 않았으므로 네 친구가 얼마나 속이 상했겠니?" 등의 꾸중은 아이에게 부모의 느낌을 정확하게 전달하고 차후에 아이가 할 행동의 방향을 암시하고 있다.

아무리 좋은 의도에서 이루어졌다 할지라도 아이들의 '자존감'을 건드리거나 상처를 주는 표현은 결코 어른의 본심이 아닐 것이다. 그것은 오히려 아이에게 더 큰 불행을 안겨 주는 행동이다. 부모가 자녀의 인격적 가치나 능력 그리고 의도나 속마음까지를 무시하는 언사를 쓰는 것으로는 결코 아이에게서 더 나은 행동을 끌어낼 수가 없다. 부모가 아이에게 "넌 나쁜 놈이야." 또는 "네 녀석은 그 악명 높기로 소문난 아무개하고 똑같은 놈이야." 등의 언사를 쓰면 절대 아이를 '착한 아이'로 기를 수 없다. 아이의 자존감을 흠집 내는 행동은 오히려 부모가 싫어하는 행동을 부추기는 결과를 초래한다. 왜냐하면 아이가 가장 존경하는 부모로부터 자신의 모습이 가장 심하게 상처를 받고 있기 때문이다. 아이가 가장 존경하고 의지하는 부모님이 자신을, '가장 나쁜 사람'으로 또는 '가망이 없는 사람'으로 여기고 있기 때문에 아이의 마음속에서는 반감이 작용하여 실제로 나쁜 짓을 부추기는 결과를 낳기 쉽다.

어른이 되었음에도 불구하고, 어린 시절 부모로부터 경멸받고 자란 사람들은 기억 속에 '나쁜 놈' '싹수없는 녀석' '멍청한 녀석' '쓸모없는 녀석' '능력 없는 놈' 등등 부모님으로부터 들었던 말들이 아직까지도 귓가에 생생하다고 털어놓는 경우가 많다. 그들은 부모님이 자신에게 보낸 부정적인 메시지를 지워 보려고 애써 보지만 언제나 자신의 발목을 붙잡고 있는 그림자로 자리하고 있어서 완전하게 극복하기란 어려운 일이다.

부모가 자녀의 인격과 품위를 손상시키지 않고 꾸중할 수만 있다면, 또 화를 내면서도 아이의 자존감을 손상시키지 않을 수 있다면, 그 부모는 가장 훌륭한 부모로서의 한 가지 노릇을 하고 있는 셈이다.

아이에게 믿을 만한 기대감을 갖게 한다

자녀에게 아무것도 바라는 바가 없다고 말하는 것은 결코 칭찬받을 일이 아니다. 만약 부모가 자신에 대해 '아무것도 기대하지 않는다'고 느꼈을 때가 문제다. 이럴 때에 아이들은 크게 좌절감을 느끼게 될 것이다.

합리적인 부모는 아이들이 책임질 수 있을 만한 윤리적 규범들을 제시한다. 그리고 지켜야 할 수준도 제시해 준다. 부모는 자신들이 기대한 대로 아이들이 배우고, 좀 더 성숙해지기를 바란다. 부모의 그러한 자녀에 대한 기대감은 자녀들의 성장을 촉진한다. 그것은 아이들 자신의 고유한 특성을 믿고 존중하는 부모의 마음이 전달되기 때문이다. 그러나 그러한 부모의 기대는 아이의 필요나 수준을 고려한 것이어야 하며 아이가 감당할 수준을 넘어선 바람이 되어서는 안 된다. 그러한 부모는 자녀에게 제시한 높은 수준의 규범들을 아이들이 당연하게 잘 수행할 것이라고 강제하며 매달리지 않는다. 아이를 믿고 참을성을 가지고 기다릴 수 있는 마음을 지니고 있다. 그들은 아이의 성장을 믿고 있으며 기다릴 줄 아는 여유를 누릴 줄 안다.

부모의 기대와 아이의 결과가 반드시 일치하라는 법은 없다. 일치하기를 바라는 것은 부모의 지나친 욕심이다. 부모가 자신의 바람을 아이가 반드시 실현시켜야 한다고 지나치게 믿고 있는 것은 아이의 특성이나 능력을 감안하지 않은 부모 자신만의 욕심이다. 이는 아이에 대한 인격적인 폭력이 될 수 있다. 부모의 바람과 아이의 바람이 꼭 같아야 한다는 생각은 아이의 인격과 내면세계를 무시한 행동이다. 아이를 믿고 보살펴 주고 아이와 함께 하면 아이는 부모의 바람을 터득하고 이를 가능한 한 실현해 보려고 노력하게 되어 있다. 중요한 것은 부모의 바람을 자식이 모두 실현시켜 주기를 바라는 것보다는 부모와 자식 간의 믿음과 사랑을 유지하는 것이 더 큰 교육이라는 사실이다. 이러한 관계 속에서 아이는 부모의 바람을 알아차리고 부모는 아이의 독특한 특성을 찾을 수 있을 것이다. 합리적인 부모는 늘 아이에 대한 바람을 지니고 있으나 이를 고집하지 않고, 아이의 특성에 맞게 아이 자신을 계발시켜 나가는 것을 도와주며 기다릴 줄 안다.

아이가 성숙할 수 있다는 믿음으로 아이의 실수를 다룬다

부모가 자녀의 실수를 어떻게 다루느냐에 따라서 자녀의 자존감 형성에 결정적인 영향을 끼칠 수 있다. 아이가 걸음마를 배울 때에는 수없이 넘어지고 잘못된 동작들을 반복하다가 점차 걷기를 배운다. 아이는 어른처럼 걷기 위해 서서히 필요 없는 동작을 줄여가면서 안정된 동작을 터득해 간다. 수많은 실수는 완전한 걸음마를 하기 위한 부분이다. 즉, 실수를 한다는 것은 무엇인가를 배워나가는 과정에서 필수적으로 따르게 되는 구성요소다.

만약에 어떤 아이가 실수를 저질렀을 때, 비웃음을 받는다든지 벌을 받는다든지 꾸중을 듣는다고 할 때, 그 아이는 배우는 것을 자연스럽게 터득할 수 없다. 오히려 실수에 대해 지나치게 관심을 갖고 실수를 없애기 위해 무리한 행동을 하여 결국 자연스러운 성장에 어떤 방해를 받을 것이다. 또한 실수를 저지르지 않기 위한 행동에 더 관심이 쏠려 있으므로 과감한 새로운 도전이나 시도가 필요한 경우에도 머뭇거리고 과거의 실패에만 집착하는 경향을 갖는다. 부모로부터 실수에 대해 지나치게 꾸중을 받고 자란 아이는 부모로부터 자신이 인정받지 못한다고 느끼며, 실수를 할 때마다 그 실수를 자신의 모든 것으로 받아들이고 결국 되풀이되는 실수로부터 '자기부정'만을 배운다. 그렇게 되면 '자아의식'도 사라지고 '자기수용'도 약해지며 '자기책임감'과 '자기신뢰감'도 약해지고 '자기주장'도 억압된다.

아이들은 자신들이 저지른 실수에 대해 자신이 스스로 판단할 수 있는 기회를 갖게 되면, 대부분 자연스럽게 자신의 잘못으로부터 중요한 교훈을 배우기 마련이다. 부모가 아이의 실수를 보고 아이를 무시하면서 꾸중하기보다는 아이의 입장에서 "어떻게 된 것이니?"라고 질문을 하여 자신의 행동을 설명할 기회를 주고 잘못된 것이 무엇인가를 스스로 찾을 수 있는 기회를 마련해 주는 것이 자신의 실수를 명확하게 인식하게 할 수 있다. 그리고 그러한 실수가 차후에 재현되지 않기 위해서는 어떻게 할 것인가에 대해서도 스스로 생각하여 말해 보도록 하는 것이 자신의 행동을 스스로 통제할 수 있는 능력을 갖게 해 준다. 부모가 자녀에게 '이렇게 하면 된다.'라는 식의 해결책을 미리 제시해 주는 것보다 아이가 스스로 해결책을 찾도록 하는 것이 아이로 하여금 '자기의식'을 갖게 한다.

사실 부모가 그러한 기회를 주는 것이 말처럼 쉬운 일은 아니지만, 아이에게 판단의 기회와 자기인식의 기회를 제공하는 것이 자의식을 갖게 하는 데에 더 도움이 된다. 그러나 부모가 아이의 실수를 보고 참지 못하고 조급하게 화를 내면서 아이의 실수에 대해 이렇게 저렇게 직접적으로 지시하고 잘못을 부모의 생각으로만 정리하는 일은 적절한 대처라고 할 수 없다.

아이의 실수에 부모가 보이는 반응에 대해 브랜든(1994)은 다음과 같이 유형화하고 있는데, 아이의 실수를 적절하게 다루는 경우와 그렇지 못한 경우를 알 수 있게 해 준다.

아이의 실수를 적절치 못하게 다룬 부모 행동의 예

- 엄마는 참지 못해 어쩔 줄 모른다.
- 엄마는 내가 희망이 없는 놈이라고 말한다.
- 엄마는 나에게 철없는 놈이라고 말한다.
- 엄마는 화를 내며 "너 혼 좀 나 봐!"라고 말한다.
- 엄마는 나의 행동에 비웃음과 경멸감을 보인다.
- 엄마는 아빠에게 이른다.
- 아빠는 화를 낸다.
- 아빠는 잔소리를 한다.
- 아빠는 소리를 친다.
- 아빠는 형제들과 비교를 한다.
- 아빠는 비웃는다.
- 아빠는 긴 시간 동안 설교를 한다.

• 아빠는 자신이 어렸을 때 얼마나 똑똑하고 잘 했는가를 말한다.
• 아빠는 다음과 같이 말한다 "네 에미를 닮아서 그렇게 못났구나!"
• 아빠는 방 밖으로 나가 버린다.

적절하지 못한 부모 행동에 대한 아이의 반응

• 내 자신에게 어리석은 놈이라고 말한다.
• 얼간이라고 내 머리를 쥐어박는다.
• 칠칠치 못한 놈이라고 스스로 한탄한다.
• 실수에 대해 깜짝 놀란다.
• 앞으로 발생할 일을 두려워한다.
• 앞으로 무슨 일을 하더라도 난 가망이 없는 놈이라고 스스로 비하한다.
• 내 자신을 용서할 수 없다고 말한다.
• 내 자신이 초라하다고 느낀다.

아이 스스로 잘못을 알아차리도록 하는 경우

• 나는 그렇게 많은 실수를 하지 않을 것이다.
• 나는 무엇을 시도하기를 두려워하지 않을 것이다.
• 나는 그렇게 자기 비하하지 않을 것이다.
• 나는 좀 더 마음을 열 것이다.
• 나는 더욱 진취적일 것이다.
• 나는 더 많은 것을 성취할 것이다.

아이의 실수를 부모가 적절히 다루지 못한 경우

- 결국 어렸을 때에 엄마 아빠가 나에게 했던 모든 것을 그대로 하고 있다.
- 나의 부모님의 말씀이 아직도 내 머릿속을 꽉 채우고 있다.
- 나는 부모님이 그랬던 것만큼이나 내 자신을 불쌍히 여긴다.
- 나는 부모님이 했던 것보다도 훨씬 심하게 내 자신을 꾸짖고 있다.
- 실수를 하지 않는 나를 생각할 수 없다.
- 실수로 인해 늘 나의 자존감은 파괴하는 행동을 한다.

그러나 만약 엄마 아빠가 나의 실수를 관용할 수 있다면

- 나는 그만큼의 실수를 하지 않을 것이다.
- 나는 신중하면서도 좀 더 편안해질 것이다.
- 나는 나의 일을 즐길 수 있을 것이다.
- 나는 새로운 생각으로 더 많은 기회를 가질 것이다.
- 나는 더 많은 아이디어를 가질 것이다.
- 나는 더 창의적일 것이다.
- 나는 더 행복할 것이다.
- 나는 책임감이 없지 않을 것이다.

만약 나의 실수에 대해 엄마 아빠가 동정적이라면

• 나는 스스로 어리석다고 느끼지 않고 더욱더 열심히 노력했을 것이다.
• 나는 더 많이 베풀 것이다.
• 나는 내 자신을 더 좋아할 것이다.
• 나는 풀이 죽지 않을 것이다.
• 나는 자의식이 더 강할 것이다.
• 나는 이런 모든 공포심과 싸우지 않을 것이다.
• 나는 엄마 아빠의 어린 자식이 아니라 주체적인 인간일 것이다.

만약 엄마 아빠가 나의 실수에 대해 개선책을 염두에 둔다면

• 나는 지나친 긴장감을 갖지 않을 것이다.
• 나의 일의 능률이 증가할 것이다.
• 나는 새로운 일들을 시도해 보려는 생각이 들 것이다.
• 나는 이전의 실수에 얽매이지 않을 것이다.
• 훗날 내가 부모가 되면 나는 더 좋은 부모가 될 것이다.
• 나는 내가 저지른 실수가 정말 잘못된 것이라고 생각할 것이다.
• 나는 더 열심히 일할 것이다.
• 나는 차츰 그 실수를 감당하는 요령을 터득할 수 있을 것이다.
• 나는 앞으로는 더 좋아질 것이라고 느낀다.
• 나는 어떤 뿌듯한 느낌을 가질 것이다.

아이들이 실수를 저지름으로써 갖게 될지도 모르는 자신에 대한 부정적인 생각을 부모가 더 촉진할 수도 있으나, 이를 적절하게 잘 다룰 경우에는 건전한 자존감을 형성시켜 줄 수 있다.

건전한 규율로 건전한 가풍을 조성한다

아이들이 그들의 경험으로부터 세상살이의 원리를 깨달을 수 있다면, 그것보다 더 가치 있는 것은 없다. 그들로 하여금 세상살이가 합리적이라는 것을 알도록 해야 한다. 그래서 누구나 쉽게 사회를 이해할 수 있고 예측할 수 있는 대상이라는 것을 깨닫도록 해야 한다. '어떤 일을 하면 효력이 있겠구나.' 라는 생각을 할 수 있고, 그런 믿음으로부터 자기능력감을 키울 수 있다. 어떻게 행동하는 것이 좋은가에 대해서 예측이 불가능한 상황이 지속된다면, 어떤 일을 계속해서 추진해 나간다는 것이 매우 어렵게 된다.

건전한 성장 발달을 이루기 위해서는 가정생활에서 '건전함'을 제공해 주는 일이 매우 중요하다. '건전함'이란 무엇을 뜻하는가? 여기에서 말하는 '건전함'이란 대체적으로 자기 자신이 생각하는 것을 말한 대로 실행에 옮기는 성인의 행동을 가리킨다. '건전함'은 일관성 있는 합당한 규칙을 의미하며 보통 사람들이 쉽게 이해할 수 있고 예측할 수 있는 것을 말한다. '건전함'이란 어제는 무시되었는데, 오늘은 상을 받게 되는 현상을 일컫는 것이 아니다. 그것은 칭찬받았던 행동이 어느 날 갑자기 벌을 받을 수 있다는 것을 의미하지 않는다. '건전함'은 합당한 이유와 관계없이 짜증을 냈다가 화를 냈다가 행복감에 도취되었다가 하는 부모와는 반대로, 어느 정도는 이해할 수 있고 예측 가능한 부모에게 양육되는 것을 의미한다. '건전함'이란 사실을 사실대로 인정하는 가정의 분위기를 의미한다. 이와 반대되는 경우를 들어 본다면, 술에 취한 아버지가 앉아야 할 의자를 찾지 못해 마룻바닥에 주저앉아 버렸는데도 어머니는 태연하게 아무 일도 없다는 듯이 식사를 하면서 이야기를 계속하는 분위기는 사실을 사실대로 인정하지 못하는 경우다.

'건전함'이란 설교하거나 말한 것을 그대로 실천하는 부모를 의미한다. 자신이 실수를 했을 때에 기꺼이 그것을 인정하고, 그 실수가 정당하지 않고 합당하지 않을 때 기꺼이 사과할 수 있는 부모의 태도로부터 아이들은 '건전함'을 배울 수 있다.

부모 스스로 어려운 일을 경험하고 또 아이들에게 살아가면서 부딪치는 어려움이나 고통을 회피하기보다는 그것을 경험해 보고 삶의 어려움을 스스로 체험해 보라고 설득할 수 있다. 그러한 부모는 자녀를 낙심시키고 자녀에게 벌을 주는 대신에 칭찬을 아끼지 않고 상을 주면서 북돋아 주어 자녀의 마음속에 강한 자아의식을 키워 준다.

만약 우리가 자녀들로부터 복종 대신에 협동하기를 원한다면, 만약 우리가 순응 대신에 자기책임을 다할 것을 바란다면, 자녀들의 '건전한 정신'을 지지해 주고 격려해 주는 가정 환경이 필요하다. 자녀들의 마음에 대해 기본적으로 적대적인 환경에서는 이를 길러 낼 수가 없다.

어린이의 안정과 성장은 건전한 구조를 경험하면서 이루어진다. '구조'에는 규칙이 있다. 명시적으로든 암묵적으로든 가정에서 지속적으로 작용하고 있는 허용되거나 수용되는 규칙이 있다. 즉, 허용될 수 있는 것과 허용될 수 없는 것에 대한 기준을 가지고 있다. 어떠한 행동이 기대되는가에 대한 '구조'를 가지고 있다. 복잡한 행동이 어떻게 처리되기를 기대하는가, 어떠한 가치가 지지를 받는가, 어떠한 의사결정이 가족 구성원들을 움직일 수 있는가 등에 대한 것들에 일정한 기준과 틀이 있어야 한다.

좋은 '구조'는 각 가족 구성원들의 욕구와 성향과 행동을 존중해 준다. 이 '구조'는 투명한 의사소통에 높은 가치를 부여한다. 이 '구조'는 완고함보다는 융통성이 있고, 폐쇄적이고 권위적이기보다는 개방적인 논의가 가능한 열린 구조다. 이 '구조'에는 명령보다는 설명하는 일이 많으며, 아이의 마음에 두려움을 심어 주는 것보다는 아이의 자신감에 호소한다. 이 '구조'에서는 아이들에게 자기표현의 기회를 많이 준다. 개성 발휘의 기회를 많이 주며, 자율성과 관련이 있는 그런 가치와 활동을 장려하며 지지한다. 그러한 가정 분위기는 아이들에게 영감을 불어넣어 준다.

그렇다고 이 '구조' 속에 있는 아이들이 자유를 무한정 바라지 않는다. 대부분의 아이들은 전혀 구속이 없는 것보다는 어느 정도는 권위적인 조직 속에서 더 안정감과 확실성을 느낀다. 따라서 어느 정도 제한을 필요로 한다. 그렇게 하지 않으면 오히려 불안을 느낀다. 그들은 '누군가가 비행기를 조종하고 있다'(자신을 통제하고 있다)라는 사실을 알 필요가 있다.

지나치게 '관대한' 부모는 오히려 아이를 겁쟁이로 만들 수도 있다. 이는 부모가 지도력을 보여 주지 않음을 의미한다. 정해진 가치는 없다고 가르치며, 아이들에게 자칫 '편견'을 '강요'할 수 있다는 염려 때문에 아무런 가치 기준도 제시하지 않는다. 언젠가 어떤 이가 나에게 "어머니께서는 일방적으로 아이들에게 어린 나이에 임신을 하는 것은 좋은 일이 아니라고 말하는 것마저도 '비민주적'인 태도라고 생각했어요. 어렸을 때부터 모든 것을 아이들 자신이 알아서 판단하고 행동해야 한다는 것이었습니다."라고 말했다. 그 어머니는 누군가 아이에게 판단의 기준을 제시하는 것 자체를 간섭이라고 생각하고 있는 것이었다. 어느 누구라도 옳고 그름을 다 알고 행동한다고 믿고 있어서 지나치게 허용적인 분위기를 만드는 가정은 또 다른 문제를 안고 있는 셈이다. 그것은 오히려 아이에게 크나큰 심리적 부담을 안겨 주는 것이다.

아이들에게 합리적인 가치와 규준을 제시할 때 일관된 행동 방향을 제시하여야 아이들에게 자신감을 심어 주고 자존감을 키워 줄 수 있다. 그렇지 않을 때 오히려 자존감은 시들어 간다.

아이에 대한 학대는 절대 금물이다

아동 학대라고 하면 흔히 신체적으로 어린이에게 학대를 한다거나 혹은 성적 폭행을 가하는 것을 생각한다. 그러한 학대가 어린이의 자존감 형성에 파멸적 효과를 가져다준다는 것은 널리 인정된 사실이다. 그것은 무기력감, 자기 자신의 신체가 자기 것이 아니라는 감정, 무방비적인 느낌을 가져다주는데 이러한 느낌은 평생 동안 지속된다.

아이에 대한 학대는 신체적 학대 이외에 심리적 학대가 더 큰 문제를 야기한다. 다음은 그러한 항목들인데, 어린이의 자존감 형성에 심각한 장애 요소가 된다.

- 자녀에게 '흡족하지 않다.'라는 말을 하거나 그러한 느낌을 갖게 한다.
- 자녀에게 '수용할 수 없다.'라는 느낌이 드는 표현을 한다.
- 자녀를 조롱하거나 경멸한다.
- 자녀의 생각이나 느낌이 전혀 가치가 없거나 중요치 않다는 말을 한다.
- 자녀에게 수치심이나 죄의식을 심어 줌으로써 통제수단으로 삼으려 한다.
- 자녀를 과보호하여 결과적으로 정상적인 교육과정을 방해하고 자립심 배양을 저해한다.
- 자녀를 방치하여 결과적으로 정상적인 자기 발전을 방해한다.
- 자녀 양육에 어떤 규칙이 없어 일관된 기준이 없거나 혹은 모순되거나 당혹스럽게 하거나 납득할 수 없는 규칙들을 적용하는 것은 모두 자녀의 정상적인 발육을 저해한다.
- 자녀의 현실 지각 능력을 부정하여 자녀로 하여금 자기 자신의 정신 능력에 대해 회의감을 갖도록 부추긴다.
- 신체적 폭력이나 혹은 심리적 위협을 가해 자녀의 성격 형성을 왜곡시킨다.
- 자녀를 성적 대상물로 취급한다.
- 자녀에게 암암리에 '천성이 나쁘다.' '쓸모없다.' 혹은 '죄질이 나쁘다.' 라는 말을 한다.

아이들이 필요로 하는 근본적인 욕구가 좌절될 때, 아이는 심각한 고통을 받는다. 결국 아이 스스로 자신도 모르게 '나는 무엇인가 잘못되어 있어. 나는 무엇인가 결점이 있는 놈이야.'라고 여기며, 이러한 파괴적인 자기암시는 결국 비극을 초래한다.

스킨십으로 정을 나눈다

스킨십이 아이의 건강한 발달에 필수적이라는 사실을 우리는 잘 알고 있다. 아이는 비록 다른 욕구들이 충족된다 할지라도 신체적 접촉이 자연스럽게 이루어지지 않을 경우에는 심리적 만족감과 안정감을 충분히 체험하지 못한다. 신체적 접촉을 통해 우리는 영아의 두뇌 발달을 촉진하는 감각적 자극을 준다. 신체적 접촉을 통해 우리는 사랑과 보살핌을 받고 있다는 느낌과 편안한 느낌을 아이에게 전달할 수 있다. 이를 통해 한 인간과 다른 한 인간 사이의 교류관계가 형성된다. 많은 연구들은 마사지와 같은 신체적 접촉이 건강에 큰 영향을 끼친다고 밝히고 있다. 사랑을 전달할 수 있는 가장 효과적인 방법 중의 하나가 신체적 접촉이다. 아이는 말을 이해하기 훨씬 이전에 신체적인 접촉을 느낀다. 우리의 육신은 영혼에서 분리된 추상적 개념이 아니라, 구체적으로 사랑받고 가치 있게 대우받고 포용되고 있다는 직접적인 체험을 원한다.

신체적인 접촉을 경험하지 못한 채 성장한 아이들은 가끔씩 지울 수 없는 심각한 상처를 가지고 살아간다. 물론 그들은 부실한 자존감을 가진다. 그들은 심한 경우 다음과 같은 의문과 회의에 빠진다. 이를테면, '왜 나는 아버지의 무릎에 한 번도 앉아 볼 수 없었을까? 왜 어머니는 나를 안아 주지 않았을까? 왜 어머니는 그렇게 나를 차갑게 대했을까? 어쩜 엄마 아빠는 나에게 그렇게도 싫어하는 마음을 가지고 있었을까? 엄마 아빠는 어떻게 나를 혐오했을까?'…….

이런 말속에는 '왜 우리 부모는 나를 안아 주고 싶을 정도로 나를 사랑하지 않았을까?'란 의심이 잠재되어 있으며, '나의 부모가 나를 안아 주지 않고 따뜻하게 대해 주지 않았는데, 어느 누가 나를 따뜻하게 대해 주겠는가?'라고 자신의 모습을 저주하는 생각까지 담겨 있다. 이러한 어린 시절의 사랑 결핍감은 아이가 커서도 마음속에 고통으로 남아 있다. 그러나 그러한 고통은 억압되기 마련이고, 아이의 내면에 잠재된다. 심한 경우, 이를 극복해 낼 수 있는 방법을 찾지 못하고, 마음속 깊이 고질화되어 심리적 마비 현상까지 일어난다. 결국 자신을 깨닫는 일이 불가능해질 수 있으며, 그 결과 일생 동안 고통을 안고 살아가게 될지도 모를 일이다.

이러한 애정 결핍증은 종종 인생의 후반기에 다음과 같은 두 가지 상이한 반응으로 나타나게 된다. 한 가지는 스스로 다른 사람들로부터 소외감을 갖는 것이다. 그러한 정서적 장애는 반드시 건전한 자존감을 형성하는 데에 큰 장애가 된다. 또 다른 경우 다른 사람들과의 친밀한 접촉을 회피하여 건전한 인간관계를 만들어 나갈 수가 없다.

이런 경우 종종 사람에 대해 공포심을 갖고, 자신이 무가치하다는 느낌을 다른 사람들에게 표출하기도 하며, 당당하게 자기주장을 하지도 못한다. 또 달리는 종종 문란한 성관계를 보이기도 하는

데, 그것은 접촉 결핍의 상처를 치유하기 위한 무의식적인 노력이다. 그러나 그것은 해결책이 될 수가 없고, 자신의 개인적인 성실성과 자기가치감을 스스로 망가뜨리는 행위를 하고 있는 셈이다. 결국 이 두 가지 형태의 행동 반응은 모두 건전한 인간관계를 형성하지 못하게 만든다.

가족이 함께 식사하는 기회를 갖는다

부모가 모두 직업을 가지고 있을 경우, 더구나 늦은 시간까지 일을 할 경우에는 흔히 자녀들이 같이 있기를 원하는 시간에 함께하지 못하게 된다. 어떤 경우에는 부모가 자녀들과 함께 식사도 하지 못하는 경우가 있다. 그러나 함께 식사를 하는 것이 매우 중요하다.

모든 가족이 참석하는 중요한 가족 식사 시간을 적어도 일주일에 한 번은 갖도록 하는 것이 좋다. 모두 함께하는 식사는 천천히 여유롭게 해야 하며 모두가 각자의 활동과 관심에 대해 이야기할 수 있도록 기회를 주어야 한다. 부모의 잔소리를 없애고, 각자의 생활을 자유롭게 이야기하고 경험을 나누는 시간이어야 한다. 한 사람도 소외됨이 없이, 한 사람 한 사람 모두가 사랑과 존경을 받을 수 있어야 한다. 여기에서는 모두가 꾸밈없이 자신을 드러내고 자기주장과 자기표현을 자유롭게 할 수 있는, 말 그대로 부담이 없는 자리여야 한다. 이 같은 시간은 가족관계를 보다 친밀하게 유지시켜 준다. 어느 곳보다도 가정은 모두에게 특히 아이들에게 가장 편안한 곳이 되어야 한다.

그러나 부모가 자녀들과 수평적인 관계를 형성하면서 자유롭게 터놓고 이야기하는 것이 말처럼 쉬운 것은 아니다. 특히 나이가 많이 든 세대에서는 그러한 경험이 없으므로 더욱 어려운 일이다. 상당한 기간의 훈련과 시행착오가 따라야 한다. 어른이 아이들과 편하게 아이들의 이야기를 들어줄 수 있는 연습이 필요하다. 권위적인 자세를 억제하고 자녀들과 함께 서로의 생각과 느낌을 교류할 수 있어서 부모 자식 간에 자연스럽게 이야기가 진행될 수 있다면 아이들은 편한 마음을 가질 것이다. 아이들에게도 부모와 똑같이 자기표현을 할 수 있도록 한다면 더 이상 큰 선물은 없다. 이는 심리적인 안정을 갖게 하는 데에 가장 중요한 요소인 '소속감'을 만들어 주며 이에 따라 자녀들은 '편안한 가정'이라는 느낌을 갖는다. 우리 집은 세상에서 가장 편안한 곳이라는 느낌을 아이들이 가질 수 있다면 그보다 더 좋을 수는 없을 것이다. 비로소 아이들은 자신들의 자존감을 키울 수 있는 환경을 접하는 것이다.

가정교육의 점검지침

다음의 점검 항목은 주로 브랜든의 이론을 토대로 기술한 것이다. 자존감 형성에 때때로 부모가 치명적인 행동을 할 수도 있다. 어린 시절에 정말로 필요했던 것들이 무엇이었던가를 알아내기란 그렇게 어려운 일이 아니다. 어렸을 때에 입은 상처를 회상해 볼 수 있다면, 그러한 상처가 재발되지 않도록 방지할 수 있을 것이다. 아래 소개한 항목들은 각 개인이 스스로 자신의 가정교육을 점검해 볼 수 있는 지침이 될 수도 있으며, 부모의 자녀 양육에 대한 훌륭한 안내가 될 것이다.

1. 귀하가 어렸을 때, 부모의 일상적인 모습이나, 귀하를 대하는 행동과 태도가 그 당시 상황으로 보아 합리적이며 이해할 수 있다고 느꼈습니까? 아니면 모순되고 당황스럽고 납득하기 힘들다는 느낌을 가졌습니까? 가정에서 분명한 진실이 사실로 인정받고 존중되었습니까? 아니면 그 사실이 부정되거나 묵살되었습니까?

2. 귀하가 어렸을 때, 귀하의 지적 능력이 중요하다고 여기며 이를 계발하기 위한 교육을 받았습니까? 귀하에게 지적 자극을 주기도 하고 귀하의 지력을 모험적으로 활용하는 것을 자극받았습니까? 가정생활에서 이에 대한 장기적인 계획을 가지고 있다고 느꼈습니까? 다시 말하자면, 부모로부터 당신의 의식세계가 소중하게 존중받았습니까?

3. 귀하가 자립적으로 사고하도록 고무되거나 귀하의 비판적 사고를 발전시킬 수 있도록 교육을 받았습니까? 아니면 정신적으로 적극적이며 비판적인 능력을 키우기보다는 고분고분 말을 잘 듣는 유형으로 교육을 받았습니까? (보충 질문: 귀하가 진실이 무엇인지를 발견하려 하기보다는 남들이 믿고 있는 것들을 그대로 본뜨는 것이 더 중요하다고 가르쳤습니까? 귀하로 하여금

무엇인가 하기를 원할 때 귀하의 이성에 호소를 하였습니까? 아니면 그들은 "내(부모)가 그렇게 하라고 하면 해!"라고 말하였습니까?) 즉, 귀하는 순종하는 사람이 되도록 가정교육을 받았습니까? 아니면 자기책임감을 다하는 사람이 되도록 교육받았습니까?

4. 귀하가 어렸을 때, 부모님에게 벌을 받을 것이라는 두려움을 느끼지 않고 자유롭게 부모와 이야기할 수 있었습니까? 즉, 귀하에게 자기표현을 독려해 주고 자기신뢰감을 가질 수 있는 기회를 마련해 주었습니까?

5. 귀하의 생각이나 희망 혹은 행동을 비꼬는 말이나 농담으로 부인하거나 거절한 적이 있습니까? 귀하의 자기표현 노력을 경멸적인 반응으로 무시했습니까?

6. 귀하를 존중해 주었습니까? (보충 질문: 귀하의 생각, 욕구 및 감정들을 잘 배려해 주었습니까? 귀하가 귀하의 생각이나 의견을 표출할 때 진지하게 들어주었습니까? 부모님이 좋아하든 그렇지 않든 간에 귀하가 좋아하는 것과 좋아하지 않는 것들에 대해 진지하게 다루어졌습니까? 귀하의 소망들이 사려 깊게 존중되었습니까?) 귀하는 암묵적으로 자신을 존중하도록, 또 자신의 생각을 스스로 진지하게 여길 수 있도록, 또 그것을 활발하게 표현하도록 격려를 받았습니까?

7. 심리적으로 귀하의 존재가 부모에게 투명하게 느껴졌습니까? 부모에게 귀하는 현실적인 존재라고 느꼈습니까? (보충 질문: 귀하를 이해하기 위해 진지한 자세를 보였습니까? 귀하를 하나의 인격체로 보고 관심을 보였습니까? 귀하는 부모에게 중요한 당면 문제들을 자유롭게 이야기할 수 있었으며 또 이에 관한 공감적인 의견들을 들을 수 있었습니까?) 귀하와 귀하의 부모 사이에 서로 감정의 교류나 이해가 있었습니까?

8. 귀하는 부모에게 진실로 기쁨을 주고 동시에 부모에 의해 사랑을 받고 있다는 느낌을 받았습니까? 아니면 귀하를 원하지 않거나 혹은 부담스럽게 여긴다는 느낌을 받았습니까?

9. 귀하를 정당하고 공정하게 대했습니까? (보충 질문: 귀하의 행위에 대해 즉각적인 반응을 보이거나 혹은 상식 밖의 체벌로 귀하의 행위를 통제했습니까? 귀하가 좋은 일을 했을 때 칭찬을 받았습니까? 혹은 귀하가 잘못했을 때 그저 꾸중만 듣고 그에 대한 이유나 설명을 듣지 못했습니까? 귀하의 부모가 잘못을 했을 때 그들은 자신의 실수를 기꺼이 인정했습니까? 아니면 자신의 잘못을 인정하는 데에 결단코 반대하는 입장이었습니까?) 귀하는 합리적인, 다른 말로 표현하자면 '건전한' 환경 속에서 생활했다고 느꼈습니까?

10. 귀하를 때리거나 벌을 가해 행동을 교정하려고 했습니까? 그러한 통제 행위가 가해질 때 귀하는 두려움이나 공포심을 느끼지 않았습니까?

11. 귀하의 기본적인 능력과 성품을 신뢰하고 있다는 인상을 심어 주었습니까? 아니면 귀하에게 실망한다거나 쓸모없다거나 혹은 가치가 없는 나쁜 놈이라는 인상을 주었습니까? 귀하 편에 서 있다는 느낌을 받았습니까? 귀하를 전적으로 지원한다는 느낌을 받았습니까?

12. 귀하의 지력이나 창의력을 믿고 있다는 느낌을 표현하였습니까? 혹은 귀하를 어리석고 칠칠치 못한 놈이라고 표현하였습니까? 귀하의 정신이나 능력이 존중되고 있다고 느꼈습니까?

13. 귀하의 행동이나 수행 능력은 부모가 충분히 귀하의 관심과 능력수준을 고려한 기대에 따른 것입니까? 혹은 귀하의 능력 그 이상의 것을 요구하여 귀하에게 부담감을 주지는 않았습니까? 귀하의 희망이나 욕구를 중요하게 생각하며 격려를 받았습니까?

14. 귀하의 지적, 신체적 자유를 존중해 주었습니까? 귀하의 권위와 권리를 존중받았습니까?

15. 사람이 자기 자신의 생활을 만들어 가는 것, 특히 귀하가 자신의 생활을 만들어 가는 것은 중요한 일이라고 느끼도록 했습니까? (보충 질문: 귀하에게 사람은 훌륭한 일을 할 수 있고, 특히 귀하가 훌륭한 일들을 해낼 수 있다는 느낌을 주었습니까?

귀하에게 인생은 흥미가 있고, 도전해 볼 만하고, 모험해 볼 만한 것이라는 느낌을 주었습니까?) 자신의 인생에서 할 수 있는 것이 무엇인가에 대한 비전을 제시받았습니까?

16. 귀하의 마음속에 세상에 대한 공포심, 다른 사람들에 대한 공포심이 스며들게 한 적이 있습니까? 귀하에게 이 세상이 악의에 차 있는 곳이라는 느낌을 받게 했습니까?

17. 귀하의 실수는 학습과정의 정상적인 과정으로서 수용되었습니까? 아니면 귀하는 경멸과 조소와 체벌 등으로 훈계를 받았습니까? 귀하는 공포심이 없이 새로운 도전과 새로운 학습에 접근하도록 격려를 받았습니까?

18. 귀하 자신의 신체와 성에 대해 건강하고 긍정적인 태도를 갖도록 격려받았습니까? 아니면 부정적인 태도를 갖게 되었습니까? 혹은 그런 주제는 함께 논의할 가치가 없다는 듯한 태도를 보였습니까? 귀하는 성장하면서 자신의 신체와 성에 관해 성숙하고 있다고 느끼고 그에 대해 행복하게 받아들이도록 격려를 받았습니까?

19. 귀하를 대하는 부모의 태도에서 남성다움 또는 여성다움을 강화시키는 경향이 있었습니까? 혹은 좌절시키고 방해시키는 경향이었습니까? 만약 귀하가 남성이라면 그것을 바람직하다고 느끼게 했습니까? 만약 귀하가 여성이라면 그것이

바람직하다고 느끼게 했습니까?

20. 귀하의 인생은 귀하의 것이라고 느끼도록 하였습니까? 아니면 귀하는 단지 가족의 재산이며 귀하의 성취는 부모에게 영광을 가져다주는 한에서만 중요하다고 인식하도록 만들었습니까? (보충 질문: 귀하는 가족에게 수단으로 취급되었습니까? 아니면 귀하 자체가 목적으로 대우받았습니까?) 귀하가 존재하는 이유는 누군가의 기대에 부응하여 인생을 사는 것이 아니라는 것을 이해하도록 격려받았습니까?

고통당한 아이의 전략적인 이탈

많은 아이들은 자존감을 키워 가는 과정에 커다란 장애를 겪는다. 이런 아이는 부모나 다른 어른들의 세계를 이해할 수 없는 위협적인 것으로 여길지도 모른다. 이런 아이의 경우, 자아가 크게 훼손당하여 정상적인 성숙을 하지 못한다. 또한 성인들의 말과 행동을 이해하려고 수없이 노력하다가 실패한 후에는 결국 포기하고 만다. 그리고는 무력감에 시달린다.

종종 아이들은 스스로 비참하고 절망적이라고 느끼며, 불분명하지만 무엇인가가(그들의 연장자나 또는 자기 자신들이나 또는 그 무엇인가가) 잘못되어 있다는 것을 느낀다. 그들은 '나는 결코 다른 사람들을 이해하지 못할 것이다. 나는 결코 그들이 나에게 기대하는 것들을 할 수 없을 것이다. 나는 무엇이 옳고 그른지 알 수 없을 것이다. 그리고 나는 결코 아무것도 할 수 없을 것이다.' 라는 생각을 하면서 모든 것에 자신감을 잃고 만다.

그러나 세상과 사람들을 이해하기 위해 지속적으로 노력하는 '용감한 아이'는 아무리 고통과 당황스러움을 겪는다 하더라도 강인한 정신력을 키워 나간다. 그들은 자신이 속해 있는 세상 속에서 사람들로부터 소외감을 느낄 수도 있겠으나, 그 실망스럽고 비합리적인 현실로부터 격리감을 느끼지 않을 것이다. 마음속 깊은 곳에서 자기가 살아갈 수 없을 정도로 무능한 사람은 아니라고 다짐할 것이다. '적어도 나는 운명을 피할 수 있는 힘을 가지고 있다.' 라고 믿고 비합리적인 상황을 극복하기 위한 용기를 회복하여 인내할 수 있을 것이다.

극도로 불행한 어린 시절을 견뎌 온 아이들 중에서는 가끔 있는 일이지만, 그러한 상황으로부터 벗어나기 위해 독특한 자신만의 생존 전략을 터득하는 경우도 있다. 나는 그것을 '전략적인 이탈' 이라 명명한다. 이것은 심리적인 성장에 장애의 원인이 되는 현실로부터 후퇴가 아니라 직관적으로 계산된 '격리 또는 이탈'이다. 그들은 그런 상황이 세상의 전부는 아니라는 것을 어렴풋이 안다. 그들은 어딘가에 더 나은 대안이 있으며 언젠가 그것에 이르는 길을 발견할 것이라는 믿음을 갖고 있다. 그들은 그러한 생각을 가지고 참아 낸다. 그들은 모든 여성이 어머니 같지 않다는 것, 모든 남성이 아버지 같지 않다는 것, 이러한 가정이 인간관계의 가능성을 소멸시키는 것은 아니라는 것을—이러한 환경을 벗어나면 다른 생활이 있다는 것을—깨닫는다. 이러한 생각이 그들의 현재 고통을 줄여 주지는 않을 것이지만, 그들이 그 고통으로 파멸되지 않도록 해 줄 것이다. 그들은 전략적인 이탈을 함으로써 결코 무력감을 느끼지 않는 것은 아니지만 좌절하지는 않는다.

우리는 그러한 아이들에게 박수를 보낸다. 그러나 우리는 부모로서 우리 자신의 자녀들에게 보다 더 행복한 선택을 할 수 있도록 해 주어야 한다. 부모가 아이의 이러한 모습을 알아차린다면 아이의 입장에서 아이의 삶을 고민하고 아이 자신의 것, 즉 자신의 주체적 삶을 찾을 수 있도록 격려할 수 있어야 할 것이다.

가정교육과 우리 사회

아이들이 자신감을 갖고, 불투명하고 불확실한 세상을 살아갈 수 있도록 도와주는 것이 부모가 해야 할 일일 것이다. 가정교육은 누구에게나 가장 중요하다. 부모로서 아이를 가르치는 일이란 자신의 사업보다 더 중요한 일이다. 아니 자신의 사업 중에 가장 큰 사업이라고 보아야 한다. 그러나 아이들의 교육을 세심하게 챙길 만한 여유가 없어서, 또는 아이들이 착하니까 하면서 믿고 지나쳐 버릴 수도 있다. 하지만 아이들에게는 어른들이 모르는 고민과 마음의 아픔이 항상 있기 마련이다. 이를 풀어 주고 감싸 줄 수 있는 사람이 바로 부모다. 이해하고 감싸 주는 부모의 마음이 아이에게 안정감을 갖게 하고 자신의 일을 당당하고 떳떳하게 추진할 수 있는 힘을 주는 것이다. 여기에서 바로 자존감이 형성되기 시작한다.

어른들은 알게 모르게 아이들의 자존심에 상처를 주는 행동을 일상적으로 하는 경우가 많다. 어리니까 모를 것이라고 생각하기 때문에 그러기도 하고 또 미처 생각을 하지 못해서 그렇게 하기도 한다. 그러나 아이들에게 나름대로 자신의 느낌과 생각이 있다는 점을 분명히 깨달아야 한다. 루소가 말한 대로 아이들에게 나름대로 선한 성품과 내면세계가 있다. 부모는 이를 쉽게 무시하는 경우가 많다.

그러한 사례 몇 가지를 소개하고 이 장을 마칠까 한다. 자신감 형성에 큰 장애는 나를 남과 비교하여 말하는 사례다. 만약 사랑하는 아들과 딸이 엄마 아빠를 옆집 친구의 부모와 비교하여 우리 엄마 아빠가 더 못생겼다든가 또는 능력이 더 없어 보인다고 말한다면 부모는 과연 어떤 반응을 보일까?

그러나 대부분의 부모들은 쉽게 자신의 자녀를 옆집 아이와 비교하고, 형제간에 비교하며, 또 그에 견주어서 비난 섞인 말들을 한다. 이는 결정적으로 아이들의 자존심을 손상시키는 행동이 되며, 결국 아이들이 건전한 자존감을 형성하는 데에 치명적인 방해가 된다.

그리고 우리 사회에 만연되어 있는 학벌 위주의 사고방식, 체면 문화로부터 아이들을 보호해야 한다. 좋은 학교를 보내고자 하는 마음은 모든 부모의 공통된 바람이다. 그러나 좋은 학교가 아이의 모든 것을 결정해 주는 것은 아니다. 아이 나름대로, 자신의 색깔대로 할 일이 있기 마련이다. 아이들이 가지고 있는 각각의 향기와 빛깔을 바르게 인식하고 키워 줄 수 있는 부모가 좋은 부모라고 생각한다. 이를 위해서는 우리 사회에 만연되어 있는 겉치레 문화, 학벌주의와 체면 문화를 불식하지 않으면 안 되는데, 부모 스스로 이런 생각을 버려야 한다. 아이의 자존감을 키워 주기 위해서는 무엇보다 부모의 높은 자존감이 요구된다. 자존감이 높은 사람은 주위의 체면이나 겉치레에 크게 좌우되지 않는다. 아들딸이 가지고 있는 잠재력과 성향을 정확하게 파악하여 이를 제대로 키워 갈 수 있는 길을 합리적으로 찾아서 선택하도록 해야 한다. 아이들이 각자 자신에게 적합한 일을 찾도록 도와주기 위해서는 부모가 먼저 체면 문화와 간판 위주의 사고를 뛰어넘어야 한다.

제4장 ····
학교에서는 자존감을 어떻게 기를 수 있는가

대부분의 학생들에게 학교는 가정에서 제공되는 것 이상의 인격적 성숙을 경험하게 해 준다. 많은 학생들은 긴 인생을 살아 나갈 원동력과 비전을 제시받을 수 있는 제2의 기회를 학교에서 경험하게 된다. 학교의 역할이 그렇게 큰 만큼 이에 반하여 역작용도 만만치 않다. 학생들을 신뢰하고 존중하는 교사들로부터 인생의 새로운 전환점을 만나는 계기를 제공받기도 하지만, 그와 반대로 학생에 대한 신뢰가 결핍된 교사로부터는 심각한 인격적 훼손을 경험하게 된다.

학생의 입장과 의견을 존중하는 교사로부터 학생들은 새로운 삶을 시작하는 전환점을 맞이하기도 한다. 학생의 인격을 존중하고 인격적 신뢰를 하는 교사로부터 무의식적으로 지니고 있는 자신에 대한 부정적인 자아개념을 깨닫는다. 그 결과로 학생 스스로 자신의 잠재력을 계발할 수 있도록 북돋아 줄 수 있는 힘을 얻을 수 있다. 학생에게 이런 교사는 인생의 구원자가 된다. 예전에 어떤 학생이 나에게 "제게 부모의 사랑 이상으로, 인간애를 깨닫게 해 준 분은 초등학교 3학년 담임선생님이었습니다. 그 선생님은 마치 어머니처럼 저를 배려해 주셨는데, 저희 집의 어려운 형편을 아시고 늘 활기를 불어넣어 주셨고 저에게 필요한 것을 챙겨 주시고 따뜻하게 보살펴 주셨습니다. 제게 새로운 비전과 살아갈 힘을 제공해 주셨습니다."라는 고백을 했다. 이는 학교 선생님이 학생에게 사랑과 신뢰를 느끼게 하여 학생이 바깥 세계와 긍정적인 관계를 형성할 수 있는 계기를 마련해 주고 자신에 대해 새롭게 바라볼 수 있는 안목과 인생관을 형성해 준 중요한 역할을 담당한 셈이다.

그러나 종종 교사가 학생의 정체감을 정립하는 일을 오히려 크게 방해하는 경우도 있다. 내가 한동안 운영했던 학교인권지킴이(ingwon.com)에 접수된 사례 중 이러한 경우가 많았다. 심한 경우에는 치명적인 인격적 손상을 입히는 경우도 있다. 교사가 이유 없이 학생을 괴롭히는 경우도 있고, 심지어 여학생의 머리를 가위로 잘라 버린 경우도 있었다. 교사가 학생의 인격을 존중한다기보다 오히려 학생의 인격과 자존감을 짓밟아 버리는 행동을 한다면 학생들은 굴욕감을 느끼며, 삶에 대한 부정적인 관점과 부적절한 인간관을 형성한다. 나아가 학교가 인생을 망치는 곳이 될 수도 있다. 이런 교사들에게 '품위'란 것을 찾아볼 수 없고 이들은 학생들의 행동 하나 하나를 빈정대거나 나무라기만 한다. 그들은 체벌 이외의 다른 지도방법이 없으며 학생들의 가능성을 염두에 두지 않고 오직 '안 된다.'는 말과 꾸짖음이 있을 뿐이다. 이런 교사는 학생들에게 두려움만을 심어 준다. 매일 만나야 하는 선생님이 두려움의 대상이 된다. 이들은 학생들의 마음에 밝은 빛을 밝혀 주지는 못할망정 오히려 자신을 키워 갈 수 있는 희미한 작은 불씨마저 꺼 버리고 만다. 학창 시절 이런 교사를 만난 적이 없는 사람이 누가 있겠는가? 이러한 교사와 매일 생활을 한다면, 학교가 학생들에게 합법적인 감옥과 같은 장소로 느껴질 수도 있다. 학생을 지도하는 교사는 한 번 정도 이 점에 대해 반성해 보아야 할 일이다.

자존감을 가장 중요하게 여기고 이에 관심을 두어야 할 집단이 바로 교사 집단이다. 교사는 학생들에게 때로는 절대적인 권위를 지닌 사람으로서 존경을 받는다. 특히 초등학교 저학년의 어린 학생들에게는 교사란 절대적인 존재다. 아니 초등학교 저학년이 아니더라도 학창 시절에 만난 선생님에 대한 기억은 평생 동안 머릿속에 남아 있으며, 그 기억은 학교를 졸업하고 사회생활을 하더라도 삶의 지표 역할을 한다. 그러나 불행한 경우엔 매우 부정적인 지표 역할을 하기도 한다.

교사의 역할은 학생들에게 매우 중대하다. 선생님이 어린 학생에게 지극히 인격적인 대우를 해 주었던 기억은 늘 감동적인 추억으로, 인생살이에서 힘이 된다. 교사가 학생들에게 가장 중요하게 길러 주어야 할 것이 있다면 그것은 두말할 나위 없이 자존감을 심어 주는 일일 것이다. 교육의 궁극적인 목적은 바로 학교를 거쳐 나간 사람들이 자신의 삶을 이끌어 가면서 개개인 모두가 자기 나름대로의 행복감을 갖게 하는 일이다. 행복감이란 외적인 기준으로부터 오는 것이 아니라 자신의 내부로부터 찾은 자신만의 보람을 느낄 때에 가능하다. 결국 자신을 굳게 신뢰하고 자신이 하는 일에 대해 어떤 가치를 느낄 때에 가능한 것이다. 자존감이 결핍된 상태라면 참된 행복을 찾을 수가 없다. 학생 스스로 자신의 길을 찾아서 자신이 선택한 길에 대해 무기력감을 느끼지 않고 살아갈 수 있게 하는 활력이란 바로 자신의 소중함과 자신의 노력의 결과에 대해 가치를 부여하고 스스로 긍정적인 평가를 내릴 수 있을 때에 얻을 수 있다. 학생들 각자가 자신의 발전 가능성에 대해 긍정적 시각을 갖고 자신을 신뢰할 수 있게 해 주는 일 이상으로 더 중요한 것은 없다. 이는 학교가 해야 할 사명이다.

그러나 우리 사회의 학교에서는 많은 교사가 자신의 자존감은 물론 학생의 자존감에 대한 인식이 매우 부족하다. 그보다는 성적을 올리는 일이 유일한 관심사이고, 학생의 입장에서 학생의 정신적 성숙이나 심리적 안정을 찾는 일 등에는 무관심한 현상이 일반화되어 있다. 학교의 현실 여건으로는 학생의 자존감 같은 것에 관심을 갖는 일이란 오히려 비교육적이라는 평판을 받는다고 여기는 교사가 있을 정도다. 이는 매우 불행한 일이 아닐 수 없다. 그러나 근래에는 다소 교사의 인식이 달라져서 학생의 삶을 돌보아 주고 살펴 주는 일에 관심을 기울여야 한다는 여론이 커지고 있는 것은 그나마 다행스러운 현상이다.

실제로 학교 현실에서는 입시 편중교육으로 인해—**물론 이는 학교만의 잘못이 아니라 사회 전반적인 문제이고, 장기적으로 직업세계와 학교의 서열을 방지할 대책이 강구되어야 할 일이지만**—학생의 공부 이외에 다른 면을 교사가 감당한다는 일이 여간 어려운 것이 아니다. 그러나 학생이 본질적으로 왜 공부해야 하고 학교에 매달려야 하는가를 학생의 입장에서 고민하고 교육의 방향을 생각한다면 학교는 크게 변화되어야 한다. 교사의 역할과 학교의 교육 내용과 방향 그리고 교사의 역할 분담 영역도 크게 다양화되어야 한다. 이 책 서두에서 밝히고 있듯이 교육은 '나다움'을 살리는 일이다. 이를 도와주는 일이 교사에게 가장 중요한 사명이다. 학생 개개인은 모두 '특별한 개성'을 반드시 지니고 태어나며 그것은 사라지지 않는다. 다만 그것을 제대로 찾지 못하고 있을 뿐이다.

학교가 학생의 성적 이외에 다른 문제에 대한 해결책을 모두 제공하리라고 기대하는 것은 불가능하다. 아무도 이를 기대하지 않는다. 그러나 좋은 학교, 즉 좋은 교사가 있는 학교는 그렇지 못한 학교에 비해 학생들이 얻는 결과에서 엄청난 차이가 있다. 그것은 학생들의 미래와 삶 전체에 크나큰 영향을 끼칠 것이다. 다시 강조하지만, 학생의 자존감을 길러 주려는 노력만큼 더 소중한 것은 없다. 다음으로 학생의 자존감을 길러 주기 위해 학교와 교사가 해야 할 과제와 활동에 대해 폭넓게 다루어 보고자 한다.

학교교육의 궁극적 목표: '나다움' 찾기

학교에서 성적이 좋지 않은 학생이 건강한 자존감을 가질 수 있을까? 이에 대한 답은 명백하다. 답은 '그렇다.'이다. 성적은 개인의 자기능력감이나 자기가치감의 척도가 아니다. 정상적으로 자존감이 형성되어 있는 학생은 자신이 다소 부족하고 서툴고 잘 못하고 있는 부분에 대해 잘하고 있다고 자신을 속이지 않는다. 물론 성적이 좋은 학생들도 정상적으로 자존감이 형성되어 있다면 성적이 좋다고 하는 것만으로 자신의 모든 것이 다 잘되고 있다고 생각하지 않는다. 적어도 성적이 좋다는 것만으로 성적이 좋지 못한 학생을 업신여기고 함부로 대하지 않는다. 그들은 성적의 높낮이와 무관하게 일상생활을 함께하는 사람과 자연스럽게 어울려 지낼 수 있는 생활 형식을 갖추고 있다. 학교는 무엇보다 학생들이 공부를 잘하든 못하든 모두가 어울려 살아 나갈 수 있는 태도와 습관을 길러 주어야 한다. 서로가 모두 같이 존중하고 사랑하고 함께 할 수 있는 태도가 사람들에게 필요하다는 것을 학교 학급에서 자연스럽게 터득할 수 있도록 해 주어야 한다. 왜? 사람들은 공부를 잘하든 못하든 간에 인간으로서 함께 존중하면서 협동하지 않으면 살아갈 수 없기 때문이다.

사람의 생존적 특징에 비추어 그 삶을 바라보면, 함께 더불어 살아가지 않으면 안 되게 되어 있다. 생명체를 지닌 존재들은 타인의 도움이 없이는 살아갈 수 없기 때문이다. 생명을 유지하는 것만큼 우리에게 중요한 것은 없다. 우선 생명을 유지하기 위해 우리는 병에 걸리지 말아야 하고, 튼튼한 몸을 지녀야 한다. 그러기 위해 무엇보다 영양분과 에너지를 잘 섭취해야 한다. 다른 사람의 도움이 없다면 우리는 한 끼니도 제대로 얻어먹을 수가 없다. 아침 식탁에 올라온 쌀밥을 보자. 그 밥이 식탁에 올라오기까지 6~7개월간 농부의 손에 길러진 벼가 방앗간을 거쳐 복잡한 유통구조를 통해 집에 들어와 어머니나 아내의 손으로 지어진 것이다. 얼마나 많은 사람들의 손을 거치게 되었는가! 우리는 남의 도움이 없이는 살아갈 수 없는 존재들이다. 남을 존중하고 보살피고 살아가는 것이 생명을 지닌 사람의 자연스러운 특성이다. 학교는 많은 학생들이 함께 살아가는 곳이다. 그리고 미래를 준비하는 곳이다. 이곳에서 자연스럽게 인간의 삶의 특성을 반영한 활동과 프로그램을 도입하는 것은 당연한 일일 것이다. 공부를 잘한 아이는 그 나름대로 할 일이 있고, 공부에 흥미가 없어서 성적이 부진한 아이는 또 그 나름대로 자신이 할 수 있는 일이 따로 있다. 성적과 일로서 사람을 가르고 분리시키고 차별하는 사회는 결코 좋은 사회라고 말할 수 없다. 우리 모두에게는 소중한 생명과 인격이 있으므로, 모든 이는 동등하게 존중받아야 한다. 이를 모범적으로 실현하는 곳이 사람이 살기에 좋은 곳이다. 이는 우리 인류의 오랜 역사적 경험으로 얻어 낸 유산이며, 모든 인류가 지향하는 목표다. 학교가 정상적으로 운영되고 사회가 바르게 발전한다면 학생은 학교에서 이러한 이상을 알고 경험해야 할 것이다. 학교는 당연히 이러한 이상을 학생들이 체험해 보도록 심혈을 기울이는 곳이 되어야 할 것이다.

학생 한 사람 한 사람이 자신의 소중함을 알고 이를 존중할 수 있는 사람으로 기르는 일이 무엇보다 가장 우선시되어야 한다. 남을 존중하는 일에 앞서 우선적으로 나의 생명과 몸과 인격의 소중함을 깨달아야 한다. 그리고 그 결과 순리적인 순서로 타인의 생명과 인격의 소중함을 깨닫고 타인을 존중하고 함께 살아가는 방법을 터득한다면 참으로 더불어 살아갈 수 있는 공동체 의식을 갖게 될 것이다. 이를 학교생활 속에서 터득하게 할 수 있는 교육활동이 필요하다. 궁극적으로 삶의 본질적 특성에 비추어서 정립된 교육 목표를 제대로 살릴 수 있는 체제를 만들어 유지 및 발전시킬 수 있어야 한다. 학교는 마땅히 이러한 인간의 생존적 특성을 실현하고 이를 잘 실현할 수 있는 기본적인 틀과 체제에서 학생을 교육할 수 있어야 할 것이다.

그러나 많은 학교는 학생에게 오히려 이러한 본질적인 일과와 전혀 상반된 경험을 하게 한다. 학교가 지루하고 자신에게 부적합한 활동과 감독을 일삼고 있으므로 학생들은 오히려 학교로 인해 시달리고 있다는 느낌을 갖는 경우도 있다. 학교는 침묵과 정숙을 강조하고, 알 수 없는 정체불명의 체제에 길들이려고 하며, 학생 자신에게 진실로 필요한 것과는 동떨어진 것을 하도록 강요하고 있는 경우가 많다. 이런 학교활동으로부터 학교는 이상을 실현시켜 주는 곳이라기보다 오히려 보호감호소와 같은 곳으로 느껴지기도 한다. 이러한 학교에서는 학생 개개인의 인격적 가치나 생명의 소중함을 깨우쳐 주는 곳이어야 한다는 이상은 무색해진다. 학생의 자기능력감과 자기가치감을 깨닫게 해 주는 역할이란 기대할 수도 없는 곳이다. 이런 학교는 자율적인 인간을 길러 낸다는 말은 허공에 떠 있다. 오히려 학생에게 인격적 훼손을 입히고 있는 곳이다.

칼 로저스는 학교교육은 창의성이 풍부한 사상가나 발명가보다는 완벽한 수준의 순응자나 판에 박힌 전형적 인간을 만들어 내는 데에 더 큰 관심을 기울이고 있다고 학교교육의 문제점을 지적한 바 있다. 영국의 철학자 버트란드 러셀도 학교를 무덤에 비유한 적이 있다. 그는 학교에서 가장 중요하게 이루어져야 할 일이 있다면 창의성 계발이라고 주장했는데, 학교는 이러한 활동과는 전혀 달리 체제 순응적인 인물만을 만들어 낸다고 당시 영국 학교를 비판했다. 그 후 그는 자유학교(서머힐 학교의 이념과 흡사한 학교인 비콘힐 학교를 7년간 운영함)를 운영한 적이 있다. 교사들이 학생에게 순종과 체제 순응만을 최고의 가치로 여긴다면 창의적이고 자율적인 인간을 길러 내야 한다는 교육의 본래적 목적을 상실하고 있는 셈이다. 많은 학생들은 자신의 잠재력에 대한 믿음이 없기 때문에 자신의 능력을 정상적으로 키워 내지 못하는 경우가 더 많다. 학교교육에서 학생들에게 이에 대한 확신을 갖게 해 주고 이를 스스로 키워 나갈 수 있는 힘과 활력을 마련해 주어야 할 것이다.

더욱이 우리 사회는 풀뿌리 민주주의 시대로서 지방자치 시대를 살아가고 있고, 지식기반 사회에 살고 있다. 개개인의 주권과 시민의식 그리고 세계화 시대를 살아가기 위한 준비로서 요청되는 것은 주체적으로 자기관리를 할 수 있고, 기계적인 로봇이 아니라 능동적으로 생각하고 불확실한 복잡다기한 현상을 유연하게 대처해 나갈 수 있는 태도와 능력이다. 우리 사회가 제조업에서 정보사회로 전환되고 정신 노동이 육체 노동을 대신함에 따라 조립 라인이 작업장의 상징이었던 것은 오래전 이야기가 되어 버렸다. 즉, 혁신적이고 독창적이며 자신에 대해 책임지는 인간, 자신을 스스로 통제 관리할 수 있는 인간, 팀의 한 구성원으로서 효율적으로 작업하지만 개인으로 남아 있을 수 있는 인간, 자신의 능력을 신뢰하는 인간, 조직의 목표 달성에 공헌할 수 있는 인간, 불확실한 상황에서도 창의적으로 유연하게 대처할 수 있는 인간을 필요로 한다. 이러한 시대적 환경을 헤쳐 나가기 위해서 필요한 결정적 특성이 바로 자존감이다. 사회에서, 일터에서 가장 기본적으로 요청되는 것이 바로 자존감이다. 학교는 마땅히 이러한 능력과 마음가짐을 길러 주는 곳이 되어야 한다.

과거에 많은 작업들이 반복적이고 기계적이었던 초기 산업조직에서는 순응이 미덕이고 칭찬받을 만한 가치였으나, 오늘날에는 이것은 산업 현장에서 우선적으로 요구되는 덕목은 이미 아니다. 현대의 급변하는 산업사회와 치열한 경쟁적 경제체제에서는 개성적인 창의력과 책임감을 무엇보다 중요하게 요구하고 있다. 높은 자존감을 갖추지 않고서는 이러한 시대적 요구를 따라갈 수가 없다.

적어도 학교에서는 삶의 가치와 보람을 찾을 수 있는 활동이 마련되어야 한다. 즉, 학교가 학생 자신에게 필요한 곳이라는 생각을 갖게 할 수 있도록 다양한 프로그램을 통해 자신의 참된 가치를 발견하고 실험해 볼 수 있는 일터로서의 역할을 할 수 있어야 할 것이다. 자기만의 세계를 찾을 수 있는 기회를 마련해 주어야 한다. 자신의 색깔과 자신만이 지니고 있는 능력과 특성을 찾을 수 있도록 학교는 학생에게 많은 것을 준비해야 한다. 우리는 생각하는 존재며 동시에 창조적 존재다. 인류의 역사는 새로운 아이디어에 의해 발전했다는 사실을 다시 확인한다면 창의성 계발이 얼마나 중요한가를 강조하지 않아도 될 것이다. 창의적 사고활동에 필요한 중요한 특성이 바로 건전한 자존감이다. 이와 같은 사실을 인식하는 것이 모든 학교 교육철학의 중심이 될 필요가 있다. 학교교육과정에서 가장 우선순위에 둘 것은 스스로를 존중할 수 있는 태도와 마음을 길러 주는 일일 것이다. 교사를 양성하는 교육과정을 설계하고 담당하는 전문가들이 특히 이에 관심을 두고, '어떻게 학생들이 확고한 자존감을 확립하고 창의적 사고력을 가질 수 있을 것인가?'에 대한 효율적인 프로그램을 교사 양성 과정부터 적용해야 할 것이다.

교사의 건강한 자존감이 선행 요건이다

부모의 자존감이 가정교육에서 가장 중요하듯이 학교교육에서 가장 중요한 것은 교사의 건전한 자존감이다. 교사 자신이 건전하고 긍정적인 자존감을 지니고 학생들에게 모범을 보일 때에 학생들에게 자존감은 자연스럽게 형성된다.

자존감이 부족한 교사는 자기 자신을 떳떳하게 다스릴 수 있는 심리기제가 형성되지 않은 상태이므로 학생들을 편안하고 안정되게 지도할 수 있는 역량이 부족한 셈이다. 그들에게는 늘 자기방어적인 심리가 자리하고 있으므로 학생의 입장과 주장을 열린 자세로 수용할 수 없다. 그래서 체벌을 일삼고 권위주의적인 방식으로 학생들에게 공포와 방어심리만을 길러 주며 결국 학생을 수동적이며 의존적인 인물로 만들어 간다. 자존감이 낮은 교사는 타인의 찬성이나 인정에 과도하게 이끌리는 경향이 있다. 자존감이 결여된 교사는 학생의 행동을 이해하는 인내심도 부족할 뿐만 아니라 교사의 편에서만 학생을 바라보고 있으므로 편안한 소통 방식을 갖추고 있지 못한 셈이다. 자존감이 낮은 교사는 현실에 안주하는 경향이 있으며 학급을 운영함에 있어서도 학생들을 조소하고 비난하거나 자기를 비하하는 말을 사용하거나 거친 말들을 스스럼없이 사용한다. 그들은 학생의 장점보다도 단점에 더 관심을 기울이고 있어 결국 학생들을 순종적이고 복종적인 사람이 되도록 강요하고 있다. 그들은 학생들에게 두려운 마음과 방어적인 행동을 갖게 하여 소극적이고 의존적인 인물로 자라나도록 하며, 독자적인 판단이나 창의적인 활동을 키워 주지 못하게 되는 셈이다. 그러한 교사들은 개개 학생의 내면적인 특성에 관심을 갖기보다는 유행하는 피상적인 기준으로 학생들의 행동을 평가하려고 하므로 학생들은 심리적으로 큰 혼란을 경험하게 된다. 심한 경우 교사의 낮은 자존감은 학생들의 인격적 성숙에 치명적인 장애를 주기도 한다.

학생들은 교사의 행동을 배우는 것이 당연하다. 만일 교사가 자기비하적이고 조소적이라면 학생들도 이러한 행동을 익힐 것이고, 교사가 공정하고 공감을 불러일으키는 행동을 보인다면 학생들은 이를 배울 것이며 졸업 후 인생 전반에 걸쳐 그러한 행동이 하나의 모델로서 지속적으로 영향을 줄 수도 있을 것이다. 교사는 그 자체가 하나의 가치체계라는 말은 교사의 가치관과 행동의 중요성을 강조하는 것이다.

건전한 자존감을 지니고 있는 교사는 학생들이 고민하고 있는 문제를 무시하거나 부인해 버리지 않고 그 문제를 해결할 수 있는 방책을 학생이 찾도록 도와주려고 애쓰므로, 그러한 교사는 학생들에게 신뢰감을 형성해 준다. 이들은 학급을 운영함에 있어서도 학생들의 이해와 협동, 수용, 보살핌, 상호존중, 협동적 문제 해결 방법을 사용한다. 따라서 학생과 교사 관계가 신뢰에 바탕을 두고 있으므로 우호적인 관계가 수립되며 학생들에게 능동적이고 자율적으로 학습하면서 성장할 수 있는 기반을 만들어 준 셈이다. 이러한 학생의 경험은 선생님과의 관계에 그치지 않고 타인과 우호적인 관계를 형성할 수 있는 마음을 갖추게 한다.

좋은 교사나 부모, 심리치료사나 사회지도자들은 공통적으로 자기와 인간의 잠재 능력에 깊은 신뢰감(자신의 본모습을 찾을 수 있고 실현할 수 있을 것이라는 확신)을 지니고 있으며, 또한 그들은 상호교류를 통해 그러한 확신이 전달되게 하는 능력을 갖고 있다. 실제 학교 현장에서 그러한 사례는 많다. 어떤 한 학생의 말을 빌리면, "저는 학교에서 영어 성적이 항상 좋지 않았습니다. 그런데 중학교 1학년 때 영어 선생님이 제가 영어를 잘한다고 칭찬해 주셨고 자주 발표할 기회를 주셨습니다. 그래서 집에서 영어 공부를 하는 시간이 늘어났고 수업시간에 다른 아이들보다 영어를 잘한다는 평가를 받을 수 있었습니다. 저를 믿어 주는 영어 선생님을 만났기 때문에 가능했던 일입니다. 선생님께서 저를 믿고 지지해 주셨기 때문에 나도 잘할 수 있으리라는 큰 힘을 갖게 된 것입니다." 이와 같이 학생을 고무시키는 능력은 자신에 대한 믿음, 즉 자존감이 결여된 교사들에게서는 나타날 수 없는 현상이다.

건전한 자존감을 가진 교사는 학생의 자존감을 키워 주기 위해 학생을 존중하고 이해하면서 학생이 선택할 수 있는 비전을 제시해야 한다는 것을 알고 있다. 이런 교사는 학생을 수용할 수 있고, 인정하며 보살필 수 있는 기본적인 태도를 지니고 있다. 그들은 학생 스스로 자신의 내적인 면을 열등하게 평가하려는 경향을 조심스럽게 보살필 수 있는 마음과 태도를 지니고 있다.

사람에게는 우리가 알고 있는 것보다 훨씬 큰 능력이 잠재되어 있다. 높은 자존감을 지닌 교사는 이 점을 명확히 알고, 학생들이 이러한 사실을 깨달을 수 있는 조건을 형성해 줄 수 있다. 어떤 사람이 스스로 자신마저도 신뢰하지 못하고 행동한다면 누가 그 사람에 대한 믿음을 지속시킬 수 있겠는가? **교사가 학생에게 해 줄 수 있는 가장 큰 선물은, 학생들이 그릇되게 가지고 있는 '나쁜 자아관'의 뿌리를 찾아 바로잡아 주고, 학생 내면에 잠자고 있는 '깊고 강한 자아'를 소생시킬 수 있도록 도와주는 일이다.** 이를 통해 학생들은 인생의 새로운 방향에 눈을 뜰 것이고 자신의 삶에 보람을 가져다 줄 일을 찾을 수 있다. 이는 실로 자신의 빛깔을 어렴풋이 체감하는 경험을 갖게 하는 계기가 될 것이다. 건전한 자존감을 지닌 교사는 이렇게 학생에게 인생의 대전환점을 맞이하게 해 줄 수 있다.

교사의 신뢰와 기대

학생을 수용한다는 뜻을 학생에게 아무것도 기대할 것이 없으므로 받아들인다는 의미로 이해할 수 있는데 그것은 잘못이다. 수용한다는 뜻은 '있는 그대로'의 모습을 인정한다는 뜻이다. 좋은 점은 좋은 점대로 나쁜 점은 나쁜 점대로 인정한다는 뜻이다. 학생의 나쁜 점만을 찾아 꾸짖는 경우엔 학생에게 부정적인 자아관을 형성하여 건전한 자존감을 형성시켜 주지 못하지만, 있는 그대로의 학생의 행동을 인정하고 수용한다면 학생은 자신을 솔직하게 바라볼 수 있는 기회를 갖게 될 것이다. 즉, 학생에게 자존감을 찾을 수 있는 기회를 그만큼 더 마련하는 것이다. 인정과 수용이 바탕이 될 때에 확고한 믿음과 사랑 관계가 형성된다. 학생들에게 최선을 다하려고 하는 교사는 '교사가 기대하는 것이 무엇인가'를 분명하게 전달할 수 있어야 한다.

많은 연구에서, 교사가 학생에게 거는 기대는 학생의 '자성예언도'(미래에 내가 무엇을 할 수 있을 것이라는 확신과 기대의 정도)를 암시해 준다는 것을 밝히고 있다. 만일 교사가 어떤 학생이 A학점을 맞을 것이라고, 또는 D학점을 맞을 것이라고 기대하는 경우, 그 각각의 기대가 실제로 이루어지는 경향이 있다는 것이다. 만일 교사가 이러한 사실을 주지하고 있다면 학생들에게 '나는 틀림없이 네가 이 과목을 마스터하리라고 확신한다. 그리고 필요하다면 네게 필요한 모든 도움을 아끼지 않겠다.'라고 기대하면서 학생을 지도하고 가르치고 격려해야 할 것이다.

학생에 대한 신뢰와 기대가 분명하므로 학생은 그만큼 든든한 힘을 얻게 되며, 생활에서 안정을 찾을 수 있고, 자신감을 얻을 수 있다. 교사가 기대하는 것과 바라는 것을 학생 스스로 최선을 다해 이룩하려고 노력하는 학급에서는 성적도 오르게 되어 있고 자존감도 동시에 길러 낼 수 있을 것이다.

학생의 자존감 형성은 교실에서 출발

학생에게 가장 우선시되어야 할 교육목표가 높은 자존감을 형성시키는 일이라면 이를 위한 조건으로 첫째는 교사 자신의 높은 자존감이고, 그다음으로는 학생들에게 높은 자존감을 형성해 줄 수 있는 학교 활동, 특히 교실의 분위기를 조성하는 일이다. 교사와 학생은 교실에서 만나고 교실에서 수업이 이루어진다. 교실이 직접적으로 학생에게 자존감 형성을 위한 실험장이자 수련장, 학습의 현장이다. 미시적으로 가장 중요하게 변화되어야 할 곳이 교사와 학생이 부대끼면서 생활이 이루어지는 교실이다. 학생에게 자존감을 키워 주기 위해 교실에 어떠한 조건이 갖추어져야 하는가를 알아보자. 그렇다고 교실 밖의 교육적 영향이 중요하지 않다는 말은 아니다. 교실 밖의 교육 환경에 대해서는 보다 더 종합적인 접근이 필요하며, 그 종합적인 접근의 가장 핵심은 교실로부터 출발해야 한다.

학생의 인격적 권위를 존중한다

학생들이 가장 견디기 힘든 것 중의 하나는, 어른들에게 어린 학생이 진지하게 배려의 대상으로 여겨지지 않고 있다는 사실이다. 학생들은 교사의 본의 아닌 무례한 언행으로 감수성에 큰 상처를 입기도 한다. 칭찬보다는 꾸지람이 더 많은 곳이 교실이다. 어른의 시각으로만 바라보는 학생의 태도와 언행은 흡족하지 못한 점이 많을 수밖에 없다. 대부분의 학생은 인간으로서 소중한 존재가치가 존중되지 못하는 환경 속에 있다. 우리 사회는 모든 면에 민주화란 변화를 겪고 있는데 교실도 예외는 아니다. 교실과 학교도 많이 바뀌었지만 그 민주화에 대한 적응 정도는 어른에 비해 어린 학생들이 더 빠르므로, 학생의 입장에서 보면 그 변화가 흡족하지 못하다고 생각할 수 있다. 기존의 가치관에서 본다면 이러한 현상이 학교의 위기라고 할 수 있다. 그러나 이는 새로운 학교의 모습을 찾기 위해 겪어야 할 시달림이라고 보아야 할 것이다.

급격하게 변화된 학생의 주장과 태도가 어른의 입장에서 보면 '혼란' 바로 그것이며, '버릇없는 행동' '예의를 모르는 태도' 등으로 보인다. 학생들 입장에서 보면 변화된 추세에 따라 당연하게 한 인간으로서 지닌 인권과 인격을 존중받고 싶어 하는 요구가 강하게 표출될 수 있다. 이러한 학생들의 표출 행동에 우리는 익숙해 있지 못하다. 줄곧 학생들에게 틀에 박힌 '순종' '정숙함' '질서 유지' 등과 같은 순응적인 태도를 알게 모르게 길들이고 있지 않았는가? 이러한 것이 학생들로서는 자신의 개성이 존중받지 못한다고 느낄 수 있는 부분이다.

어느 고등학교에서 강연을 했던 일이 기억난다. 학생들에게 '특별한 인물'이라고 불리는 것이 어떠냐고 물어보았다. 그들은 자신이 느낀 대로 솔직하게 말해 주었다. 어떤 학생은 자신이 가족의 한 경제적 가치(재산)로 취급되는 것에 대해 불쾌하다고 이야기했고, 어떤 학생은 자신의 기대와 욕구와 상관없는 아버지의 무리한 기대감에 대해 불만을 토로했다. 또한 학생들은 정상적인 인간으로서 대우받기를 원한다는 것과 사랑하는 부모님조차도 자신을 하찮게 여긴다는 점에 대해 이야기했다. 강연 장소에는 학생뿐만 아니라 교사와 교감, 학교 상담 교사도 자리를 함께 했다. 강연 후 많은 학생들이 나에게 좀 더 자세한 질문을 하기 위해 모여들었다. 그때 교감 선생님이 들어와 한 학생에게 질문을 했다. 그 학생의 대답이 반쯤 끝나갈 무렵 학교 상담 교사가 걸어 나와 교감 선생님과 이야기하기 시작했다. 그런데 교감 선생님은 학생을 강당 중간쯤 세워 둔 채로 상담 교사와 함께 나가 버렸다. 그는 어찌할 줄 모르고 물끄러미 나를 바라보며 마치 '당신들이 성인을 대할 때도 그럴 수 있습니까?'라고 물어보는 듯 두 팔을 펴 보였다. 나는 웃음을 띠며 '당신들은 그럴 수 있습니까?'라고 하는 것처럼 그 학생의 제스처를 따라 두 팔을 펴 보였다. 만일 이 교감 선생님이 학생이 아니라 성인과 담소를 나누는 동안 어느 한 동료가 와서 한 마디 양해나 이해를 구하지 않고 그 사람과 함께 등을 돌려 불쑥 나가 버린다면, 그들 모두는 매우 무례한 사람으로 낙인찍힐 것이다. 성인과의 대화였다면 틀림없이 그렇게 하지는 않았을 것이다. 왜 어린 학생들을 대할 때는 그런 무례함이 용납되는가? 그러한 상황에서 무슨 메시지가 전달되겠는가? 무엇을 배우겠는가?

학생의 인격을 심각하게 무시하는 상황은 우리 학교 현장에서 흔히 일어난다. 몇 년 전 만났던 한 산골 중학교 교장의 이야기다. 그는 자신이 최연소 교장 발령을 받았고, 도내의 현 교장들 중에서 박사학위를 가진 사람은 자기밖에 없으므로 자기가 가장 유능한 교장이라고 자부하는 사람이었다. 그는 학생들이 자신의 말을 듣지 않고 학교 교정의 나무를 건드리면 고발하겠다고 위협을 하고 학교 밖에서도 들을 수 없는 욕을 학생들에게 일상적으로 했다. 그런가 하면 그는 학부모나 지역인사들을 교화하고 고을을 좋게 이끌려고 하는데 말을 들어주지 않는다고 넋두리를 털어놓았다. 그 교장에게는 자신의 능력과 인격만 있지 학생이나 교사 그리고 학부모의 인격이나 인품은 안중에도 없다. 이러한 교장으로부터 학생의 권위를 존중받는다는 것은 기대할 수도 없다. 그 후 여러 교사에게 들은 이야기이지만 학교 현장에는 그와 비슷한 사람들이 생각보다 많다고 했다. 학생에게 자존감을 길러 주기 위해서 학교가 크게 변화되어야 한다.

어른들에게 삶이 있듯이 학생에게도 자기 나름대로의 삶이 있음을 인정해야 한다. 학생 개개인의 인격적 존엄성과 가치를 존중해 줄 수 있는 교사의 마음과 태도가 학생의 자존감을 키워 준다. 학생 개개인이 대단한 존재라는 믿음을 갖게 해 줄 수 있는 교사는 학생에게 가장 귀중한 자존감을 키워 줄 수 있다.

'너희들에게 그동안 익숙했던 교실과 달리 새로운 규칙을 적용하려 한다. 너희 각자가 지닌 인격적 존엄성과 자신만이 지니고 있는 감정과 생각을 존중받을 수 있는 교실 분위기를 만들어 보겠다. 모두가 함께 노력하여 '너다움'과 '나다움'을 살릴 수 있는 환경을 만들어 나가자!' 이러한 교실 운영의 지침을 실현할 수는 없을까? 교사는 학생의 자존감을 길러 내는 일이 최우선이 되어야 한다고 믿는다면 이러한 환경을 반드시 만들어 나가야 한다.

학급의 정의와 공정성이 지켜져야 한다

학생들은 공정성 문제에 대해 매우 민감하다. 만약 교사가 규칙을 모든 학생에게 공평하게 적용하고 일관된 태도와 방침을 취한다면 학생들은 매우 안정된 느낌을 받을 것이며, 학생들의 수업 분위기도 좋아질 것이다. 그런 교사는 성실함을 몸소 실천한 셈이며, 학급 분위기도 매우 안정될 것이다. 그러나 반대로 담임 교사가 어느 한쪽만을 선호한다든가 인간적인 편견을 가지고 불공정하게 학생들을 다루고 있다면, 학생들에게 반감과 반항적인 감정을 불러

일으켜 정신적인 건강을 해칠 것이다. 교사는 특정 학생에게 애정을 표현할 수 있으나, 그런 때에도 자신의 감정을 어떻게 통제해야 할 것인지에 대해 잘 알고 있어야 한다. 교사 스스로 행동의 지침을 일관되게 가지고 있어야 한다. 그 지침은 공정성과 정의를 지키기 위한 것이어야 한다. 교실에서 학생들이 우리 학급에서는 공정성이 지켜지고 있다고 느끼게끔 그 공정함이 널리 확산되어 있어야 한다. 정의가 결국 이긴다는 것을 학생이 실감할 수 있는 분위기를 만들어야 한다. 모든 학생이 공정하고 평등하게 대우받고 있다고 느끼고 자신의 노력과 인격이 정당하게 존중된다는 것을 알 수 있도록 해야 한다. 이런 상황에서 학생들은 교사로부터 자신의 소중함을 터득하게 되며, 자신의 존재가치를 실감하게 된다. 비로소 자존감을 키워 나갈 수 있는 기본적인 조건을 학생들은 교사로부터 얻는 셈이다.

이와 반대로 편견과 불공정한 대우를 선생님으로부터 받아 마음에 상처를 입는다면, 그들은 오히려 불만과 조소로 인생을 지내는 냉소주의자로 전락될 수도 있다. 결국 그는 안정된 정상적인 삶을 포기하는 불행을 안게 될 수도 있다. 이것은 실제로 학년의 고하를 막론하고 가능한 사례다. 어렸을 때에는 당장 느끼지 못한다 하더라도 성장하여 과거를 돌이켜 보면서 그러한 것을 회상할 것이다. 초등학교 저학년의 경우는 추후 인격 형성에 큰 영향을 미칠 수 있다. 내가 인격적으로 그리고 절대적으로 따르고 믿었던 선생님이 나에게 불공정한 대우를 하고 편견을 가지고 대한다면 마음의 상처는 매우 심각한 것이 된다. 교실에서 지켜지는 공정성과 정의란 학생이 직접 몸으로 체험하는 정의감이다. 그리고 그것이 존경하는 선생님으로부터 받는 것이어서 생각보다 매우 큰 효과를 얻을 수 있는 체험이 된다.

학생에 대한 관심과 보살핌이 요청된다

모든 학생은 선생님의 관심을 바란다. 많은 관심을 필요로 하는 학생들도 있는 반면에, 어떤 경우에는 자신의 일을 매우 열심히 잘 하지만 수줍고 내성적이어서 선생님의 관심이 덜 필요한 것 같은 학생도 있다. 그러나 모든 학생은 교사의 관심과 배려를 필요로 한다. 교사는 학생 한 사람 한 사람에게 고른 배려를 해야 한다. 필요하다면 종종 이름을 불러 주기도 하고, '네 의견은 어떠니?' 또는 '이것을 어떻게 생각하니?' 등으로 의견을 물어봄으로써 여러 학생에게 관심을 가질 필요가 있다. 때로는 자기 일을 잘 처리하지 못하는 학생에게 별도로 자신을 나타낼 수 있는 기회를 가지게 하여 다른 사람과 교제할 수 있는 기회를 제공해 볼 수도 있다. 이것은 이타주의적 발상이라기보다는 학생이 사회적 능력을 배양할 수 있는 경험을 쌓게 하기 위함이다. 학교에서 가장 중요한 것 중의 하나는 친구들과 어울리면서 사회성을 습득하는 일이다. 내성적인 학생에게는 방과 후 친구들과 어울릴 수 있는 시간을 갖게 해 줌으로써 좋은 인간관계를 만들어 나갈 기회를 제공할 수도 있다. 그러한 것 자체가 그 학생에 대한 교사의 배려이자 관심이 된다.

교사가 학생에게 관심을 가짐으로써 학생은 자신이 주목받고 있으며 존중받는다는 생각을 갖게 된다. 물론 이것은 모든 학생이 원하고 갈망하는 것이다. 학급에서 자신이 중요한 인물로서 인정받고 있다는 생각을 갖게끔 해 주는 교사의 배려가 학생의 자존감을 키워 주는 데에 중요한 역할을 한다. 학생들에게 무엇보다도 필요한 것은 자신에 대해 생각하고 뭔가를 느끼게 하는 메시지다. 학교를 다니면서 학생들이 교사로부터 이러한 메시지를 경험하지 못한다는 것은 비극이다. 개개 학생에 대한 교사의 관심과 보살핌은 성인이 되어 일상생활에서 부딪치는 어려움을 극복해 나가는 데에 활력이 된다. 그것은 자신에게 관심을 기울여 준 선생님의 사랑이 느껴지기 때문이며, 자존감을 형성하는 데에 좋은 영향력을 행사하고 있다는 증거다.

학생의 자아 인식을 고취시킨다

교사가 자신의 마음을 개방하여 투명하게 그것을 느끼도록 하는 분위기를 조성해 줄 때에 학생은 선생님을 이해하고 또 자신의 마음을 열어 자신을 솔직하게 표현하려는 마음을 갖게 된다. 그럴 때에 학생은 교사로부터 인정받고 있다는 느낌을 갖고 교사에 대한 신뢰를 형성하며 교사가 가치 있는 존재로 부각된다. 교사는 학생에게 적절한 피드백을 통해 학생들이 비전을 가질 수 있도록 함으로써 자신의 자아를 인식하게 도와줄 수 있다. 교사가 학생에 대해 평가하거나 판단하기보다 학생의 '있는 그대로'를 이야기해 줌으로써 학생들 스스로 자신을 파악할 수 있도록 해 준다.

교사가 학생의 장점에 관심을 가질 때 올바른 자아 인식을 촉진할 수 있다. 그러나 교사들은 학생의 장점보다 단점에 더 많은 주의를 기울이는 경우가 많다. 이것이 교사들의 큰 단점이다. 지금까지 우리의 교육 문화는 교사가 일방적으로 학생을 지시하고 감독하는 것을 당연하게 여겼다. 그래서 교사가 소위 '잔소리꾼'이라는 별명을 가지게 되었다. 학생의 장점에 더 관심을 기울이고 학생의 삶을 도와주는 사람으로서 역할을 할 수 있도록 변화되어야 한다. 학생의 삶을 걱정하는 교사가 되어야 한다. 그래서 학생의 자아 인식을 깨우쳐 줄 수 있어야 한다.

어떤 한 학생이 영어는 잘하지만 수학을 잘 못하면 관심의 초점은 수학 과목으로 옮겨지는데, 이는 수학만을 잘해야 한다는 것을 의미하지 않는다. 잘못된 것은 교사가 수학에 더 많은 노력을 집중해야 한다고 하는 데 있는 것이 아니라, 다른 과목보다 더 많은 비중을 수학에 둔다는 점이다. 만일 영어를 잘한다면 그로 하여금 영어를 더 많이 읽고 쓰게 함으로써 영어가 더 나아질 수 있도록 하는 것이 잘못인가! 학생에게는 잘 못하는 과목이 있을 수 있으나 그것을 인정하려고 하지 않는다면, 학생의 능력을 받아들이지 않는다는 것을 의미한다. 학생으로 하여금 자신의 잠재적인 능력을 바르게 인식하고 자기의 능력이 올바로 평가받을 수 있도록 도와줘야 한다. 교사는 학생의 관심이 어디에 있고 미래에 어느 방향으로 나아가야 할 것인가에 초점을 맞추어 용의주도하게 안내할 수 있어야 한다.

학생의 약점을 다룰 때에는 '네가 만일 특정한 어떤 것을 잘 익히지 못한다면 너는 인생의 낙오자가 될 뿐이야! 그런 것 하나 제대로 해내지 못한다면 네게 무슨 희망이 있겠니?'와 같은 표현으로 학생의 자기가치감을 상하게 해서는 안 된다. 새로운 분야로 능력을 넓히는 것을 격려하며 '어렵겠지만 열심히 하자.'라고 격려하면서 공부를 잘하는 사람으로서 자기가치감을 일으켜 세워 주어야 한다. 즉, 학생의 긍정적인 면을 북돋아 주는 일이 더 중요하다.

때때로 학생들은 자신의 능력을 충분히 인식하지 못할 때가 있다. 학생 자신의 능력을 인식하도록 도와주는 일이 교사가 해야 할 중요한 일이다. 이것은 겉치레 칭찬과는 다르다. 모든 학생들에게는 자신에게 맞는 일 하나쯤은 있기 마련이다. 그러한 능력을 찾아 성실하게 길러 줄 필요가 있다. 교사는 마치 금광석을 캐기 위해 광맥을 찾아 헤매는 광부처럼 학생의 잠재력을 발굴해 내야 한다.

교사에게 학생들의 장점과 미덕을 발견하고 그들이 자신에 대해 더 깊이 알도록 도와주는 일보다 더 중요한 일은 없다. 내가 담임한 학급 학생들에게 어떻게 했는가를 돌이켜 보자. 학생이 최선을 다할 수 있도록 격려해 주었는가? 학생들이 정상적으로 성장하고 배울 수 있는 환경을 만들어 주었는가? 인생살이에서 가장 중요한 자존감을 학생들에게 심어 주려고 한 적이 얼마나 있었는가? 한 번 정도 반성해 볼 일이다.

학급에 자율적 규율을 만든다

학습을 진행하고 학급을 운영하는 데에는 꼭 지켜야 할 규칙이 있다. 규칙은 교사가 정하는 것이 일반적이지만 학생들이 감당할 수 있고 이해하고 타당하게 여기는 것이어야 한다. 학생들에게 뭔가 하기를 요구할 때에, '내가 그것을 요구하고 그렇게 말했으니까'란 식으로 말하는 것보다는 학생들에게 그것에 대해 논리적이고 상식적으로 설명하여 합당하다고 느낄 수 있는 합의로서 만들어 내는 것이 중요하다. 이럴 때 학생 개개인은 자신이 존중받는다는 느낌을 가진다. 어느 누구도 부당하게 피해를 당하지 않고 낙오됨이 없이 함께 하기 위한 것이라는 점에 공감할 수 있어야 한다. 그렇게 했을 때에 다루기 힘든 아이들에게서도 쉽게 협조와 동의를 이끌어 낼 수 있을 것이다.

교사가 규칙을 정하는 데 두 가지 방법이 있을 수 있다. 하나는 교사가 생각하는 해야 할 일을 일방적으로 결정하는 방식이며, 다른 하나는 교사가 원하는 일을 학생들 스스로 선택할 수 있도록 분위기를 조성하는 방식이다. 첫 번째 방법은 학생들의 저항에 부딪칠 가능성이 있으며, 또 그것은 의존적이고 순종적인 학생을 만들어 낼 수 있다. 둘째 방법은 학생들에게 책임과 의무를 동시에 부여함으로써 학생을 인격적으로 존중한다는 느낌을 갖게 하므로 학생의 인격적 가치와 능력을 존중하는 방식이다. 교사에게 보다 효율적이고 좋은 방법이 어떠한 것인가?

어느 때에는 학생들에게 체벌 같은 부정적인 방법을 택할 수밖에 없는 경우도 있을 수 있다. 그러나 배타적이고 독단적으로 만들어진 규율은 학생의 표현력을 위축시킨다. 그것은 학생을 존중하는 원리와 거리가 멀다. 그래서 학생들이 그로부터 어떤 즐거움을 경험하기보다는 고통을 피해 가려는 마음과 심리가 작용하게 되어, 적극적으로 자아를 표출하고 발전시키려는 의욕을 위축시키는 결과를 가져온다. 학생 존중을 실현하는 방안으로서 학생에게 직접적으로 영향을 끼치는 여러 활동, 즉 교육목표 설정, 학칙 제정과 개정, 과외 활동 등에 학생의 의견을 반영해야 한다는 것이 정설이다. 학급 분위기를 협조적으로 만들어 가기 위해 초기 단계부터 학생을 참여시키는 것은 학생들로부터 높은 협동심을 이끌어 낼 수 있고 학생들을 자율적 인간으로 키우는 데에 많은 도움이 된다.

규율의 본래적 취지는 개성을 위축시키기보다 촉진시키는 것이다. 규율은 학생에게 동기를 유발하는 방법으로 활용해야 할 것이다. 기존의 규율이 갖는 문제점은 학생들에게 부정적인 기대를 갖게 했고, 그래서 학교를 엄하고 재미가 없는 곳으로 인식하게 했다는 점이다. 과거에 많은 교사들은 무의식적으로 자신들에게 이미 익숙해진 체벌을 일상화하면서 학생들에게 분열과 적대감을 조성시켰다. 체벌은 문제 해결에 도움을 주지 못하고 오히려 나쁜 결과를 초래하는 경우가 많았다. 학생을 존중하고 열정을 가지고 지도한다는 일이 어려운 일일지 모른다. 그러나 교사는 학생의 입장에서 안내하고 통솔한다는 방침으로 능수능란한 지도력을 발휘하도록 노력해야 할 것이다. 학생의 자율성과 주체성은 외적인 힘과 권위에 의해서가 아니라 학생 내면에 잠재해 있는 자아가 깨어나지 않는 한 제대로 발휘될 수 없다.

자존감이 낮은 교사는 엄격하고 체벌 위주로 학생을 지도할 수도 있고, 반대로 아무런 권한도 행사하지 못하고 '될 대로 돼라는 식'으로 교실을 무정부 상태로 만들 수도 있다. 학급 내의 혼란을 방치하는 것은 교사의 직무 유기다. 그러나 또 과격하게 체벌하여 학생의 인격을 모독하고 인격에 손상을 입혀서는 안 된다. 좋은 교사란 이러한 문제를 잘 이해하고 현명하게 해결해 나가는 사람이다. 상황에 적합하게 문제 해결을 하기 위해 교사는 상상력을 동원해야 한다. 모든 상황에 통용되는 해결법은 없다. 자존감이 높은 교사는 어떠한 상황에서도 학생 개인의 존재가치를 경멸하거나 자기비하해서는 안 된다는 것을 잘 알고 있다. 또한 수용 가능한 모든 행위를 포용할 수 있다는 자세를 가지고, 열성적으로 학생을 이해하려고 노력한다. 그래서 결국 학생 스스로 자신의 행동을 합리적으로 설명할 수 있도록 하여 학생 스스로 자신의 실수를 바로잡을 수 있도록 이끈다. 교실 안에서는 급속도로 교사의 통솔력이 확산되고 학생들은 스스로를 존중할 수 있는 마음과 자세를 지니며 모든 학급 구성원이 높은 긍지심을 갖게 된다.

학생의 감정을 이해한다

만일 올바른 교육이 학생이 바르게 생각하도록 만드는 일이라면, 감정을 바르게 이해하는 것도 수반되어야 한다. 불행하게도, 과거에 많은 교사나 부모들은 암암리에 자녀들의 감정이나 느낌을 억눌렀다. '울지 마! 그렇지 않으면 혼내줄 거야.' '성내지 마.' '두려워하지 마!' '사내아이가 계집애처럼 그 모양이 뭐냐!' '착한 아이는 그런 감정을 갖지 않는 법이야.' '참고 견뎌 내!' 등의 말은 모두 감정을 억누르려고 하고 있다. 감정을 멀리하고 금지하는 부모는 감정을 억누르고 금지하는 아이들을 만들어 간다. 더욱이 특정 종교의 가르침을 신봉하는 부모나 완고한 사고방식을 지닌 교사는 자식과 학생에게 지속적으로 사람들에게 나쁜 생각, 나쁜 감정이 있다는 식으로 편향된 생각을 주입함으로써 사람들에게 본래부터 사악한 성향이 잠재해 있다고 가르치는 경우도 있다. 그러한 인간에 대한 부정적인 관점은 아이들의 마음에 도덕적인 공포심을 심어 주기도 한다.

감정은 정신적이고 심리적인 현상이다. 그것은 무의식적으로 우리가 인식하고 있는 것에 대해 자신이 해롭다거나 이롭다고 판단하는 정신과는 관계없이 단순한 심리적 반응이다. 감정은 각기 다른 실체들에 대한 마음의 반응을 뜻한다. 자신이 느끼는 것을 알려고 하는 것을 그만두는 것은 자신에게 의미 있는 중요한 경험을 그만두라는 것과 같다. 어린이들은 감정 표현을 활발하게 하면서 자신을 키워 나간다. 그러나 대부분의 학생들은 감정을 억눌러야 할 대상으로 알며, 부정해야 한다고 믿도록 길들여졌다. 그래서 아이들은 무감각한 생활을 학습하고, 의식적으로 감정을 차단시켜 버리기도 한다.

이들은 감정에 대해 왜곡되게 인식하고 있으므로 어른들이 나쁘게 보는 감정을 숨기려고 하고 느끼는 것마저 쉽게 포기해 버린다. 심한 경우는 이들은 자신의 신체적 감각과 느낌을 지나치게 억제하고 통제하려고 함으로써 근육의 경련을 경험하기도 하며, 자유로운 감정의 흐름이 막혀 부분적인 마비 현상을 경험하기도 한다. 이들은 나이가 들수록 더욱 인정받고 사랑받기 위해서 그리고 따돌림을 당하지 않기 위해서 점점 더 솔직한 감정과 자아를 숨기는 일에 익숙해져 버린다. 결국 그들은 생존 전략으로 자아를 부인하는 일까지도 가능해진다. 이런 경우 이들이 장차 어떠한 불행한 결과를 맞이하게 될 것인가를 상상하기란 그렇게 간단하지만은 않다.

교사는 학생들에게 감정에 의해 지배당하지 않기를 바라면서 한편으로는 감정을 수긍해야 한다고 가르치고 있다. 감정에 지배당하지 않기 위해서는 감정을 이성적인 사고의 대상으로 삼아야 한다. 감정을 이성적으로 처리할 수 있는 수련을 쌓아야 한다. 두려움을 느끼고 그것을 어떻게 수용하는지를 알기 위해 두려움을 체험해 보아야 한다. 화가 났을 때도 그러한 사실을 수긍하고 잘못에 빠지지 않기 위한 참을성을 길러 내야 한다. 우리는 자신의 성급하고 흥분된 감정을 알면서도 숨소리를 높일 수 있지만 숙제가 끝날 때까지는 나가 놀아서는 안 된다. 우리는 자신의 정신을 잃지 않으면서 감정을 느끼고 받아들일 수 있어야 한다. 우리는 고통이나 두려움을 부인하는 것보다 이에 직접적으로 대면하는 것이 훨씬 위험스럽다는 것을 잘 알고 있다. 그러나 우리가 선택하는 것에 대해서는 책임을 져야 하지만 감정 그 자체는 도덕적이지도 비도덕적이지도 않다는 것을 알아야 한다. 감정은 감정일 뿐이다.

미래 사회의 학교에서는 이런 생각을 반영해야 할 것이다. 이것은 훌륭한 삶을 위한 중요한 요소로 인정해야 할 것이다. 만일 교사가 학생들에게 자기수용을 가르치려면 반드시 학생들 자신의 감정을 받아들이는 것도 쉽게 할 수 있어야 하며, 학생들도 그러한 분위기를 느낄 수 있기 위한 환경을 조성해 주어야 한다. 다른 사람의 감정을 수용하는 모습을 지켜본 사람이 자신의 감정을 받아들이는 것도 쉽게 할 수 있다. 학교 교실에서 이를 실천할 수 있어야 할 것이다. 잘못을 다룰 때도 학생이 수치심을 느끼지 않도록 자애로운 마음으로 문제를 처리해야 할 것이다. 학생의 실수에 반응하는 교사의 태도는 학생의 미래의 삶에도 크게 영향을 미칠 수 있기 때문이다. 이렇게 학생을 지도하는 교사나 학교는 매우 드물다. 그러나 미래의 학교는 이러한 것들을 모범적으로 실천해야 할 것이다.

독립적인 학생과 의존적인 학생

전통적인 방법에 의한 교육과 자존감을 길러 주는 교육을 비교하면서 살펴보자. 우리가 비교하고자 하는 것은 '의존적인 학생'과 '독립적인 학생'의 특성이다. 즉, 자신의 행동 통제의 원천을 외적 자아에서 찾는 학생과 내적 자아에서 찾는 학생의 비교다. 이러한 비교는 우리가 새로운 교육목표를 탐색하는 데에 도움을 줄 것이다. 다음의 내용은 주로 브랜든(1994)의 책을 참고했는데 순종적인 학생의 특징과 독립적인 학생의 특징을 비교하여 그 차이점을 음미하여 시사점을 얻을 수 있다.

의존적인 학생의 특징

1) 윗사람을 기쁘게 하려는 마음과 인정을 얻으려는 욕구와 같은 비본질적인 것에 의해 동기 부여를 받는다.
2) 명령에 따라 행동한다.
3) 권위적인 사람이 없을 때는 일을 효율적으로 수행하지 못하며, 명령을 기다린다. 작업 능력이 결핍되어 있으며 자발성이 결여되어 있다.

4) 자존감을 외적인 것에 따라 판단한다. 예를 들면, 칭찬을 받을 때만 가치 있다고 느낀다.
5) 나의 행동이 '나의 전부'라고 생각하며, 누군가가 나를 이런 방식으로 만들었다고 여긴다.
6) 행동과 그 행동의 결과와의 관계를 연결시키는 데에 어려움을 느낀다.
7) 선택하고 어떤 방안을 결정하는 일을 어렵다고 생각한다. 즉, 의사결정 자체에 자신이 없다.
8) 무기력함과 교사 의존적인 행동이 일상화되어 있다.
9) 자기 자신에게 적합하지 않을 수도 있고, 때에 따라서는 해로울 수도 있는 피상적인 가치에 의해 행동하거나 움직인다.
10) 순종하고 나서 생각한다.
11) 내적 신념이 부족하고 자신의 이해와 관심에 따라 행동하는 능력이 부족하다.
12) 행동의 결과를 예측하기 어렵다.
13) 개인적 욕구를 표현하는 것이 어렵고 이해하기도 어렵다.
14) 자신이나 타인의 감정을 손상시키지 않고서는 자신의 욕구를 충족시키기 어렵다.
15) 타협하는 요령을 잘 모르고 타협하게 되면 '너는 이기고 나는 진다.'라고 생각한다.
16) 불평불만이 많다.
17) 벌을 받지 않기 위한 행동을 찾는다.
18) 내적 욕구와 외적 욕구가 갈등을 이룰 때가 많으며(예: 교사가 원하는 것과 자신이 원하는 것이 다를 경우), 그럴 때마다

죄책감을 갖거나 반항심을 갖기도 한다.

19) 타인의 반대나 따돌림을 피하기 위해 나쁜 선택을 할 수 있다. 친구들이 나를 좋아하도록 만들기 위해 행동한다.

독립적인 학생의 특징

1) 내적인 요인에 의해 동기가 유발되는데, 개인적인 성과를 체험해 보려는 욕구나 내가 결정해 보려는 욕구에 의해 동기화된다.
2) 자신이 선택한다.
3) 권위적이지 않은 분위기에서 훨씬 더 능동적으로 움직일 수 있는데, 주도적이고 솔선한다.
4) 자존감이 내적으로 정립되어 있다. 설사 타인으로부터 인정을 받지 못하더라도 내적인 가치로 판단한다.
5) 비록 내가 하는 행동에 책임이 있지만 그 행동이 나의 모든 것이라고 생각하지 않는다.
6) 행동과 그 행동의 결과를 잘 연결시켜 이해한다.
7) 선택과 의사결정을 스스로 한다.
8) 개인의 권리와 독립성에 기초한 행동을 한다.
9) 내적 가치 기준에 따라 행동하지만 다른 사람의 욕구나 가치를 고려하면서 행동한다.
10) 심사숙고한 후에 복종할 것인가를 결정한다.
11) 내적 신념으로 차 있으며 자신의 이해와 관심에 따라 행동한다.
12) 행동의 결과나 성과를 더 잘 예측할 수 있다.

13) 자신의 개인적 욕구를 이해하고 자연스럽게 표현한다.
14) 자신이나 타인을 손상시키지 않고서도 자신의 욕구를 무리 없이 수행한다.
15) 협상과 절충을 효과적으로 하는데, '나도 이기고 너도 이기는' 협상을 한다.
16) 협조적이다.
17) 과제 중심으로 일을 하고 긍정적 선택을 하며 그 결과를 수긍한다.
18) 내적 욕구와 외적 욕구의 갈등을 잘 해결(예: 나의 원함과 교사의 원함)하고 극복하며, 그 갈등에 대한 죄책감이나 저항감을 잘 조절할 줄 안다.
19) 개인적 선택을 경험하고 개인적인 호기심을 충족하기 위해 때론 나쁜 선택을 할 수도 있다.

'의존적인' 학생은 각기 다른 상황 아래에서 자신이나 다른 사람을 희생시킬 수 있는 반면, '독립적인' 학생은 외부 세계의 패러다임을 변화시키려는 생각을 갖는다. 이것은 암묵적으로 승-승의 철학을 실현하기 위한 시도일지 모른다. '독립적인' 학생은 사람을 희생시키는 행동을 거부하고, 더 새롭고 포용적인 인간관계를 추구한다. 또한 그는 개인적 목표를 추구하기 위해 타인을 희생시키려 하지 않는다. 그는 높은 가치라고 주장되는 어떤 것에 희생되지 않으려고 한다. 즉, 타인의 목표를 위해 희생되지 않으려고 한다. 그는 기업주만의 이익을 위해 개인의 삶을 희생하지 않으며, 인간지성을 해치는, 정치적 계산에서 만들어진 전쟁 같은 것에도 희생되지 않으려 한다. '의존적인' 학생은 권위에 도전하는 것이 아니라 그 권위로부터 가르침을 받으려 한다. '독립적인' 학생은 필요하다면 도전하고 무엇이든지 질문할 준비가 되어 있다. 이것은 지식기반 사회에서 요청되는 특성이기도 하다.

학교교육과 우리 사회, 자존감

교사들이 학생에게 미치는 영향력은 아무리 강조해도 지나치지 않다. 교사들은 학생들에게 건전한 삶의 방향을 제시할 수도 있고 그 반대의 길을 가게 할 수도 있다. 학생의 자존감을 키우는 일 이상으로 교사에게 더 중요한 것은 없다. 학생의 자존감은 학생의 미래를 개척하고 새로운 삶을 만들어 나가는 에너지원이기 때문이다. 그러나 교사가 모든 것을 다해야 한다는 주장은 아니다. 정부 차원에서 그리고 사회가 함께 만들어 나가야 할 과제가 따로 있다. 그러나 학생들이 마주치는 교실과 학교는 교사의 가치관과 지도방침, 교육철학에 따라 그 영향력이 크게 좌우된다. 그러므로 학생의 인격을 형성하는 데에는 교사의 역할이 매우 중요하다. 학교 밖의 여건을 탓하기 전에 학생의 인생을 걱정하는 교사가 늘어나기를 바란다.

정부는 신자유주의 정책을 기본 이념으로 하여 학교를 이끌어 나가면서 지나치게 경쟁을 부추기고 있고, 인간의 생존적 특성에 비추어 필수적인 활동인 교육도 시장원리에 맡기려 하고 있다. 우리 사회에서 교육에 대한 공동의 책임감이 점점 사라지고 개인적인 입신영달에 치우치는 현상은 심히 우려되는 일이다. 그러나 학교에서 매일 매일 학생을 가르치고 있는 교사는 학생의 인격 형성과 참다운 삶에 대한 새로운 지표를 직접적으로 제공해 줄 수 있는 사람들이다. 교사의 책임은 누구보다 크다. 교사들은 바쁜 틈에라도 매일 자신의 자존감과 활력을 점검하고 학생에게 어떻게 행동했는가를 평가해 볼 수 있는 시간을 갖도록 노력해야 한다. 다음의 여섯 가지는 이를 행하는 데 좋은 지침이 될 수 있다.

① 교사는 학생들에게 의식적인 삶의 모델이 되고 있는가?
② 자신을 수용하고 있고 이를 당당하게 이야기할 수 있는가?
③ 몸소 책임감 있는 행동을 얼마나 실천하고 있는가?
④ 당당하고 떳떳한 모습을 학생들에게 얼마나 보일 수 있는가?
⑤ 뚜렷한 목적이 있는 하루를 지냈는가?
⑥ 인간에 대한 신뢰를 얼마나 실현하고 있는가?

이에 대해 자문자답하면서 스스로 반성하고 성숙하려는 의지를 키울 수 있을 것이다. 이를 통해 학생들에게 모범을 보일 수 있다면 그 교사는 학생에게 자존감을 키워 줄 수 있을 것이다.

만일 교사의 목표가 그가 맡고 있는 학생의 자존감을 키워 주는 일이라고 생각한다면, 여러 가지 프로그램을 찾아 시도해야 한다. 이런 노력이 행해지는 곳이 바로 교실이 되어야 한다. 현재의 제약에 대한 도전은 자신의 발전을 위한 도전이며 그것은 학생에게 사람다운 삶을 찾아 살아가도록 하기 위한 몸부림이다. 교사에게 학생의 꿈이 잉태되어 있다. 학생 개개인에게는 각자 나름대로 한 가지의 능력과 특성이 있다. 학생의 잠재력과 생명 그리고 인격을 신뢰한다면, 자존감과 자기신뢰감을 심어서 향상시켜 각자 자신의 빛깔을 아름답고 선명하게 표현할 수 있도록 도와주어야 한다.

끝으로 자존감을 향상시키기 위해 학교가 크게 개혁되어야 할 것이 있는데, 학생의 평가방법이다. 상대평가는 사람 사이의 비교다. 학생 서로를 비교하여 성적을 매기는 일은 학생 개개인이 지니고 있는 고유한 특성과 빛깔을 존중해야 한다는 원리와 어긋난다. 학생 개개인의 입장에서 학습과정을 설명하고 지도하여 개별적으로 평가할 수 있는 체제로 전환되어야 한다.

수업의 방식에 있어서도 개별학습을 진행할 수 있는 교실 수업을 만들어 나가야 한다. 수준이 다른 학생들에게 칠판에 판서를 하며 일제 수업을 하는 것은 개개 학생을 존중해야 한다는 원리와 어긋난다. 학생의 학습 속도와 능력 수준에 따라 개별지도를 할 수 있어야 한다. 학년을 올라갈 때에도 역시 모든 학생이 동일하게 학년을 올라가는 무책임한 진급제도를 개선해야 한다. 진급제도와 같은 정책에 관련된 과제는 교사의 일상적 업무와는 거리가 멀어 보이지만, 교사가 학생의 자존감을 향상시키는 데에 관심을 기울이다 보면 쉽게 부딪치는 부분이 바로 이러한 제약이다. 학생의 자존감 향상이 교육활동에서 핵심적인 것으로 인식이 된다면 이러한 입장에서 학교교육을 대대적으로 그러나 점진적으로 개혁해 나가야 한다.

개별학습이 이루어지기 위한 선행요건으로 국가 수준 교육과정을 없애야 한다. 모든 학교의 학생이 자신의 학습 속도와 수준과 무관하게 국가가 정해 놓은 교육내용과 진도를 따라가야 하는 교육과정은 없애야 한다. 가르치는 교사와 배우는 학생이 교육의 교육의 중심이 되기 위해서는 가르치는 내용과 방법을 교사가 학생에게 맞게 선택하고 만들어 적용할 수 있어야 한다.

국가의 교육목표를 달성할 수 있는 절차와 내용 및 방법은 다양할 수 있다. 국가 교육목표를 달성하기 위해서는 학생의 조건과 특성 및 다양한 소질을 고려하여 천차만별한 대안과 방법이 허용되어야 한다. 이를 위해서 반드시 교육 내용과 방법 모두 통제하고 있는 국가 수준의 교육과정은 없애야 한다.

교사 양성 프로그램, 다양한 교과서, 선택과목의 폭 확대, 자존감 향상 프로그램, 학교행정의 민주화, 학급의 소규모화와 특별활동의 다양화 등 모두가 이에 관련하여 개선되어야 할 과제들이다. 그러나 이러한 여건만 탓하고 손놓고 기다릴 수 없는 것은 당장 교사가 만나고 있는 학생들에게 '자신들의 빛깔'을 살리도록 도와주어야 하기 때문이다. 학습할 시기를 놓치면 인생 전체를 놓칠 수 있기 때문이다. 교사의 입장에서 현 학교 현실의 제약 속에서 할 수 있는 일거리를 찾아 학생을 조금이라도 도와주는 일이 더 시급한 일이다. 학생에게 자신의 삶을 찾도록 도와주는 일만큼 더 중요한 것은 없다.

학교에서는 교사의 교수활동과 학생의 학습활동이 중심적으로 존중받는 교육활동이 이루어져야 한다. 모든 학교 행정이나 정책이 이러한 활동을 지원하고 도와주는 형태로 대폭 바뀌어야 한다. 학교의 기획력이 복원되어 교사가 책임지고 학생들을 가르치고 지도할 수 있는 체제를 점진적으로 갖추어 나가야 한다.

한 가지 더 중요한 것은 우리 사회에 만연한 학력에 대한 개념을 바꾸어야 한다. 학생의 교과 성적이 학력의 모든 것이 아니다. 교과 성적은 매우 작은 능력에 불과하다. 교과 성적 이외에 삶에 필요한 소중한 능력으로 인성과 인격 그리고 타인의 삶을 배려하고 존중하는 마음과 자세, 새롭고 불확실한 영역을 개척하는 데 필요한 창의성과 개척정신, 옳은 것을 옳다고 주장하고 여론화할 수 있는 용기 있는 삶의 자세 등 교과 능력 밖에 더 중요한 능력들이 많다. 이러한 능력을 종합적으로 계발할 수 있는 학교체제를 만들어 나가야 한다. 또한 서열보다 학생 개개인의 특성과 특기가 더 소중하게 존중되는 교육 현장이 되어야 한다.

이에 맞추어 대학 입시에서 선발 기준이 더 다양해야 한다. 현재 소수의 대학에서 도입한 입학사정관제도를 대폭 확대하여 고등학교의 학력을 교과 성적에만 국한하지 말고 앞서 지적한 다양한 능력과 재능이 학력의 개념에 포함된 대학입시의 선발 기준이 마련되어야 한다. 소위 일류라는 간판을 단 대학들이 앞장서서 이러한 교육철학을 받아들여 초중등학교의 교육이 정상화될 수 있는 틀을 만들어 나가야 한다.

부록 ....

새로운 삶의 출발

여러 해 동안 우석대와 고려대에서 강의를 하면서 수강생들에게 받은 과제물 중에서 '나다움'이 무엇인가란 질문에 스스로 고민하고 정리한 글을 선택하여 여기에 실었다.

대학생, 대학원생, 교사, 가정주부 그리고 시각장애를 극복하고 대학 수업을 받고 있는 학생들이 '나다움'에 대해 고민하며 쓴 글들인데, 여기서 그들은 자신의 삶에 대해 반성하고 새롭게 인생의 전환점을 맞이하며 새 삶을 열어 가고자 다짐을 한다. 여기에 수록한 글 이외에도 수강생들의 많은 글들에서 자신의 삶을 돌이켜 보고 새로운 자세로 인생을 당차게 살아가야 한다는 의지와 바람을 확인할 수 있었다. 모두들 자신이 주체가 되어 자기만의 색깔을 찾고 주위의 사람과 함께 행복한 삶을 꾸려 가리라 믿는다.

시각장애자에게 다가온 '나다움'

근래에 대중매체를 통해 무슨 전염병 마냥 한국의 젊은이들에게 번져 나간 일종의 신경정신과적인 병이 출현했었다. 이른바 왕자병, 공주병. 지금은 아예 신종 병명으로 자리 잡아 이 병에 부합하는 증후를 나타내는 사람에게는 누구나 진단과 함께 놀림조로 병명을 붙여 준다. 왕자병과 공주병의 증세는 이렇다. 말 그대로 이

병에 걸린 사람은 마치 자신이 왕자나 공주가 된 듯한 착각 속에 빠져 그렇게 생각하고 행동한다. 겉모습에 치중하여 자신이 남보다 잘났으며 우월하다고 굳게 믿고 그것에 자부심을 느낀다. 또한 이러한 사실을 타인에게 주지시키기 위해 허례허식에 힘을 쏟고 자기 자랑을 일삼는다.

지금까지, 정확하게 표현하면, 이 과제물을 쓰기 전까지는 이러한 왕자병과 공주병에 대한 해석을 개인적으로 이렇게 해 왔었다. 비록 남이 보기엔 자기 자랑이고 인정되지 않은 잘난 척으로 보일지는 몰라도 최소한 거꾸로 자기 자신을 학대하거나 부정하는 비관적인 태도는 아니기에 어떤 면에서는 자기 자신을 인정하고 사랑하는 한 표현이 아닐까 생각했다. 그래서 항상 자기 자신에 대한 불신과 떳떳하지 못함에 움츠려 있는 사람보다는 차라리 도를 넘어서긴 했으나 왕자병과 공주병에 걸린 사람이 낫지 않을까 하는 생각을 가졌었다. 그러나 지금까지의 생각이 긍정적일 수는 있지만 정확한 해석은 아니었음을 '나를 존중하는 삶'을 고민하면서 알게 되었다.

자기 자신이 최고이며 으뜸이라는 생각은 언뜻 지나친 자신감의 표출로 보인다. 하지만 이것은 오히려 내면의 공허함에 대한 발로이며 자신감의 부족을 은폐하려는 위장술일 수 있고, 오만과 거만은 자존감의 지나침이 아니라 되려 자존감이 결핍된 상태인 것 같다. 따라서 우리가 흔히 우스갯소리로 불치병이라 말하는 왕자병이나 공주병도 자존감을 키워 간다면 완치할 수 있으리라 생각한다. 또한 타인과의 비교 대상으로만 자기 자신을 결박시켜 열등감에 빠져 있는 사람, 실패를 예상하고 미래를 두려워하는 사람, 자신의 능력을 불신하여 자신감을 잃어버린 사람, 이러한 이유들로 불안해하고 우울해하며 침체되어 인생을 암울하게 살아가는 사람들 모두가 자존감을 체득한다면 보다 긍정적이고 행복한 삶을 영위해 나갈 수 있지 않을까?

그러면 자존감이란 도대체 무엇이고 어떻게 키워 나갈 수 있을까? 일반적으로 존중이란 단어는 타인, 즉 다른 사람의 존재, 의사, 인격 등을 향한 예우의 의미를 띤다. 그런데 나를 존중하라니 좋은 의미인 줄은 어렴풋이 알 수 있었지만 너무 추상적이어서 선뜻 이해가 되지는 않았다. 나 자신을 평가하고 질책할 수는 있어도 존중할 만큼 나 자신이 크고 완전해 보이지 않았기 때문이다. 심지어 '나를 존중한다'는 자체가 자만이 되지는 않을까 하는 의심을 하기도 했다. 비록 리포트를 쓰게 됨으로써 생긴 의문들과 호기심이지만 과연 어떻게 사는 것이 나를 존중하는 삶이며 그런 삶이 내 인생에 어떠한 영향을 줄 것인지를 알아내기 위해서라도 『나다움 어떻게 찾을까!』를 읽어야겠다는 욕구가 리포트를 위한 독서만이 아닌 새로운 동기로 고개를 들었다.

눈으로 책을 볼 수 없기에 친구에게 책을 녹음해 줄 것을 부탁했다. 친구가 고맙게 녹음해 준 테이프를 녹음기에 넣고 본격적으로 독서를 하기 시작했다. 책의 내용이 읽기에 딱딱하리라는 예상은 어느 정도 했던 것이었지만 내용을 이해하며 읽기란 그리 쉬운 일이 아니었다. 이해가 가지 않는 부분이나 놓치고 지나간 부분은 다시 되돌려서 들었다. 책의 전반부를 읽으면서 정리하고 싶은 것은 자존감이란 무엇인가라는 것이다. 책의 서두에서 언급했듯이 자존감의 정의를 함축해서 말하자면 다음과 같다.

첫째, 우리 자신에게는 생명이 있고 생각하는 능력이 있으며 인생살이에서 만나게 되는 기본적인 역경에 맞서 이겨 낼 수 있는 능력이 있다는 자신에 대한 믿음이다.

둘째, 우리 스스로가 가치 있는 존재임을 느끼고 필요한 것과 원하는 것을 주장할 자격이 있으며 자신의 노력으로 얻은 결과를 즐길 수 있는 권리를 가지며 또 스스로 행복해질 수 있다고 믿는 것이다.

나는 시각장애 1급 장애인이다. 시각장애 1급이란 것은 거의 앞을 볼 수 없는 상태를 말한다. 우리 몸을 100이라 했을 때 눈을 잃는다는 것은 몸의 90을 잃는 것이나 다름없다고 얘기할 만큼 눈의 역할, 시각의 중요성은 굳이 말로 설명하지 않아도 익히 알 수 있을 것이다. 그렇게 소중한 감각기능인 시각에 장애를 입은 나로서는 생각하기 나름에 따라 한없이 캄캄한 절망에 빠져 허우적댈 수도 있고, 긍정적인 희망으로 장애를 극복할 수도 있는 극과 극의 선택 상황에 놓여 있다고 할 수 있을 것이다. 이러한 극한의 선택 상황에서 지금까지 나는 줄곧 후자에 손을 들어 왔다. 시각장애로 인해 견디기 힘든 일들이 수도 없이 많았지만 또 그만두고 포기하고 싶은 절망적인 순간도 다반사였지만 지금 내가 걸어온 길, 내가 지금 서 있는 자리를 되돌아봤을 때, 긍정적인 선택을 해 온 것 같다. 그동안 나 스스로가 나 자신을 보호하고 지켜 주기 위해 무엇인가를 형성해 왔음을 알 수 있었다. 그 무엇이 구체적으로는 자존감의 일종이라는 것도 알 수 있었다.

처음부터 시력이 지금처럼 최악인 것은 아니었다. 어렸을 적부터 정상 시력보다는 낮은 시력이었지만 지금처럼 악화된 것은 고등학교 1학년 때였다. 유년시절부터 나쁜 눈을 바짝 들이대어 가며 공부를 해야만 했던, 그래서 일반 아이들보다 더디고 뒤쳐지는 부분을 따라잡기 위해 더 많은 노력과 시간을 쏟아야 했던 괴로운 기억이 회상된다. 물론 지금도 그렇지만 말이다. 이런 나의 모습이 가련해 보여서일까? 안쓰러워 보여서일까? 주위 사람들은 장하다고 말한다. 참 밝아 보인다고 말한다. 성실하다고 말한다. 나는 이런 말들에 부응하기 위해서인지 더 열심히 노력했다. 하지만 지금 이 책을 읽고 생각해 보면 그런 외부의 칭찬이 궁극적으로 나를 존중하는 것이 아님을 알 수 있다. 진정한 자기존중은 자기 자신의 내면에서 우러나오는 자신에 대한 긍정, 믿음, 사랑, 만족인 것이다.

내 눈이 더 이상의 사물 구분이나 색깔의 구별을 하지 못함을 지각했을 때 그것을 수용하고 인정하는 것은 뼈를 깎는 고통만큼이나 어려운 일이었다. 그 작업이 지금 다 마무리되었다고 나는 장담하지 못한다. 이런 현실을 직시하는 것도 벅찬데 그런 자신을 존중하기란 너무도 힘든 것 같다. 내가 다소의 자존감으로 지금의 위치까지 왔지만 아직 온전한 자존감은 키우지 못한 듯하다. 아직도 문득 문득 케인을 짚고 더듬더듬 돌부리 하나에도 신경을 쓰고 긴장하며 길을 걸어가고 있는 나, 칠판도 볼 수 없고 교재도 볼 수 없어 교수님 강의만을 멍하게 듣고 앉아 있는 나, 시험 때 대필해 줄 사람을 구하느라 전전긍긍해하는 나, 이런 나의 무기력한 모습을 상상할 때면 속에서부터 뜨거운 것이 치밀어 오르기도 하고 화가 나기도 하며 침울해지기도 한다. 하지만 이런 생각을 한다 해서 결코 문제가 해결되는 것이 아니라는 사실을 뼈저리게 느끼고는 다시금 살아 보자! 장애가 뭐 대수인가! 지금까지 잘해 오지 않았는가! 이렇게 속으로 되뇌며 주먹을 불끈 쥐고 마음을 다시 잡는다. 하지만 요즈음 내게 닥치는 일들이 이런 결심만을 거듭하고 긍정적인 노력만을 시도하기엔 너무 힘에 겹다. 당면한 문제에 앞서 내 장애를 먼저 이겨 내야 하고 문제를 해결해야 하는 것인데 문제의 양은 많아지고 누적되기만 한다. 내 능력에 한계를 느낀다.

이렇게 고민하고 있는 나에게 이 과제는 어떤 해결의 실마리를 던져 주었다. 장애를 극복하기 위해 고군분투하고 있는 나를 존중하고 사랑하라는 것이다. 남을 존중하듯 나를 존중하는 마음을 갖는 자체로도 나에 대한 긍정의 표시이고, 나에 대해 책임감을 갖는 것이며, 더욱 성실하게 살아갈 수 있는 원기를 회복시켜 주는 것이다.

그러면 자존감은 마음만 갖는다 해서 획득되는 것인가? 절대 그렇지 않다. 그렇다면 자존감을 갖기 위해서 어떻게 해야 하는가? 첫째, 삶에 대한 목적을 가져야 한다. 목적이 없는 삶은 등대를 잃고 표류하는 배처럼 무의미한 것이다. 둘째, 생각과 의식을 가지고 명확하게 행동해야 한다. 생각 없이 행동하거나 무의식적으로 행동한다면 항상 애매모호한 상태를 초래하고 무책임해질 수 있다. 셋째, 현실을 중시하고 사실과 진실을 존중해야 한다. 현실을 회피하고 사실과 진실을 부정하는 것은 근본적이고 본질적인 것에서 벗어나는 것이다. 넷째, 이해하기 위해 인내심을 가져야 한다. 끈기가 없는 사람은 일을 끝까지 성취해 낼 수 없다. 다섯째, 성실하고 정직하며 자신을 떳떳하게 내보일 수 있어야 한다. 성실하고 정직하다는 것은 자신뿐만 아니라 타인에게도 신뢰를 주는 것이며 자신을 떳떳이 내보이는 것은 자신감을 의미하는 것이다. 여섯째, 새로운 지식을 수용할 수 있는 자세와 잘못된 것을 찾아 고치려는 솔선성을 지녀야 한다. 새로운 지식을 거부하거나 잘못을 부정하게 되면 폐쇄적이고 고집스러운 사람이 될 수 있다. 일곱째, 균형을 지키고 논리, 일관성, 정확성, 증거를 존중하는 합리적인 자세를 취해야 한다. 여덟째, 자신의 의식을 자신 있게 믿을 수 있는 신뢰를 소유해야 한다. 그렇지 않고 자신의 의식이나 생각을 믿지 못하면 이율배반적이 될 수 있다. 참된 자존감의 근본을 깨닫기 위해서는 위의 목록을 명심해야 하겠다.

나는 자존감을 키워 나가기 위해 몇 가지 행동지침을 세웠다. 먼저 말씨나 얼굴 표정, 행동에 있어 활기차고 기쁨이 배어 나오도록 긍정적인 사고를 하려고 노력하겠다. 남에게 열린 마음으로 나 자신의 부족함을 인정하고 일에 있어 성실하며 솔직하고 정직해지도록 노력하겠다. 칭찬을 주고받고 좋은 감정을 공유하며 항상 감사하는 마음을 가져야겠다. 말과 행동에 일관성을 가져 균형 있는 생활을 하겠다. 새로운 도전이나 호기심에 개방적인 마음을 지녀야겠다. 분노나 불안감에 이성을 잃지 않고 나 자신을 조절할 수 있어야겠다. 생기 넘치고 밝은 생활을 위해 유머를 즐기고 긍정적인 생각을 해야겠다.

과제물을 거의 끝내 가는 지금 나는 이전보다 마음이 편안해져 있음을 느낀다. 중학교 국어시간에 나는 누구일까라는 주제로 쪽지에 나의 겉모습과 취미, 좋아하는 것, 싫어하는 것 따위를 열거해 본 이후 나를 거울에 비춰 볼 수 있는 계기가 되었다. 아울러 내가 지금 봉착해 있는 문제의 본질과 해결책을 동시에 알아내게 되었다. 『나다움 어떻게 찾을까!』를 읽고 감상문을 쓰기 위해 골똘히 생각해야 했던 나의 모습, 그리고 자존감. 이제 어렴풋하게나마 세상을 즐겁고 평화롭게 살아가는 방법이 무엇인지 눈앞에 그려진다. 그 해답은 바로 내 안에 숨어 있었던 것이다. 그것을 난 이번 기회를 통해 발견해 냈고, 깨달음의 기쁨에 환희의 미소를 짓고 있다. 장애라는 나의 신체적 불능이 나에게 기회가 될 순 있어도 어두운 장막으로 내 미래를 덮을 순 없다. 나의 일부분인 장애도 기꺼이 존중받아야 하며 더 멀리 도약할 수 있는 디딤돌로서 기능화할 것이다. 생각을 바꾸면 모든 것이 바뀐다는 말을 실감하겠다. 나는 아직 젊다. 앞으로 남은 인생에 어떠한 역경과 고통이 발을 걸어올지 모른다. 그런 순간마다 좌절하고 절망할 것이 분명하지만 그것만으로 포기하지는 않을 것이다. 내가 존재하지 않으면 이 세상이 무슨 의미가 있으랴. 나를 존중하지 않고 사랑하지 않는데 그 누굴 존중하고 사랑할 수 있으랴.

나를 사랑하자.

나를 존중하자.

이것이 내 삶에 있어 표어가 될 것 같다. (김재경, 2001)

고민하는 대학생의 '나다움'

사람이 살아가는 데 중요한 것은 '왜 사는가?'란 질문을 해결하는 일과 함께 '어떻게 사느냐?' 하는 문제라고 생각한다. 하지만 '현대'라는 문명화 시대 속에 살고 있는 우리는 '어떻게 사느냐?'라는 것에 대해 생각하지 않는다. 20여 년 남짓 교육을 받고 지내왔지만 숫자와 암기 위주 속에 익숙해 왔고, 그것이 모든 것들에 대한 척도로 당연하게 여겨 온 우리는 자신이 무엇을 위해 살아가는지 혼란스럽고 흥행하는 일시적 잣대에 의존하면서 살아가는 것이 일상화되어 있다. 개인의 내면적인 가치나 생활관을 뒷전에 밀어 두고 외적인 모습으로 자신의 만족을 찾고 남을 평가하는 것이 일반화되어 있다. 또 만연되어 있는 현상 중 하나는 방관하고 구경하는 데만 익숙해 있지, 실제로 활동에 참여하려고 하지 않는다는 점이다. 책을 읽지만 사색이 없는 독서, 아니 독서보다는 쉽게 접할 수 있는 방송매체에서 얻은 피상적인 것들로 인생을 모두 설명해 버리는 것이 일상화되어 버렸다. 주체적으로 자신이 뭔가를 만들어 내려고 하는 힘든 노력보다는 군중 속에 파묻혀 자신을 잊어버린 채 방관하는 아웃사이더로서의 행동에 그치고 만다.

인간의 본질과 가치를 탐구하고 추구해 왔던 옛 선인들과 비교하면, 요즈음 세태는 '인간성의 변질과 타락' 바로 그것이 아닐까. 이승과 저승의 갈림길에 서 있다면 어떤 잣대로 자신의 인생을 평가할까? 현재 그리고 지난 세월에 이룩해 놓은 자신의 부와 명예만으로 충분할까? 어느 날 갑자기 그러한 것들이 허망하고 부질없게 느껴질 때 어떤 모습으로 다시 일어설 수 있을까? 텅 비어 있는 마음으로 번지르르하게 둘러 쓴 자신의 모습은 '속 빈 강정' 일 수밖에 없다. 하나밖에 없는 나의 생명에 대해 얼마만큼의 가치와 의미를 부여할 수 있을까? 이 시대, 나의 삶의 현장에서 내 모습이 어떻게 비추어지고 있으며 어떻게 내면화되어 있는가에 대해 한 번쯤 돌이켜 보는 일이 필요하다.

나는 이번 과제에서 처음으로 자존감이라는 단어를 생각해 보았다. 평소에는 별로 중요하게 생각한 단어는 아니었지만 책을 읽으면서 우리의 생활에 이것이 얼마나 소중하고 중요한 말인지를 깨달았다. 나도 그렇듯이, 사람은 누구나 자기 자신을 무엇에 비교할 수 없는 중요한 존재로 알고, 그러한 자기 자신에 의미를 부여하고자 한다. 왜냐하면 이 세상에 존재하는 그 어느 것도 자기 자신보다 더 중요하고 더 의미 있는 것이 없기 때문이다.

'나는 누구인가?'라고 자문자답을 해 본다. 사람은 누구나 그 나름대로의 자신에 대한 중요성과 한 인간으로서의 존엄성을 가지고 있다. 이러한 자신에 대한 의미와 존엄성은 한 개인에게 심리적 생존감을 갖게 하고 심리적 생존감은 삶 전체에 활력소를 불어넣어 준다. 자신에 대한 자신감과 자신의 역할에 대해 확신하는 것이 있다면 그 생활 자체가 얼마나 기쁘겠는가!

'나를 존중하는 삶'을 두 가지로 나눌 수 있다. 하나는 인생에서 주체가 되는 자신을 되돌아보고 객관적인 눈을 가지면서 타인을 존중하듯, 자신 또한 이해하고 그대로의 모습으로 인정해야 한다는 것이다. 또 다른 하나는 타인은 뒤로 제쳐 두고 자기존중을 넘어선 자기착각(?)이라고나 할까, 그런 우월감 속에서 자신의 잣대로 자신을 위한 삶만 추구하는 경우다. 자기존중에 있어서 항상 두 가지가 서로 공존하며 자신의 주관적인 잣대와 객관적인 잣대로 갈등하면서 살아간다. 그러나 바른 자기인식을 바탕으로 자존감의 뜻에 충실한 삶이 중요하다.

자기존중의 조건은 자신에 대한 근본적인 변혁과 참된 혁명에 대한 의지라고 생각한다. 그것은 새로운 가치관으로의 변혁이다. 이를 위해 자기 자신을 이해하는 일이 선행되어야 한다. '있는 그대로'의 자신을 알지 못한다면 바로 그것은 자신에 대한 사고의 기반이 사라진 셈이며 이것 없는 자기 변혁도 있을 수 없다. 우리는 대체로 항상 불만에 차 있으며 그 상태에서 급격한 변화가 따르기를 바라고 있지만, 결국 자신에 대한 장기적인 변혁은 덮어 둔 채 눈앞에 보인 조그마한 성과물로 위안을 삼고 그 불만을 쉽사리 털어 버리고 마는 경우가 많다. 예를 들어, 우리에게 어떤 불만이 있을 때 이에 대해 합리적이고 계획적인 접근보다는, 우회적인 방법으로 해결하거나 우연히 마주치는 환경에 순응해 버리고 만다. 그래서 그 불만에 대한 전체적인 의미를 발견해 보려는 의지도, 열의도 사라져 버리고 만다.

자기에 대한 철저한 인식을 한다면, 타인에게 의존하여 자신을 맡길 수 없을 것이다. 그것은 전적으로 자신에 대한 탐구심을 가지고 진솔한 비판을 통해 스스로 발견해야 할 부분이다. 자신에 대한 진정한 이해는 자신을 더없이 소중하고 중요한 존재로 인식하게 한다. 우리가 자신의 마음과 가치를 진실로 신뢰한다면, 그리고 우리 스스로가 내적인 안정감을 가지고 있다면 우리에게 열려 있는 세계에 대해 정면으로 도전하고 적절히 대응할 수 있을 것이다. 이를 통해 무언가를 성취하도록 자극받고 노력을 하여 얻은 성과에 대해 스스로 보람을 느낄 수 있을 것이다. 반면에, 자신에 대해 얼버무리고 있다면 외부세계에 대한 두려움을 갖게 되고, 소극적이 되며, 결국 그것은 자기 퇴보를 초래한다. 이런 상태에서는 자신에 대해 만족스럽지 못한 존재라는 헤아릴 수 없는 감각, 창피함과 죄의식, 일반화된 자기 불신 또는 무력감으로 인한 고통 등 자신의 생각에 지배되고 있는 것이다. 가장 중요한 것은 주위에 아무리 친하고 사랑을 베푸는 이가 있다 할지라도 어느 누구도 자신을 바로 볼 수 없다는 점이다.

'있는 그대로'의 자신의 모습을 알려면 자신의 바른 변화에 민첩함이 필요하다. 사람은 항상 그대로의 모습을 지니고 있기보다는 끊임없이 자신을 변화시키며 발전시키려고 한다. 따라서 어떤 양식에 구속시키기보다는 새로운 경험이나 세계에 부딪쳐서 자신의 새로운 모습에 감탄하기도 하고 때론 좌절하기도 한다. 즉, 자신을 알아 가는 과정 속에서 겪는 하나의 통과의례라고나 할까. 도전과 갈등, 성취와 좌절, 성취에 대한 희열과 함께 실패에 대한 좌절감 그리고 극복을 위한 새로운 출발 등을 경험하게 된다. 이 과정 중에 자신에 대한 심한 고통이나 절망에 빠졌을 경우 지금까지 형성되었다고 믿었던 정체감이 한꺼번에 무너질 수도 있다. 이때 모든 요소들을 한꺼번에 연관시키기보다는 정확하게 관련된 부분의 문제를 찾아서 고민하여 정확한 수정을 가해야 할 것이다. 그 궤도 수정 과정에, 지금까지 해 온 자기인식의 틀이 높으면 높을수록, 즉 자존감의 형성이 탄탄하면 할수록 실패 후에도 자신을 빨리 일으켜 세울 수 있고, 그렇게 할 수 있으면 더욱더 새롭게 시작할 활력과 에너지, 용기가 발동된다. 그러므로 자존감은 우리가 생존하기 위해, 환경을 더욱더 성공적으로 관리하기 위해 그리고 우리의 의식을 적절히 활용하기 위해 필요한 것이다.

의식이란 자동적으로, 본능적으로 이루어지는 것이 아니라 매 순간마다 자신이 선택하는 것이다. 자의식의 선택에 따라 의식을 찾고, 이를 이해할 수 있으며, 능동적으로 그것을 피하게 할 수도 있고 또는 생각하게 할 수도 있고, 생각하지 못하게도 할 수 있다. 또는 이 선택이 합리적일 수도 있고, 비합리적일 수도 있는 문제다. 따라서 이 의식은 우리가 세상을 이해하는 수단이고, 사물을 추론

하고 관계를 파악하여 우리의 삶과 안녕을 지탱해 가는 데 필요한 것이다. 올바른 의식을 기르고 자신을 정확하게 알기 위해서라면, 실제의 모습과 먼 다른 것을 상상한다든지, 자신에 대한 허상을 믿어서는 안 된다. 예를 들어, 내가 탐욕스럽고 질투심이 강하고 난폭한 인간일 경우, 비폭력이나 무탐욕이라는 이상적 생각을 갖는 것만으로는 가치가 없다. 그러나 내가 탐욕한다든가 난폭한 인간이라는 것을 알고, 그것을 이해하기 위해서는 무엇보다도 받아들일 수 있는 자신에 대한 예민하고 민첩한 지각력이 필요하다. 뿐만 아니라 자기에 대하여 정직해야 하며 명석하게 사고할 수 있는 능력이 있어야 한다. 이에 반해, 있는 그대로의 것을 받아들이지 못하고 과시적인 어떤 결과를 보이기 위해 그리고 무리한 목표를 추구하는 것은 자신으로부터 도피이며 무책임한 행동이 되고 만다. 사실 그것은 자신의 내면에 자리하고 있는 진실한 자신에 대한 두려움의 결과일 수도 있다.

예로부터 자신을 아는 것이 가장 힘든 일이며 가장 근본적인 일이라 했다. 사람들은 보통 자신에게는 관대하며 타인에게는 인색하지만, 이는 자신을 알고자 하는 두려움보다는 우둔함에서 기인한 것이거나, 아니면 도피 행각에 가까운 행동이다. 자신에게 엄격하고 강한 자가 남에게도 가장 떳떳할 수 있으며 자신감이 더욱 빛을 받을 수 있다는 점을 명심해야 한다. 그러므로 자신에 대한 깊은 이해를 바탕으로 하면 자연스럽게 자존감을 기를 수 있는 것이다.

자존감이란 ① 우리 자신에게 생명이 있고, 생각하는 능력이 있으며 인생살이에서 만나게 되는 기본적인 역경에 맞서 이겨 낼 수 있는 능력이 있다는 자신에 대한 믿음이며, ② 우리 스스로가 가치 있는 존재임을 느끼고 필요한 것과 원하는 것을 주장할 자격이 있으며 자신의 노력으로 얻은 결과를 즐길 수 있는 권리를 가지며 또 스스로 행복해질 수 있다고 믿는 것이다. 이는 모든 가치와 중심은 자기 자신으로부터 비롯되므로 자신을 믿고 사랑하며 삶의 세계에 자신감 있게 살아가고자 하는 신념이다. 자존감과 비슷한 말들로 자기인식, 자기애, 자아존중, 자아정체감 등의 용어를 들 수 있을 것이다. 자기애는 말 그대로 자기의 가치를 높이고 싶은 욕망에서 생기는 자기에 대한 사랑을 의미하고, 자아존중은 자기를 높이고 중히 여김을 뜻한다. 또 자아 정체감 역시 자신의 본래의 형체, 본체를 뜻한다. 이를 종합해 보면 자기 자신을 자각하여 객관적으로 분별하고 판단할 수 있는 능력을 길러 자신에 대한 가치를 높이고 발전시켜야 된다는 것으로 요약할 수 있다. 이는 자존감의 정의와 유사하게 통하는 것으로 보아 예전부터 인간은 자신에 대한 충족감과 만족을 위해 자신의 정체를 두려움과 호기심으로 접근해 왔음을 알 수 있다.

지금까지 살펴본 자기이해를 통한 자존감의 정의와 성취를 바탕으로 한 예를 들어보고자 한다. A는 중학교 1학년 때 갑작스러운 교통사고로 부모님을 잃게 되었다. 그 교통사고는 정치적, 사회적으로 큰 혼란을 일으킨 사건이어서 무척 크게 이슈화되었다. A는 이제껏 차분하고 내성적인 성격을 지니고 있었지만 이 충격적인 사건으로 인해 조금씩 자신의 마음을 조절하면서 변화의 필요성을 인식하기 시작했다. 남들 앞에서는 자신의 약한 모습을 보이지 않으려 했고, 항상 자기 일에 적극적으로 책임감을 가지고 추진하려고 노력했다. 그래서 어느 누구 앞에서도 떳떳하고 당당해지려 했기 때문에 주위의 사람들은 A가 그런 환경 속에서 자란 줄은 전혀 생각하지도 못했다. A는 자신의 처지를 비하하지 않고 그 위치에서 자신의 목표를 생각하며 행복하게 느꼈다.

만약 A가 그런 고통과 충격 속에 묻혀 버렸다고 가정해 보자. 우선 갑작스러운 사고가 사회적인 비리와 혼란 속에 일어났으므로 사회에 대한 인식이 불신과 불만으로 가득 찰 것이다. 거기에 비추어 모든 사물과 현상을 비관적인 시각으로 부정할 것이며 자신에 대해 부담감과 한탄으로 영원히 그 굴레에서 벗어나지 못할지도 모르는 일이다. 한 가지 현상에 대해 이 두 가지 경우는 엄청난 결과를 야기한다. 자신에 대한 관점이 자신의 인생 전체를 완전히 다르게 만드는 것이다. 이것은 어느 누가 옆에서 지시하고 설득한다고 해서 달라질 수 있는 일이 아니다. 단지 자신이 자신의 삶의 현장에서 스스로 대처하고자 하는 의지와 신념에 따른 결과일 뿐이다.

이 두 가지 경우는 삶을 다하는 순간까지 완전히 다를 것이다. 전자는 평생 자기 삶에 대해 자신감을 가지고 행복하게 받아들이며 만족의 웃음을 지을 것이지만, 후자는 불만으로 가득 차 짜증과 비관으로 인생을 마감할 것이다. 자기를 사랑하는 자, 그리고 그 힘으로 자신을 개혁시킬 수 있으며 그대로를 인정할 수 있는 자세가 아름답지 않은가! 우리는 간혹 우리의 역할이 어떠한 외부의 환경에 의해서 결정된다거나 형성된다는 생각을 할 수 있는데 이는 어긋난 생각이다. 주변 환경은 자아 형성에 좋은 영향을 줄 수도 있고, 악영향을 줄 수도 있다. 자신의 의미와 생존감은 자기 자신을 인정하는 정도를 나타내는 자존감에 의해 변화되는데, 자존감을 긍정적으로 가질 때 현실을 긍정적으로 보며 생산적이고 적응하는 삶을 영위할 수 있다. 이와 반대로 부정적일 때 비생산적이고 부적응하는 삶을 살게 된다. 이렇게 사람은 자존감에 의해 삶의 상당한 부분이 결정된다.

사람을 다른 동물들과 구별하게 하는 중요한 요소 중의 하나는 자아인식이라 할 수 있다. 이와 같은 자아인식은 한 인간으로서의 주체를 형성해 가는 능력이다. 사람은 자신이 누구이고, 무엇을 하고, 어디로 가고 있느냐를 규정하고 또 그 자신을 긍정적으로 생각할지 부정적으로 생각할지를 결정할 수 있는 능력을 가지고 있다. 자존감은 스스로를 어떻게 생각하고 있으며, 또 자신을 스스로 어떻게 평가하고 있는가 하는 문제에 관계된다. 자신이 자신을 '어떻게 보느냐'에 관한 문제는 그 자체에서만 매듭지어지는 것이 아니라 여러 가지 후속되는 행동들에 크게 그리고 지속적으로 영향을 받는다.

삶의 전 과정에서 자기 자신을 긍정적으로 보고 자신이 누군가에 대해서 '나는 누구다.'라고 자신 있게 말할 수 있는 자존감을 갖는 것은 그 삶 자체를 풍요롭게 해 준다. 이와 같은 것은 그 개인의 행동을 적극적으로 만들며 사회에 긍정적으로 적응하는 힘 있는 자세가 나올 수 있다. 이때 그의 삶은 생산적이고 사회에 유익한 의미를 주는 모습으로 나타날 것이다. 이와 반대로, 사람이 자신을 스스로 거부할 때, 혹은 비하할 때는 자신도 모르게 갖고 있던 여러 가지 자기 형성 요소들을 스스로 격하시키고, 그 격하로 인해 여러 가지 행동을 부정적인 방향으로 향하게 만들 수 있다. 사람이 자기 자신에 대한 판단에서 그 자신을 거부하는 것은 상당한 고통을 줄 수 있다. 그 고통은 한 개인의 가능성을 극소화시키고 자신에 대한 신념을 악화시키고 합리화라는 심리적 방어를 통해 자기를 미화하는 결과를 낳을 수 있다.

실례로 나는 교회에서 아동부를 가르치고 있는데, 이 아이들을 가르치면서 나는 많은 것을 느끼고 있다. 10여 명 남짓한 아이들을 지도하면서 낮 동안에 충분하게 지도하지 못한 것을 저녁에 전화로 하거나 편지를 쓰면서 아이들의 심리를 자세히 파악하고 지도하려고 노력했다. 그러한 행동들이 '나'를 새롭게 만들어 가는 데에 많은 도움이 되고 있다는 것을 지난 3년간의 경험으로 알게 되었다. 하루는 아이들과 그림 그리기를 하는 중인데, 나의 선입견인지는 모르겠으나 대개 여자아이들은 여러 가지 색깔을 써서 그림을 아름답게 표현하려고 했다. 반면 남자아이들은 그저 자신들이 나타내고자 하는 것만 나타내려고 하기 때문인지 그다지 신경 써서 그리려 하지 않았다. 남자아이 중 한 명은 그림 전체를 검정색으로 칠하고 있었다. 그 아이가 그린 것은 자신이 꿈꾸는 그런 세상이라는데 온통 검은 로봇, 검은 나무, 검은 건물, 검은 사람……. 처음에는 나도 잘 몰라서 섬뜩한 느낌이 들었다. 아이에게 왜 검은색으로 그리느냐고 물었는데, 그 아이의 답을 듣고 더욱 놀랐다. 이 아이의 가정 환경이 불우해서 그러했던지 부모와 형제들은 이 어린아이에게 실망감과 자신의 미래에 대한 불확실성만 가져다준 것이다. 아이는 "선생님, 엄마가 저한테 바보 같고 아무것도 알지 못하는 나쁜 자식이래요……. 그리고 공부도 못하고……." 아이는 볼멘 목소리로 말을 했다. 1년 전의 기억이지만 나에게 너무나도 큰 충격이었다. 가족의 그러한 말과 행동들이 아이의 꿈을 빼앗고 감정마저 망쳐 버렸다는 사실 때문이었다. 부모가 자신을 긍정적으로 보느냐 부정적으로 보느냐에 따라 자녀를 좋게 볼 수도 있고 나쁘게 볼 수도 있으며, 그러한 생각은 아이의 삶의 방향에 큰 영향을 끼친다. 아직 그 아이가 다 자란 것은 아니었지만 나는 그런 생각이 들었다. 한 인간으로 태어나 자신의 삶을 통제하는 것은 자신에게 있다는 사실을 알면서도 우리는 자신을 긍정적인 선상에 놓느냐 아니면 부정적인 선상에 놓느냐 하는 갈등에 부딪치며, 사회적으로는 건전함과 불건전함을 만드는 일과 관계된다.

긍정적인 삶과 부정적인 삶 중에서 어느 것을 택할 것인가에 대한 대답은 분명하다. 어느 누구도 부정적인 삶을 원치 않을 것이다. 그러나 알게 모르게 우리가 부정적 삶의 방향으로 가는 것을 볼 수 있다. 이러한 위치에 놓여 있는 자신을 어떻게 할 것인가에 대한 대답에서 그냥 그런 대로 삶을 영위하는 방식이 있고 부정적인 방향에서 긍정적인 방향으로 삶을 전환시키려고 하는 노력을 할 수도 있다. 우리는 자기 자신에 대한 그러한 부정적인 사고를 긍정적인 사고로 변화시킬 수 있는 노력이 필요하다. 그러한 부정적인 인식과 느낌들이 긍정적인 방향으로 전환될 때, 그 영향은 점차 확대되는 자유의 감정과 함께 우리 삶의 모든 부분에 파고들어 삶 자체가 긍정적이고 생산적으로 변화할 수 있다.

과제를 하면서, 지금까지 내가 알고 있던 개념들을 약간이나마 다시 생각할 수 있게 되었다. 몇 가지를 정리해서 나열해 보면 다음과 같다. 우선 우리는 삶이란 것을 깨닫고, 책임 있게, 성실히 살아가면서 자존감을 얻는다. 이 속에서 얻을 높은 자존감을 가진 사람은 자신의 의식에 의지하며 용의주도하게 매사를 이끌어 나간다. 그들은 행동을 할 때 자신의 주위와 자신을 지각하고, 목표와 목적에 관련성이 있는지 분별하면서 행동한다. 두 번째로 자존감을 알게 되면 어려움을 당했을 때 지속적으로 알아내려 하고, 좌절하더라도 문제를 해결하려고 애쓰며, 이를 해결하기 위한 기술과 방법을 익히려 애쓰는 '유능한 의지'를 알게 된다. 이는 문제가 생겼을 때 자신의 무기력을 부인하거나 부정하는 것이 아니라 단지 오래 머무르지 않고 현재의 역경을 뛰어넘을 수 있는 의지적 의식을 의미하는 것이다. 세 번째로 자존감은 주어지는 것이 아니라 노력하여 획득하는 것으로서 독자적으로 키워 나가는 것이다. 의도와 목적을 분명히 하여 사실 있는 그대로를 존중하고, 실존을 깨달아 의식을 높여야 한다. 네 번째로는 자기 긍정을 들 수 있다. 자존감을 찾는 사람은 자기 긍정을 하는 사람이며 자신에 관한 사실, 즉 우리 존재의 실체를 받아들이고 존중한다. 이는 계속적으로 책임감을 가지고 변화를 추구하면서 궁극적으로 나는 살아 있으며 의식이 있다는 사실에서 비롯되는 자기에 대한 가치 인식과 자기 실현을 추구하는 것을 말한다. 즉, 자존감은 성실히 책임감을 가지고 삶의 현장 속에서 자기 긍정을 통해 독자적으로 자신을 있는 그대로 존중하며 키워 나가는 것이다.

자존감이 낮을 때는 인생의 역경에 직면했을 때 복원력이 줄어든다. 자존감이 낮은 사람은 자존감을 만회할 수 있는 현실 앞에서 무너져 버리기 쉽다. 그는 기쁨을 즐기기보다는 고통을 피하려는 욕구가 더 많다. 적극적인 것보다 소극적인 것이 그에게 더 큰 힘으로 작용한다. 자존감이 높은 사람은 자신에 대해 신뢰하므로 행할 만한 가치가 있는 것으로 느껴질 때에 행동을 실천에 옮긴다.

자존감이 높은 사람들은 선택과 행동에 많은 자유를 누린다. 이런 사람은 삶에 대한 개인적인 지배감을 즐기며, 미래는 일시적인 생각이나 환경 또는 과거의 사건들에 의해서 결정되는 것이 아니라 자기 자신에게 달려 있다고 믿는다. 이러한 해방감과 지배감 때문에 자존감이 높은 사람은 인생에서 매우 많은 선택을 하며 그가 하고자 하는 것은 뭐든지 할 수 있다고 믿는다. 또한 이들은 창조적인 사고를 한다. 이들은 사회적, 문화적인 제약에 순응하거나 수동적인 적용을 피한다. 그래서 새로운 도전, 자극을 추구하는 삶을 즐기며 창조적인 생산을 해낸다. 건전하고 긍정적인 삶을 위해서는 자존감을 높일 필요가 있다.

자존감의 가치는 엄청나다. 자신의 생각과 정신적인 발전을 신뢰하며 그것을 통해 의사결정을 할 수 있고 성공에 대한 확신 또한 얻을 수 있다고 본다. 어쩌면 평생 동안 깨닫지 못하고 생을 마감할 수도 있는 문제다. 하지만 그렇다고 해서 주저앉을 수는 없다. 나 자신을 안다는 것은 어렵긴 하지만 미흡한 힘이나마 나를 지켜 줄 수 있는 나만의 수호자이기 때문이다. 적어도 자신을 알아 가고자 하는 마음과 의지만 지니고 있다면, 어떤 철학자나 위대한 사상가 못지않게 자신에게 철저하고 투철한 인식을 할 수 있다. 오히려 그런 사람들이 더 위대한 사상가들보다 더 큰 인물이 아닐까? 요즘은 모든 것이 돈으로 대변되는 사회다. 그러나 사람들의 가치, 인격을 바라보는 눈이 필요할 때다. 자존감, 나 자신을 잘 아는 사람이 남과 건전한 협동관계를 만들어 갈 수 있을 것이다.

이번 과제를 하면서 다시 한 번 나를 돌아보면서 새로운 다짐을 할 수 있는 기회가 된 것 같아 너무나 흐뭇하다. 미흡하지만 평소에 내가 생각했던 점들을 정리하면서 새로운 인생관을 배울 수 있

었고 앞으로 내 삶에 커다란 영향을 줄 것 같다. (성지민, 1998)

40대 여성이 겪는 '나다움'

어린 시절 장래희망을 물어보면 대통령부터 시작하여, 의사, 판사 순으로 대답을 나열하며, 이러한 단편적인 직업세계를 통해 미래의 삶이 펼쳐지는 줄 알았었다. 지금은 물론 세태가 변해 어린 아이들의 가치관도 변하여 프로게이머, 탤런트, 가수, 스포츠, 스타, 자동차 정비공 등 여러 가지 직업세계를 통해 자신의 꿈을 이루고 싶어 하는 것을 보며 아이들에게 그만큼 다양한 진로가 계발되어 있음을 느낀다. 구체적이고 실현 가능한 인생의 목표 설정이 아이들에게 더 큰 힘을 줄 것이라는 생각을 해 보기도 한다. 다양한 모습과 다양한 삶의 형식이 고르게 존중받아야 할 것이다. 다양한 사람들이 각자의 일을 하면서도 서로 도움을 주고받으며 살아가고 있음을 문득 깨달으면서 삶 자체에 대한 감사를 느낀다. 특히 나는 환경미화원 아저씨들을 보면 마음속으로 숙연함을 느낀다. 그분들이 계시지 않는 거리나 환경을 생각하면 끔찍하다. 더욱이 나는 그 일을 할 수 없으므로 그분들의 희생이 매우 값진 것으로 보인다.

『나다움 어떻게 찾을까!』를 읽으면서, 어언 40대에 접어든 한 여인이, 자신의 생애를 객관적인 입장에서 바라보고 진정으로 성찰하는 시간을 갖게 되었다. 책을 한 장 한 장 넘기며 글을 읽을 때 가슴 깊은 곳에서 나오는 심호흡을 통해 마음 깊숙이 자리해 있는 나의 자존감이 실타래 풀리듯 풀려 나와, 나의 삶을 바른 방향으로 정리시켜 주는 듯했다. 자존감의 뜻을 알게 되면서 나의 내면에서 꿈틀대고 용솟음치는 용기와 환희와 희열을 느꼈다. 그것은 나 자신의 삶에 대한 가능성을 이제라도 찾을 수 있을 것이라는 희망을 갖게 해 준 것이다. 큰 것은 아니지만 그것이 미미한 것일지라도 나에게서 사라지지 않고 아직 살아 숨쉬고 있는 자아의 싹을 찾게 해 준 것이다. 이보다 더 큰 희열이 어디에 또 있었을까!

우리나라의 교육이 초, 중, 고, 대학까지 교과목의 점수로만 사람을 평가하듯, 사회생활에 첫발을 내딛고 일을 시작하여 죽을 때까지, '당신은 무엇을 하고 있느냐?'란 일상적인 질문에 자신의 직업을 말하면서 그것에 따라 평가받고 대접을 받고 살아가는 것이 우리의 현실이다. 어떤 사회적 모임에 나가면 가끔 내 자신이 초라하게 느껴질 때가 있다. '직업이 무엇이냐'고 물으면 우물쭈물하면서 주부라고 대답을 한다. 내가 여자로 태어나서 다행이지 남자로 태어났다면 지금의 내 모습을 내 스스로 감당하지 못해 비관하고 자살하거나, 알코올 중독자가 되어 신세를 한탄하고 있을지도 모를 일이다. 그러나 여자로 태어났기 때문에 지금껏 처한 상황에 안주하여 자식을 키우고 남편 밥해 주며 뒷바라지하는 것이 내 사명이라고 합리화하면서 살아가고 있다. 돌이켜 보면 새롭게 도전하여 자신만의 꿈을 갖는 일은 나로부터 먼 것이다. 새로운 인생의 길을 접어 버리고 살아온 지 오래다.

지금은 맞벌이 시대가 되어, 여자도 능력이 있어야 대접을 받는 시대가 되었으나, 내가 결혼할 때에는 직업을 가진 여성이 많지 않았고, 자식 낳아 잘 기르면서 가정을 잘 돌볼 수 있는 현모양처가 되는 길이 혼기에 있는 여성들의 유일한 꿈이었다. 그러나 막상 자녀가 성장함에 따라, 여가시간을 갖게 되면서 무엇인가 새로운 일을 찾아보고 싶고, 그로부터 또 보람도 느끼고 싶었다. 몇 년 전에 여유시간이 있어 자원봉사활동을 하러 재가복지센터에 가서 일대일 자매결연을 맺고 몇 차례 봉사활동을 했으나 한계에 부딪쳤다. 교통편이 좋지 않아 택시를 타고 가야 했고, 가난하고 늙으신 할머니를 뵐 때에 마치 내 부모님을 뵈는 것 같아 빈손으로 갈 수가 없었기 때문에 한 차례 봉사활동을 나가기 위해서는 적어도 5천 원에서 만 원 정도의 돈을 써야 했으므로 오래 지속하기가 어려웠다. 돈을 벌어 딸 학원비에 보태면 더 좋을 나의 가정 형편을 생각하고 좋은 일도 맘대로 할 수 없는 처지 때문에 그만 포기하고 말았다. 이제는 큰딸이 중학생이 되니 사교육비가 버거워, 다른 직장 여성들처럼 경제적으로 가정에 보탬을 줄 수 있는 일을 찾아야 하는 게 아닌가 고민이 된다.

부과된 숙제를 끝내기 위해 책을 읽으면서 나의 자존감의 수준을 가정이란 테두리에서 검토해 보았다. 비교적 집에서는 살림도 깔끔이 잘하고 음식도 맛있게 잘한다고 가족들로부터 평을 받고 있고, 또 남편이 나에게 그렇게 큰 불만은 없고 딸들이 그런 대로 좋은 성적을 얻고 있으므로 나 자신의 자존감에 대한 점수를 매긴다면 상당히 후하게 줄 수 있을 것 같다.

그러나 결혼하기 전보다 아기를 낳고 몸무게가 12kg이나 더 늘었고 재작년보다 올해 들어서 6kg이 더 늘었더니 딸들의 구박이 여간 아니다. 다른 엄마들처럼 직장에 다니면 용돈도 주고, 예쁜 옷도 사 줄 수 있는데, 아빠 혼자 돈을 벌기 때문에 우리 가정이 여유 있게 생활하지 못한다는 초등학교 6학년짜리 딸의 말이 나의 자존감을 위축시키기도 한다. 그러나 우리들 나름대로 지금껏 주어진 본분에 최선을 다하여 가정을 꾸리고 살았건만, '돈'을 성공과 행복의 유일한 기준으로 삼는 자본주의 원리가 정신적 가치 규범을 점점 무너뜨리고 있다. 더구나 며칠 전 20대 청년들이 몇 백만 원의 카드 빚 때문에 여성을 여섯 명이나 죽이고, 암매장하고, 주검을 차에 태워 다닌 끔찍한 보도는 몇몇 소수 젊은이들의 우발적인 일탈 행위라고 하기에는 너무나 큰 사건이었다. '엽기'에 도착된 사회의 전반적 현상을 보면서 내가 당한 일이 아니니 다행이라고만 할 수 있을까?

나는 대형 백화점이나 유명메이커 매장에 가는 것을 참 싫어한다. 어쩌다 친구들과 어울려 떠밀리듯이 그런 곳에 동행할 때면 난 그 자리가 어색하고 가시방석에 앉은 것처럼 불편함을 느낀다. 비싼 물건 값 때문에 감히 접근할 수 없는 물건 앞에서 내가 작아짐을 느낀다. 내 모습이 한없이 초라해진다.

아직도 남에게 보이기 위해 겉만 번지르르하게 다듬으면 그만인가? 속은 썩고 곪아 터지고 악취를 풍겨도 얼굴에 분칠하고 화려한 치장을 하면 멋진 고객으로 대접받는 우리의 소비문화가 이러한 처지를 만드는 것 같아 씁쓸함을 느낄 때가 많다. 이런 생각을 하면서도 어느새 나도 돈을 성공과 행복의 유일한 기준으로 여기며, 스스로 부족하다고 여긴다. 아니, 다른 사람들에 대해서도 은연중에 그런 눈으로 바라보고 평가하고 있는 나의 잘못된 행동과 가치기준을 발견하게 된다.

자존감의 참된 의미를 알게 되면서, 비뚤어진 잣대로 나를 짓밟아 버린 나의 왜곡된 사고방식과 습관을 버리라고 내부로부터 나에게 명령하고 있다. 우리는 어느 가정에서 태어났느냐, 돈이 얼마나 있느냐, 명성을 가지고 있느냐, 외모가 어떠냐, 직업이 뭐냐 등으로 자신의 위상을 과시하려고 하고, 남에 비해 낮다고 생각되면 괜히 기가 죽기도 한다. 그 사람의 내면에 있는 의식이나 책임감, 성실성, 진실성에 따라 사람의 됨됨이를 바라보는 것이 아닌 것 같다. 우리의 생활 속에서 무심코 받아들여지는 일상적인 편견과 차별로 인해 나의 인생이 평가받고 있으며, 또 그러한 일상적인 가치기준에 따라 나 스스로도 평가받기 위해서 가식적인 행동을 할 때가 많다. 우리 사회에는 아직도 일상생활에 차별이 많이 남아 있다. 외모, 나이, 인종, 성, 장애 여부 등으로 차별을 하는 의식을 부정할 수 없다.

사람의 가치가 외모, 나이, 인종에 따라 확정된다. 결혼 등 사생활 영역뿐 아니라 취업, 승진 등 직장생활 전반을 좌우하는 '숨은 손'이 되어 왔다. 직무 능력과 관계없이 키가 작고 뚱뚱하여 눈에 거슬린다는 등의 얼굴과 체형 때문에 취업 시험 면접에서 불이익을 보는 것이 당연시되어 있지 않은가! 실력을 잘 갖추어도 결혼이나 취업을 하기 위해서는 성형수술과 지방제거수술 등으로 외모를 꾸미는 것이 유행처럼 되어 버렸다. 아르바이트로 돈을 벌어서라도 성형수술을 하여 예쁜 얼굴과 날씬한 몸매를 만들어 보겠다는 생각들이 많다. 방송이나 광고 등의 대중매체가 '외모 중시 풍조'를 더욱 부추기는 거대한 이데올로기 생산기구가 되고 있는 것 같다. 특히 '외모 중시 풍조'는 성형미남, 성형미녀를 양산하고 있고, 일상생활에서도, 집(두 딸)에서도 중년 여성인 나에게 반듯한 외모를 요구하는 세상이 되어 있다. 이러한 추세를 바로잡아 보기 위해

안티미스코리아 대회가 열리기까지 하지 않는가!

아파서 죽어 가는 환자가 돈이 없어 적절한 치료를 받을 수 없고 '돈 없고 배경 없으면 입원도 할 수 없다.'라는 생명 경시 풍조를 생각하면 설움과 울분이 북받쳐 오른다. 많은 여성들이 선글라스를 쓴 채 중형 자가용을 몰고 시내를 활주하는 모습도 곱게 보이지 않는다. 요즘 세계적 보급 속도를 자랑하는 휴대전화 열기가 보여 주듯, 마음대로 아무 데서나 자기만의 편리에 따라, 다른 사람에게 피해를 끼치든 말든, 나만 좋으면 된다는 식의 행동……. 또 부모가 경제적 어려움으로 압박을 받든 말든, 남들이 하는 것처럼 흉내내기 위해, 자신의 욕구 충동을 만족시키기 위해 부모를 압박하는 젊은 세대의 가치관을 보면, 세태를 비관하지 않을 수 없다. 이렇게 종종 먹거리를 편식하듯 사람의 얼굴색이나 신체적 특징, 겉에 드러난 행동만으로 사람들을 평가하고 차별하는 것이 일상화되어 있고, 그러한 피상적 기준을 달성하면서 스스로 잘나고 옳고 똑똑한 것처럼 거드름을 피우고 살아가는 사람들이 많아 보인다.

그런데 '건전한 자존감을 가진 사람들은 자신을 타인보다 우월한 존재로 만들려고 애쓰지 않으며, 일상적이고 피상적인 기준에 비추어 자신들의 가치를 증명하려 하지 않는다.'는 책의 내용을 읽으며, 나는 많은 것을 깨달았다. 예전에 어릿광대와 같은 서커스 단원들의 공연을 보면서 그들의 분장한 모습 속에 숨어 있는 참된 '그 자신의 모습'을 만나고 싶은 감정이 이는 때가 있었다. 노래와 춤으로 관객들을 즐겁게 해 주는 그들은 누구로부터 진정 위로와 기쁨을 받을 수 있을까? 조금이나마 그들을 위로한답시고 힘찬 박수로 나의 따뜻한 마음을 표현했던 어설픈 나의 몸짓이 생각나 코웃음을 짓게 한다. 늦게나마 나이를 먹으며 진정으로 행복해진다는 것은 남의 잣대가 아니라 각자의 입장과 처지에서 자신에게 맞는 잣대로 찾을 수 있다는 것을 깨달은 셈이다. 이것은 나에게 큰 힘이 아닐 수 없다. 이제 나는 비로소 자존감의 참된 뜻을 알게 되었으며, '나다움'이 무엇인가를 어렴풋이 찾을 수 있는 계기를 만난 것이다.

나 나름대로 정리해 본 자존감이란, 자신이 나름대로의 능력을 지니고 있고, 한 인간으로서 가치 있는 존재이며, 자신의 기준에 따라 성공을 만들 수 있으므로 소중한 존재라고 믿는 것이며, 나 자신의 가치와 중요성을 정당하게 평가하고, 나 자신을 내가 책임지고 당당하고 떳떳하게 행동하는 성향을 지니는 상태다. 이 사실을 머릿속에 명확하게 기억해 두어야 한다. 진정한 자존감은 외부 환경에 의해 형성되는 것이 아니라, 내 자신이 의지적인 선택을 할 수 있도록 했을 때에 길러지는 것임을 명심 또 명심해야 한다. 이제껏 나의 내면적 삶에 융화되어 있지 않은 '차용한 가치 기준'으로 얻은 자부심이나 과시욕을 완벽하게 버리는 삶을 살도록 노력해야 할 과제를 부여받은 셈이다. 자신의 능력으로 자신이 주체가 되어 능동적인 행위로써 자신에 직면해 있는 어려운 일들을 느끼고 찾아 자신의 에너지를 활용하여 이를 스스로 극복할 수 있는 능력과 권리를 내가 가지고 있다는 것을 깨닫게 해 주었다. 또한 내 인생에 관한 전적인 책임을 내 자신이 떠맡아야 한다는 것을 깨달았다. 내 자아가 지속적으로 성장하고 변화, 창조되면서 나 자신의 관리인으로서 또 주인으로서 내 속마음으로 접근하면서 정서적으로나 정신적으로나 자유로우며, 사람들을 긍정적으로 바라보며,

각자의 입장에서 평가받아야 한다는 깨달음이 실천될 수 있도록 하겠다.

'진정한 자존감에 이르는 데에는 어떠한 지름길도 없다. 그것은 다른 사람이 생각하고 느끼는 것이 아니라, 내가 내 자신에 대해 생각하고 느껴야 하며 진정으로 내 자신에게서 얻게 되는 믿음이라는 것'을 알아야 한다. 많은 고생 끝에 세계 골프 최고의 무대에 오른 최경주 선수가 어려운 집안 형편에도 굴하지 않고 꿋꿋하게 오직 정상의 한순간만을 생각하며 달려온 것은 최경주 선수의 내면에 훌륭한 자존감이 자리했기 때문에 가능한 것이었으리라. 그동안 뒷바라지도 제대로 하지 못해 영광 뒤에 있는 아들의 고생만큼이나 마음이 무겁다는 최 선수 부모님의 소감과 감격의 눈물은 나에게 무척 감동적이었다. 사람들은 흔히 부모를 잘못 만나 고생하고 출세하지 못한다고 한다. 돈이 많은 집의 자식은 많은 투자를 받아 성공하고, 배후 권력이나 재력이 있어야 좋은 자리에 앉을 수 있다는 말로 신세를 한탄하며 자신을 비하하기도 한다. 자신의 노력이 부족해서, 그리고 자신의 실수나 잘못된 생각과 행동을 반성하는 대신에 자신의 실패를 전부 부모 탓으로 돌리는 사람도 있다. 심지어 부모는 부모 노릇을 제대로 못해서 자식이 출세하지 못했다는 생각으로 죄의식을 가지고 살아가는 경우가 많다. 치열한 경쟁 생활 속에서 자신의 참모습을 찾을 여유를 갖지 못하는 우리 아이들에게 자신의 참모습을 인식하고 능동적으로 어려운 일들을 자신의 에너지로 경험하며 이를 극복할 수 있는 능력을 키워 주는 것이 부모의 소임이라고 생각하면서 어른으로서의 책임감을 통감하게 되었다. '자신에게 정직함'이 자존감의 원천이다. 중요한 것은

'자기신뢰감'을 키워 주는 것이다. 끊임없이 있는 그대로의 나의 모습을 받아들일 수 있도록 자기를 인정하는 것을 먼저 배우도록 자녀를 가르쳐야 한다. 송사리, 피라미, 미꾸라지 등을 벗 삼아 퐁퐁 솟아나 흘러내리는 냇물에서 뛰어다니며 놀고 자연 속에서 어우러졌던 옛 우리네 숭고하고 존엄한 삶의 배움과 가르침과는 달리, 콘크리트 벽 속에 갇혀 길들여져 가는 도시인들의 인공적인 환경에서 자라는 오늘날 우리 아이들에게, 자신이 독립적인 인간으로서 무엇이 옳고 그른지 판단하는 양심의 작은 싹이 마음속에서 돋아나게 하기 위해 자존감의 소중함을 깨닫게 해 주는 것이 엄마의 몫임을 잘 알게 되었다.

나는 사회에서 소외되고 고통당하는 장애인들을 사랑하겠노라고 특수교육대학원을 진학했다. 자아정체감이 튼튼하고 건강하지 않고서 어찌 장애인을 진정 사랑할 수 있겠는가? 타인보다 자신을 우월한 존재로 알고 행하는 행위가 진정한 사랑일 수 없으며, 우월감으로는 자신을 참되게 만족시킬 수 없다. 이 깨우침을 가슴속에 간직하며, 어느 순간이라도 나의 선택과 행동을 인정하고 책임지며, 자신의 행동에 대해 긍정적으로 인식하고, 내 스스로 행복을 느끼고 사람들과 서로 신뢰하고 평화롭게 지내며, 타인에게 호의적인 마음으로 접근하여 협동과 공통 관심사를 만들어 내고 합의에 도달하여 서로를 존경하고 이웃과 더불어 살아가는 나의 삶을 만들어 나가겠다. 이기심과 시장경쟁적 가치관으로 인간을 상품화하는 현상을 한탄만 할 일이 아니라 적극적으로 이를 막아 내는 일역을 담당하도록 최선을 다하는 나를 만들어 보겠다.

우리 사회에서 40대는 '위기에 흔들리는 남자, 흔들리는 여자'

가 되기 쉽다는 말을 접한 적이 있다. 청소년 시기를 질풍노도의 시기라 말하듯, 매우 어지럽고, 혼란스러운 가치의 위기에 놓인 세대가 바로 40의 나이라는 말이다. 나도 예외일 수 없기에, '건전한 자존감'을 구축하는 일은 세상의 풍랑에 흔들리면서도 살아나려고 울부짖는 고통과 신음의 외침에서, 진정한 구원의 원천으로서 내게 다가온 것이다. (이현정, 2002)

진정한 나다움

한 소녀가 고통스러운 표정과 울음 섞인 목소리를 내며 끊임없이 운동장을 뛰고 있었다. 숨이 턱까지 차오르는 고통보다도 더욱 더 극심한 아픔을 주었던 것은 소녀의 머릿속과 가슴속을 휘저어 놓는 가시 같은 비난의 목소리였다.

'너 같은 존재는 이 세상에 없어도 돼!'
'넌 도대체 왜 태어난 거니?'
'넌 왜 항상 그 모양이니?'
'넌 이 세상에서 가장 초라하고 불쌍한 존재야.'
'난 네가 정말 싫어!'

끊임없이 쏟아지는 그 비난의 목소리는 다름 아닌 그녀 자신이 그녀를 향해 외치는 말이었다. 그녀 스스로도 그녀의 생각과 의식에 무엇인가 문제가 있다는 것을 인식하고 있었지만 해결 방안이 떠오르지 않아 고통 속에 몸부림치며 몸이 지칠 때까지 계속 운동장을 뛰기만 했다. 이 모습은 불과 몇 년 전의 나의 모습이다. 『나다움 어떻게 찾을까!』라는 책을 접하면서 순간적으로 나의 머리를 스치고 지나갔던 장면은 나다움을 잃어버리고 부정적인 나의 모습에 갇혀 버린 과거의 나의 모습이었다. 그때의 경험과 기억은 지금 이 순간의 나의 모습을 만들어 준 하나의 과정이기도 했지만 잠시 동안이라도 그때의 나로 돌아가는 것은 여전히 가슴 한 구석을 쓸어내리는 아픔, 바로 그것이었다.

가끔 "선생님, 요즘 들어 죽고 싶을 때가 많아요. 제가 왜 태어난 건지 왜 살아야 하는지 모르겠어요."라고 상담을 요청해 오는 아이들을 바라볼 때면 뭐라고 표현할 수 없는 안타까움과 답답한 감정들이 뒤섞여 마음이 어려워지는 경우가 많다. 또래의 친구들과 어울릴 때면 어김없이 발랄하고 생기 넘치는 중학생의 모습이지만 부모님, 친구, 형제들과의 관계 속에서 벗어난 그 학생의 모습은 마치 희망과 즐거움, 기쁨을 잃고 절망과 좌절, 고통 가운데 있는 것만 같았다. 결손가정의 학생도 아니었고 경제적 상황이 열악한 가정의 학생도 아니었으며 학업 성적이 부진하거나 그 학생만이 내세울 수 있는 능력도 전혀 없는 것이 아니었다. 이것은 비단 이 학생만이 가지고 있는 문제는 아닐 것이다. 세상이라는 공간 속에서 '인간'이라는 칭호를 부여받은 존재라면 대부분 자기 자신의 내면의 모습과 가치에 대해 여러 번 고민을 해 보았을 것이다. 자기 자신에 대해 느끼는 감정, 느낌, 인식, 사고의 표현들은 그것이 긍정적이든 부정적이든 그 사람의 내면과 인격 형성에, 더 나아가 그 사람의 인생 자체를 결정지을 수 있는 매우 중요한 요소들이다. 그렇다면 여기서 '나다움이란 무엇인가?' 다시 말해, 책에서 언급하고 있는 자존감에 대해 알아보도록 하자.

'나다움'이란 개인적으로 간략하게 정의를 내려 보자면 '나'에 대한 올바르고 정확한 인식이라고 생각한다. '나'에 대한 올바르고 정확한 인식이란 자존감이라는 용어로 설명할 수 있는데 책에서 제시한 뜻을 정리해 보면 다음과 같다. 나는 한 인간으로 살아갈 수 있는 생명을 지니고 있고, 나 자신이 한 인간으로서 가치 있는 존재임을 느끼며, 나는 한 인간으로 생각하는 능력을 가지고 있고, 나는 인생을 살아가면서 부딪치는 여러 가지 크고 작은 어려움과 낯선 역경을 이겨 낼 수 있는 기본적인 능력을 가지고 있으며, 내가 필요로 한 것과 원한 것을 표현하고 주장할 수 있는 자격이 있다고 믿고, 나 자신이 필요로 하는 것과 원하는 것을 적극적으로 시도할 수 있는 능력과 자격을 지니고 있다고 믿고 이를 실행할 수 있으며, 그렇게 실행한 일로부터 어떤 성과를 내가 얻어 낼 수 있고, 노력하여 얻어 낸 성과를 즐길 수 있는 권리를 내가 가지고 있다고 믿으며, 그러한 결과들을 스스로 즐김으로써 내가 행복을 얻을 수 있고 행복하게 살아갈 수 있다고 믿는 것이다.

그렇다면 자존감이란 어떠한 면에서 중요한가? 왜 우리는 자존감의 의미와 중요성에 대해 알아야 하는 것일까? 이 물음에 대한 대답에 나는 이런 표현을 쓰고 싶다. '학생이 없는 학교와 사랑이 없는 교사, 송곳니가 없는 드라큘라와 간이 없는 토끼가 과연 이 세상에서 살아남을 수 있을 것인가?'라고 말이다. 하나의 생명이 어머니의 몸으로부터 나와 세상 빛을 보는 순간, 그리고 아이에서 소년으로, 소년에서 어른으로 성장하기까지 자존감이란 한 인간의 삶의 방향과 목적을 가르쳐 주며 나아가 식주의를 포함한 생존활동, 가정에서 학교, 사회에 이르기까지의 모든 활동들 속에서 가장 기초가 되는 요소가 된다.

예를 들어 보자. 여기 한 마리의 호랑이가 있다. 이 호랑이는 자기 자신을 호랑이라고 인식하지 못하는 동물이다. 온몸이 털로 뒤덮인 자신의 모습을 인정하기 싫고 사납게 번뜩이는 송곳니도 마음에 들지 않아 돌에 부딪혀 깨뜨려 버렸다. 날카롭게 드러난 발톱은 콤플렉스인 양 늘 움켜쥐고 다니며 권위와 위엄을 상징하는 머리부터 미간 사이에 그려진 '왕(王)' 자의 털 문양은 가장 감추고 싶은 부분이라 숲 속에 버려진 검정색 비닐봉지를 머리에 쓰고 다닌다. 무엇보다 호랑이는 자신의 가치와 능력을 알지 못하고 늘 숨어 다니며 토끼를 비롯한 사냥감에 접근조차 하지 못하며 다른 동물이 먹다 남긴 먹이만을 전전긍긍하며 찾아다닌다. 이 호랑이는 자신이 비참하게 살아가고 있다는 것을 자기 자신에게서 찾지 못하고 언제나 자신을 둘러싼 환경과 상황만을 탓하게 된다. '난 왜 호랑이로 태어났을까? 난 토끼같이 연약한 동물들을 살인하고 싶지 않은데……. 내 몸은 왜 온통 털로 뒤덮여 있을까? 내 이빨은 왜 이리도 보기 싫게 생겼을까?'

과연 이 동물이 진정 호랑이인가? 이 호랑이의 생명력은 언제까지 유지될 것인가? 인간도 역시 마찬가지다. 우리 모두 마찬가지다. 진정한 나다움, 자존감이 없이는 인간으로 태어나 마땅히 인간답게 살아갈 수 있는 모든 기회를 얻을 수 없으며 인간으로서 누릴 수 있는 자유와 행복까지도 잃어버릴 것이다. 지금 이 사회는 진정한 나다움을 왜곡하는 현상이 빗발치고 있다. 이성을 지닌 생명체라는 사실로 인간은 충분히 귀하고 값진 존재다. 저마다 각기 다른 특성과 능력을 지니고 태어나는 인간에게는 어떠한 명확한 기준으로도 냉철한 평가와 판단을 내릴 수 없다. 하지만 지금의 사회는 눈에 보이는 가시적인 기준을 세워 사람을 평가하고 판단한다. 외모, 경제적 능력, 사회적 지위, 학벌, 가문 등 육체의 눈과 마음을 즐겁게 해 주는 것들에 최우선의 가치, 절대적 가치를 부여하고 있다. 나 역시 몇 년 전 눈에 보이는 가시적인 것들에 나 자신을 내려놓고 저울질을 하기 시작했다. 세상 사람들이 다투어 추구하는 것이 한낱 가식적인 허울이라고 판단하는 순간 삶의 의미가 무가치해졌으며 나 자신이 선택하고 행동할 수 있는 의지조차도 잃어버리곤 했다. 이러한 모든 좌절의 책임을 나 자신이 아닌 나를 둘러싼 가정 환경, 사회에 돌리려 했다. 나는 목적 없이 방황하며 같은 자리만 맴도는, 마치 커다란 나무 기둥에 매여 있는 밧줄을 허리에 묶은 채 그 주위를 돌고 있는 것만 같았다.

내 자신의 가치와 능력을 부인함으로써 무엇인가에 도전하는 것에 대해 두려움을 가지게 되었고 어떠한 일을 결정하고 주도적으로 이끌어 나가기보다 다른 사람의 의견에 의존하여 나의 삶이 다른 누군가에게 끌려다니고 있다는 느낌을 자주 가지게 되었다. 내 나름대로 생각할 수 있는 능력과 느낌이 있고 이를 실현시킬 권리가 있음에도 불구하고, 부당한 것에 대해 주장할 수 있는 자격마저도 스스로 포기하기 일쑤였다. 나다움은, 진정한 나다움은 사회가 마련한 기준에 의해 좌지우지되는 것이 아니다. 시간, 환경, 상황, 조건이 달라져도 절대로 변하지 않는 절대적인 가치가 있다. 우리의 부모님들이 나이가 들고 몸이 쇠약해지고 사회적, 경제적 지위와 힘이 없어졌다고 해서 손쉽게 버릴 수 있는 퇴물처럼 취급을 한다는 것은 생각만 해도 소름이 돋는 치욕적인 모습이다. 어찌하여 인간이라는 존재가 여러 가지의 상황과 조건에 따라 그 가치가 변하고 달라질 수가 있겠는가. 자존감이 상실될 경우에는 주어진 현실을 객관적으로 인식하지 못하고 늘 부정적인 생각으로 일관하여 자기 자신뿐만 아니라 다른 이의 삶까지도 해칠 수 있으며 자신의 감정을 늘 억압하여 자신의 감정에 솔직하지 못하고 타인과의 인간관계 속에서도 신뢰를 형성하지 못해 피상적인 관계 속에서만 머물러 있기 쉽다. 또한 과거의 경험 속에서 현재의 삶을 수정해 나가고 미래의 삶을 준비하기보다 과거의 경험과 기억 속에 갇혀서 현재를 부정하고 미래까지도 부정적으로 판단한다. 문제가 발생했을 때에는 그 문제를 해결해 나가기보다 자신과의 연관성을 부정하고 숨거나 피하기 쉽고 다른 사람들이 쉽게 인정해 줄 수 있는 외면적인 능력과 가치들에 대해서만 중요성을 갖고 또한 자신도 그러한 기준으로 사람을 판단하거나 평가한다.

이번 과제를 통해 생각해 보았던 것은 '과연 나는 진정한 나다움을 찾았을까? 아니 찾아가는 중일까?' 에 대한 의문이었다. 몇 년 전의 나에 비하면 많이 건강해졌다고 느끼는 나로서는 그에 대한 대답은 난 여전히 진행 중이라는 사실이다. 나는 이런 생각을 해 보았다. 이 세상에서 '진정한 나다움'을 찾은 사람들은 과연 몇이나 될까? 역사적으로 위대한 업적을 남기고, 후세에게 존경과 찬사를 받고 있는 링컨과 같은 위인도 '진정한 나다움'을 찾은 사람이었을까? 이에 대한 해답은 물론 난 모른다. 하지만 분명한 것은 이 땅에 살고 있는 수많은 사람들, 진정한 나다움을 찾아가고 또 알기 위해 달리기를 멈추지 않는 사람들이 분명히 존재하고 있다는 사실이다. 오늘도 삶이라는 명제 앞에서 투쟁 중인 사람들이여! 당신들이 진정한 나다움의 승리자가 될 것이다! (김호연, 2005)

학교 성적 그리고 나다움과 너다움

가을이다. 차를 타고 시외를 갈 때면 주위에 벼들이 점점 노랗게 익어 가고 있다. 봄에 뿌린 볍씨들이 다 자라 드디어 수확을 앞두고 있다. 그렇다. '벼' 다움이 이루어진 것이다. 자연의 섭리와 더불어 농부들의 피와 땀 그리고 벼의 본성이 그것을 이룩해 낸 것이다. 모든 만물이 이와 같다. 물론 인간도 마찬가지다. 정도의 차이는 있겠지만 누구나가 그들 나름대로 성장해 나간다. 그러나 수확하고 나면 벼에도 등급이 나누어지듯이 인간의 경우에도 비슷한 현상이 나타난다. 물론 유전적인 영향도 있겠지만 환경적인 영향이 매우 크다. 저마다의 기준이 다르기 때문에 인간을 등급으로 나눈다는 것은 말이 되지 않겠지만 우리 사회에서는 '인간의 서열'을 일상으로 받아들인다. 성공 가치 척도에는 재화, 명예, 권력 등이 포함된다. 그렇다 보니까 누구나가 그러한 것들을 위해서 달려가게 되었다. 특히나 우리 사회에서는 직업의 귀천 정도가 심하다 보니 개개인들의 개성은 무시되기 쉽다. 좁은 땅에 인구는 많아서 서로의 경쟁이 치열해지다 보니 가장 소중하고 중요한 일임을 망각한 채 자기 자신의 모습을 돌아볼 여유가 없는 것이다. 학교교육도 이와 입장이 같다. 학생 한 명 한 명을 중요시하는 게 아니라 학생들 간에 경쟁을 부추기고 서로를 비교하여 그 가운데 뒤처지는 학생들을 폄하한다. 교육자들이 그러할진대 그 밑에서 배우는 학생들이 올바른 생각, 자신에 대한 긍정적인 마음을 갖기란 힘든 일이다. 학생들에게 가장 필요한 것은 자기 자신에 대한 자기다움의 정립이다.

몇 년 동안 학원이나 과외를 통해 학생들을 가르치면서 느낀 점이 있다. 공부를 잘하는 학생, 못하는 학생, 이런 식으로 구분 짓다 보니 잘하는 학생은 잘하는 학생 나름대로, 못하는 학생은 또 그들 나름대로 초점이 공부에만 맞춰져 있다는 것이었다. 내가 어린 시절 그렇게 그 시절을 보내 왔던 것을 안타깝게 생각해 왔기 때문에 그들에게 수업 중 시간을 내서 학생들 자신에 대해 이야기해 보자고 제안했다. 하지만 그렇게 어린 학생들임에도 불구하고 자기 자신에 대해 자신의 생각을 이야기하는 것 자체를 두려워했다. 무엇인가 정답을 찾으려 했고 질문자가 원하는 대답이 무엇인지에 대해 궁금해했다. 그 모습이 너무나도 안타까웠다. 난 어렸을 때에 '2등은 지는 것이야.'라는 말을 늘 들으면서 자라 왔다. 물론 내 자신이 지는 것을 싫어하기도 했었지만 그런 말도 분명 영향을 준 것 같다. 그리고 내가 그것을 이루어 낼 수 있는 환경 또한 충분했다. 그렇지만 점점 그런 상황에 익숙해짐에 따라 더 높은 곳을 바라보았고 나보다 못한 내 또래아이들을 보면 답답할 뿐이었다. 그러다 보니 그들을 점점 무시하게 되었고, 결국 정점에 서게 된 순간 실수를 용납하지 않는 독재자가 되었다. 그것이 초등학교 시절이었다. 그러나 어떤 계기로 인해 나와는 다른 부분에서 최고인 친구를 보았다. 소위 '날라리'라 불리는 부류의 친구였다. 그 세계의 묘한 충동에 의해서 점점 그 길을 혼자 걸어가기 시작했다. 물론 그쪽 세계에서는 내가 생각하고 있던 가치는 전혀 중요하지 않았다. 내가 무시했던 아이들에게 내가 무시받기 시작했던 것이다. 이런 것들을 경험하다 어느 날 이런 물음에 도달하게 되었다. '내가 왜 존재할까?' '나란 누구일까?' '어떤 것이 진정한 나일까?' '과연 나는 무엇을 하고자 하는 것일까?' 이러한 많은 질문들이었다. 이 물음들에 대해 지금까지 정확한 답을 내리지는 못했다. 아마도 답은 없을 것이다. 그냥 있는 그대로 현실을 수용하고 받아들이면서 나를 알아가고 있는 것이다.

『나다움 어떻게 찾을까!』를 읽으면서 내 생각이 결코 잘못되지 않았음을 알게 되었다. 하지만 내가 생각하지 못했던 부분들, 자칫 잘못하면 한 방향으로만 흘러갈 뻔 했었던 내 자신의 존중감, 가치감에 대해 깨닫게 되었다. 자존감이란, 간단히 말하자면 자기 자신을 사랑하는 것이다. 자존감은 서로 밀접하게 관계되어 있는 두 가지 요소로 구성되어 있다. 자신이 행복해질 가치가 있다고 믿는 자기가치감과 삶을 이끌어 나가면서 겪는 여러 가지 일에 대한 기본적인 자신감, 자기능력감이다. 자기 자신이 행복해질 가치가 있다고 생각하는 것은 자신을 존중하고 있다는 증거다. 자신을 중요하게 여기면 타인도 존중할 수 있다. 자기가치감이 자신에게만 국한된다고 생각해서는 올바른 결론이 되지 않는다. 내가 소중한 만큼 남도 소중하므로 서로를 존중할 줄 알아야 한다.

요즘 우리 젊은 층의 세태를 바라보면 저마다의 개성이 강하다. 그러나 그 개성의 표출이 잘못된 방법으로 나타나기도 한다. 남들에게 피해를 주는 행위는 올바른 것이 아닌데, 그들의 자기가치감이 자신의 방향에서만 머물기 때문에 그러한 이기적인 행동이 이루어지지 않나 생각한다. 결국 자기가치감이란 타인과 내가 별개의 개체가 아니라 동일한 사람들이며 함께 살아가고 독립된 개체로서 서로 존중하고 협동하면서 살아가는 존재라는 것을 인식하는 것을 말한다. 자기능력감은 살아가면서 부딪히는 크고 작은 문제를 해결할 수 있는 기본적인 능력이 나에게 있다고 믿는 것이라 했다. 절대 완벽한 능력이 아니라 기본적인 능력이다. 실수는 누구나가 할 수 있는 것이다. 실수 없이 완벽하게 일을 하거나 목표에 도달할 수 있다면야 좋겠지만 인간인지라 실수를 하는 것이다. 실수를 해 나가면서 점점 완성되어 가는 것인데 우리 학교교육에서는 그러한 사실을 망각하고 있다. 잘하는 학생에게 집중된 교육 때문에 그렇지 못한 다수의 학생들에게 좋지 않은 영향을 끼치고 있는 것이다. 그들에게도 '나는 못해!' '그래. 못하는 것이 당연해!' '해봤자 되지도 않을 일이야!' 이런 생각을 하게 하는 것보다는 '이래서 안 됐으니 이번에는 다르게 해 볼까?' 하는 식의 발상의 전환을 하도록 도와주어야 한다. 그리하여 자기 능력으로 이루어 낸 성과를 즐길 수 있도록 해야 한다.

이러한 자기능력감의 체험이 없이는 자신감이 생길 수가 없다. 즉, 자기가치감이 형성되지 못하므로 늘 부정적인 결과만을 예측하고 점점 소극적인 현상과 행동을 보이게 된다. 그러나 자기능력감의 체험이 반복되다 보면 자신의 능력에 대한 믿음이 생기고 그것은 자기가치감으로 이어지는 것이다. 그렇다면 이러한 것들이 바탕이 되는 자존감은 어떻게 형성시켜야 할까? 일단 '자신에 대한 신념'과 '자신의 현실에 대한 신념'이 필요하다. 이것을 중심으로 하여 의식적으로 자신의 삶을 이끌어 갈 일관된 행동, 자신의 모든 것을 있는 그대로 수용하며 자신의 행위에 대해서 스스로 책임을 지며 자신의 느낌과 필요를 적절하게 주장하고 목적을 가지고 삶을 꾸려 가며 성실하게 삶을 이끌어 나가는 행동을 한다면 자존감을 높일 수 있을 것이다. 때가 되면 나도 결혼을 하고 아빠가 되어 양육을 할 것이다. 부모들의 가장 큰 목표는 아마도 자녀가 인격체로서 자라 성공하기를 바라는 것일 거다. 물론 나도 같은 것을 바랄 것이다.

언젠가 텔레비전 교양 프로그램에서 서양과 우리의 자녀교육을 비교해서 보여 준 적이 있다. 관심 있게 지켜보다 굉장히 놀랐던 부분이 있었다. 아이들에게 그림을 그려 오라는 숙제를 내 주는 상황이었다. 우리 어머니들은 아이들이 스스로 그림을 그려 나가는 것을 바라보는 게 아니라 그림을 그리고 있는 아이에게, '이건 이렇게 그려야 한다.'는 식으로 아이들이 그리는 그림 하나하나를 지시하고 고쳐 주었다. 이런 점은 두 가지 면에서 비교육적이라고 생각했다. 하나는 아이들의 자율성을 무시하고 있다는 점이며, 또 다른 하나는 어른들의 고정관념이나 편견을 암암리에 심어 줌으로써 결국 아이가 창의성을 발휘할 기회를 박탈한다는 점이다.

어릴 때부터 자율성을 길러 주면 자기 자신의 '나다움'을 찾는 데 도움이 될 것이다. 그리고 많은 부모들은 '벌'을 '칭찬'보다 많이 사용한다. 벌은 부정적인 작용을 초래한다. 아이들을 위축시키며 그로 인해 자연스러운 행동을 피하게 한다. 그렇지만 칭찬은 긍정적인 힘을 가지고 있다. 자기능력감의 형성에도 좋은 작용을 한다. 어릴 때부터 칭찬을 받고 자란 사람은 남에게도 칭찬을 자연스럽게 할 수 있고, 또 칭찬받는 것에 대해서도 어색함이 없다. 그러한 반면 벌을 많이 받거나 '하지 마라.'라는 '금지어'를 많이 들으며 자란 사람은 벌에 익숙하고 칭찬에 익숙하지 않게 된다. 긍정적인 삶의 자세를 가지고 자기능력감과 자기가치감을 높이는 데 매우 중요한 역할을 하는 것은 긍정적인 생각을 유도하는 칭찬이다.

또 다른 중요한 것은 자녀를 부모 마음대로 하려는 생각을 갖지 않아야 한다는 것이다. 아이를 그냥 아이의 모습 그대로 수용하고 받아들여야 하는 것이다. 부모와 자녀 간의 차이를 인정하고 수용한다면 건전한 자존감을 형성하는 데 있어서 큰 밑거름이 될 것이다. 나는 보통의 대학생보다 꽤나 늦은 나이에 대학교에 들어왔다. 가르치는 일에 대한 즐거움과 보람을 알면서, 그것이 내가 가야 할 길임을 알면서도 사회 통념에 이끌려 이 길을 돌아오게 된 것이다. 그런데 정작 교사가 되고자 한발 한발 내딛을 때마다 쉽지 않음을 느낀다. 내가 나다움을 찾지 못했음일까?

아이들을 내 자신의 기준으로 자꾸 바라보려 하고 있다. 학생들을 그 모습 그대로 수용해야 하는데 그렇지 못하고 있다. 책에서도 학교교육의 가장 큰 목적은 학생들 개개인의 나다움을 찾게 해 주는 것이라 하고 있다. 맞는 말이다. 성적은 한 인간을 판단하는 데 있어서 한 가지 방법일 뿐이다. 그것이 전부가 아니다. 그러나 학생들에게 나다움을 찾게 해 주기 위해서는 교사 자신이 먼저 건전한 자존감을 가져야 한다. 그리고 교사 입장에서 학생들을 신뢰할 수 있어야 한다. 교사와 학생이 가장 자주, 오래 만나는 장소는 교실이다. 그러므로 교실의 분위기를 건전하게 만들어야 한다. 그리고 또한 학생의 인격적 권위를 존중해야 한다. 언젠가 과외를 할 때 학생이 굉장히 화가 난 채로 온 적이 있다. 평소에도 종종 그들의 이야기를 잘 들어 주고 했던 나였기에 그 학생은 그날 학교에서 일어난 일에 대해 이야기했다. 사건은 담임선생님과의 상담 중에 일어난 일이었다.

서로 대화가 오고 가던 중에 담임선생님이 "쌍놈 집안의 자식이니 당연하지. 넌 그럴 수밖에 없구나!"라는 말을 하셨다는 것이었다. 그러면서 학생은 나에게 그런 말을 하는 선생님은 절대 되지 말아 달라고 부탁하는 것이다. 충격이었다. 선생이란 사람이 다른 사람도 아닌 자기 반 학생에게 그런 말을 할 수 있을까. 물론 그 학생도 그전에 자신이 했던 잘못에 대해 인정은 했으나 그런 말을 들을 정도는 아니었다. 이 일을 계기로 느낀 바가 컸다. 아이들도 자신들의 인격적인 대우를 원하고, 또한 선생님들도 학생들의 인격적 권리를 지켜줘야 한다는 것이었다. 이런 모든 것은 우선 교사 자신의 자존감의 결여도 있지만 학생의 인격적 권리를 완전히 무시한 데서 나타난 결과다.

또한 학급에는 정의와 공정성이 필요하고, 자율적 규율이 필요하다. 선생님 혼자 정하는 규칙이 아닌 학생들이 자율적으로 정하는 규율이 필요하다. 그것에 의해 학생들은 자존감을 형성하고 높여 갈 수 있다. 그리고 마지막으로 교사는 학생의 감정을 이해해야 한다. 나중에 내가 교사가 되었을 때 가장 중요하게 생각하고 싶은 부분이다. 학생이 실수를 했을 때 반응하는 교사의 모습은 학생의 미래의 삶에 영향을 미칠 수 있다. 학생이 수치심을 느낄 정도로 심한 말을 한다거나 체벌을 하는 것과 자애로운 마음으로 학생을 감화시키는 것은 굉장히 큰 차이가 있다. 물론 전자가 행동을 교정하는 데 언뜻 쉽고 빠르다고 볼 수 있지만 내면적인 부분으로 보자면 부정적인 부분이 더 클 것이다. 교사가 목표인 나는 이 책을 읽고 느낀 점이 많다. 남을 가르치려면 일단 내가 모범이 되어야 한다는 점을 다시 한 번 깨닫게 되었다. 또한 중단했던 '나다움 찾기'를 다시 시작하기로 했다. 어쩌면 나다움이란 것은 평생에 걸쳐서 해야 할 일일지 모른다.

내 학생들 한 명 한 명에게 최선을 다해 나갈 것이다. 그러한 모습이 '나다움'에 가까이 다가가는 것이라고 생각한다. 그래서 자존감이 높은 사람들로 구성된 사회가 되면 좋겠다. 그러한 사회의 구성원들은 정의롭고 건전한 사회를 만들 수 있을 것이다. 마지막으로 이 책을 계기로 잊고 지낸 내 모습 찾기와 앞으로 내가 어떤 모습으로 살아갈지 결정하게 도움을 주신 교수님께 정말 감사드린다. (강민석, 2008)

한 교사의 회한과 나다움 찾기

교직에 몸을 담았던 초기, 아이들이 일으켰던 문제들과 달리 급격한 사회 변화와 더불어 아이들의 문제는 좀 더 다양하고 복잡한 양상을 띠고 있다. 경제적으로는 더욱 풍족한 생활을 하고 있지만 정신적으로는 황폐해져 가기만 하는 듯하다. 요사이 매사에 의욕을 갖지 못하고 무기력한 아이들이 부쩍 눈에 띈다. 그들은 미래에 대한 꿈도 희망도 갖고 있지 않으며, 현재 하고 싶은 것도 없고 자신의 존재 의미를 부정하기까지 한다. 이런 아이들을 대하노라면 내 자신조차 무기력해짐을 느낀다. 그래서 가끔은 내 인내심의 한계를 느끼며 이 아이들에게 내밀었던 손을 슬그머니 거두기도 했다.

아이들을 가르치는 일을 직업으로 선택한 지 벌써 10년을 훌쩍 넘어선다. 어린 시절에는 어린 우리보다 막강한 힘을 가진 듯 보였던 선생님의 모습을 동경했고, 고등학교 시절 사범대학 입학을 선택했을 때는 몇몇 선생님들에 대한 실망감으로 나는 좀 더 근사하고 좋은 교사가 되리라는 다짐을 하며 이 길을 택했었다. 초임 발령을 받으면서 했던 많은 다짐들은 이제 많이 희미해져 버렸다. 또 아이들과 함께 지내며 의욕적으로 시도했던 많은 일들도 꽤 오래전의 기억으로 사라진 듯하다. 나뿐만 아니라 주변의 선생님들도 아이들을 가르치는 데 있어 많은 어려움을 호소하고 있다. 어떤 선생님은 얼마 남지 않은 교직생활에 지쳐 서둘러 마무리를 짓는 경우도 있다. 나 또한 아이들과 함께 하는 시간이 즐겁지만은 않다. 그런데 언제부터인가 그 원인을 아이들에게서만 찾고 아이들만 탓하는 내 모습을 발견한다. 정말 아이들만이 문제였던 것일까? 내 자신의 문제를 아이들 탓으로만 돌리고 있는 건 아닐까?

작년 내가 담임했던 반의 한 아이에 대한 이야기다. 그 아이는 반 실장을 맡게 되었고 자연히 담임이었던 나는 그 아이가 실장으로서 여러 가지 일들에 대한 책임감 있는 일 처리를 기대했었다. 하지만 내가 걸었던 기대는 시간이 지날수록 실망으로 다가왔고 그때마다 그 아이는 나에게 책임감에 대한 질책을 들어야 했다. 한 해를 마무리할 즈음 담임과 실장으로서 이야기하는 과정에서 문득 아이는 "저는 책임감 없는 아이잖아요."라는 말을 내뱉었다. 순간 망치로 뒤통수를 얻어맞은 듯 한동안 멍한 상태에 빠졌다. 내가 이 어린아이에게 도대체 무슨 짓을 한 건가. 나는 아이를 있는 그대로 받아들이고 지지하여 자신감을 갖고 더 나은 삶을 살 수 있도록 도와주는 교사였어야 했는데, 아이에게 절망감만 안겨 주고 그를 정말 책임감이 없는 아이로 만들지 않았나 하는 생각에 아이의 눈을 똑바로 볼 수가 없었다. 그래도 다행인 것은 학년이 바뀌어 중학교의 마지막을 보내고 있는 아이가 학교생활을 잘해 나가고 있어 마음의 부담은 덜 수 있었지만 지금도 그 아이와 마주칠 때면 그때가 떠올라 참 많이 미안하게 생각했고 스스로 자괴감을 감출 수가 없었다.

『나다움 어떻게 찾을까!』의 저자는 학교교육의 궁극적 목표가 '나다움' 찾기라고 이야기하고 있다. 학교는 학생들에게 삶에서 타인을 존중하고 사랑하고 함께 할 수 있는 태도가 중요하다는 것을 자연스럽게 터득할 수 있도록 해 주어야 한다고 강조한다. 학교교육에서 학생 한 사람 한 사람을 자신의 소중함을 알고 이를 존중할 수 있는 사람으로 기르는 것이 무엇보다 가장 우선시된다면, 학생이 스스로 나의 생명과 몸과 인격의 소중함을 깨닫고 그에 따라 자연스럽게 타인의 생명과 인격의 소중함을 인식하며 타인을 존중하고 함께 살아가는 방법을 터득함으로써 더불어 살아갈 수 있는 공동체 의식을 갖게 될 것이라고 한다. 또한 교사의 자존감이 중요하며 교사 자신이 건전하고 긍정적인 자존감을 지닐 때 학생들에게도 자연스럽게 자존감이 형성된다고 말하고 있다. 반면 자존감이 부족한 교사는 체벌을 일삼고 권위적인 경향이 있어 학생들에게 공포와 방어 심리만을 길러 주고 결국 학생을 수동적이고 의존적인 인물로 만들게 되며, 타인의 찬성이나 인정에 과도하게 이끌리는 경향을 보이고 학생의 행동을 이해하는 인내심도 부족할 뿐만 아니라 현실에 안주하는 경향을 띠며 학급을 운영함에 있어 학생들을 조소하거나 비난하거나 자기를 비하하는 말을 서슴지 않거나 거친 말들을 스스럼없이 사용한다고 한다. 또한 학생의 장점보다 단점에 더 관심을 기울이고, 학생들을 순종적이고 복종적인 사람이 되도록 강요하여 결국 학생들에게 두려운 마음과 방어적인 행동을 갖게 하고 독자적인 판단이나 창의적인 활동을 키워 주지 못하게 된다고 한다.

인정하기는 싫지만 위의 많은 부분은 놀랍게도 내가 자존감이 낮은 교사라고 말해 주고 있다. 학교교육에서 교사는 학생에게 지대한 영향을 미치는 사람이다. 많은 이들이 학창 시절 잠시 함께 했던 선생님으로 인해 인생의 진로를 정하고 이미 정했던 마음을 바꾸기도 하는 걸 보면 분명 중요한 위치의 사람이리라. 나 또한 긍정적이든 부정적이든 나의 학창 시절에 많은 선생님의 영향을 받고 여기까지 왔다. 그렇다면 나의 아이들에게 나는 어떤 영향을 주는 교사였을까? 아니 교사로서의 내 모습 이전에 한 인간으로서의 내 자신을 돌아보는 게 우선시되어야 할 듯싶다. 나는 어떤 사람이었나. 스스로를 부정하지는 않았지만 내 자신을 자신 있게 드러내며 살지 못했던 것 같다. 가끔은 그런 내 모습을 부끄러워하면서 내 주변 환경 때문에 어쩔 수 없어 스스로를 합리화시키는 어리석음을 저지르기도 했다. 지난해 수업 중 삶의 목표가 무엇인지 묻는 물음에 나는 선뜻 대답을 할 수가 없었다. 언제부턴가 자신 있게 답할 수 있었던 물음들에 대해서 답하지 못하는 내 자신을 발견하곤 했다. 오랫동안 책장의 한쪽 귀퉁이에 박혀 낡아지고 표지의 색마저 바래 버려 어떤 제목의 책인지도 구별할 수 없는 한 권의 책처럼 나만의 색깔을 잃어버렸던 것은 아닐까? 이젠 나를 찾아가는 작업을 시작해야 할 듯하다.

'나다움' 어떻게 찾을까? 한 인간으로 살아갈 수 있는 생명을 지니고, 자신이 한 인간으로서 가치 있는 존재임을 느끼며, 생각하는 능력을 가지고, 인생을 살아가면서 부딪치는 여러 가지 크고 작은 어려움과 낯선 역경을 이겨 낼 수 있는 기본적인 능력을 지니며, 내가 필요한 것과 원하는 것을 표현하고 주장할 수 있는 자격이 있다고 믿고, 자신이 필요로 하는 것과 원하는 것을 적극적으로 시도할 수 있는 능력과 자격이 있다고 믿으며 이를 시행할 수 있고, 그렇게 실행한 일로부터 어떤 성과를 내가 얻어 낼 수 있으며, 또한 노력하여 얻어 낸 성과를 즐길 수 있는 권리를 내가 가지고 있다고 믿고, 그러한 결과들은 스스로 즐김으로써 내가 행복을 얻을 수 있고 행복하게 살아갈 수 있다고 믿는 것이 자존감이라 했던가!

우선은 나 자신을 믿어 보련다. 나의 가치와 나의 능력을 믿는다면 다른 사람들에 대해서도 더욱 굳은 믿음을 가질 수 있을 것이다. 또한 나를 있는 그대로 인정하며 부족함은 메우고 잘못은 바르게 고쳐 나가는 의식적인 삶을 살도록 노력하련다. 늘 많은 이들 중에 자리만 차지하고 있는 내가 아닌 두려움 없이 나를 드러내는 작업도 해 보아야겠다. 그리고 언제부터인가 잃어버렸던 목표를 찾아가는 목적이 있는 삶을 살아야겠다. 삶의 목표를 잃어버린 나라면 목표를 찾아가고 있는 아이들에게 결코 어떠한 도움도 줄 수 없으리라.

내 자신의 자존감이 높아질 때 한 인간으로서뿐만 아니라 교사로서도 부끄럽지 않으리란 생각이다. 교사가 아이들에게 모범을 보인다면 그를 보는 아이들에게 자존감은 자연스럽게 형성될 것이다. 교사는 아이들 개개인의 잠재 능력에 대한 깊은 신뢰감을 가져야 하며 그들이 그 능력을 맘껏 발휘할 수 있도록 하고, 학생이 능동적이고 자율적으로 학습하도록 하면서 성장할 수 있는 기반을 만들어 주어야 한다. 아이들을 존중하고 이해함으로써 학생이 선택할 수 있는 비전을 올바로 제시할 수 있어야 할 것이다. 이제껏 나를 선생님이라 부르며 함께했던 아이들! 지나간 시간들을 후회하는 것은 시간만 낭비하는 일이다. 되돌릴 수 없는 시간에 대한 후회보다는 그 아이들에게 부족했던 내 모습을 되돌아보고 이제는 같은 실수는 하지 말자는 다짐을 해 보며, 앞으로 만날 아이들에게 매 순간 최선을 다하겠다는 다짐을 해 본다.

마지막으로 이 과제를 하며 오랫동안 잊히지 않을 과제 중 하나일 거라는 생각이 든다. 우선 내 느낌이나 생각을 글로 옮기는 것이 나에게는 참 어려운 일이었다. 그래서 처음 시작도 힘들었지만 마치기까지도 참 오랫동안 들었다 놨다를 반복해야 했다. 그 가장 큰 이유는 내 자신을 돌아보는 것에 대한 두려움 때문이었다. 참 오랫동안 인정하기를 꺼려했던, 스스로 못난 부분이라 생각했던 것들을 인정해야만 하는 것이 어려운 일이었던 것 같다. 이제 부족하나마 이 글을 마무리하는 지금은 마음이 많이 편해졌고 앞으로의 내 생활에 관해 약간의 자신감과 설렘이 생기는 듯하다. (양숙경, 2006)

나도 없고 너도 없는 학교

삶이 가져오는 무거운 것, 슬픈 것 나를 힘겹게 하는 오해 가운

데에서도, 기쁨을 발견하여 보석처럼 갈고 닦는 지혜를 순간마다 새롭게 배운다는 이해인 수녀님의 시 한 구절처럼…….

『나다움 어떻게 찾을까!』를 읽으면서 성공이 우상으로, 외모와 효율성이 판단 기준이 되어 버린 요즈음 그래도 성공한 사람으로 인정받기보다 사람다운 사람으로, 무엇이 효과적인가보다는 무엇이 나다운 것인가를 판단 기준으로 삼는 아름답고 멋진 세상에 대한 희망의 불씨를 다시금 확인할 수 있는 시간이어서 나름대로 행복했다.

이 책에서 처음 중요하게 언급하는 자존감은 서로 밀접하게 관계되어 있는 두 가지의 요소로 구성된다. 그 하나는 자신이 행복해질 가치가 있다고 믿는 느낌, 즉 자기가치감이며, 다른 하나는 삶을 이끌어 나가면서 겪는 여러 가지 일에 대한 기본적인 자신감, 즉 자기능력감이다. 자존감은 보통 사람들이 살아가면서 부딪치는 여러 가지 크고 작은 고난들을 극복해 낼 수 있는 생존적 가치와 기본적인 능력이 자신에게 있다고 믿고, 자신이 한 인간으로서 가치 있는 존재이며, 그에 적합한 능력을 발휘하여 어떤 성과를 만들어 낼 수 있고, 그로부터 삶의 보람을 느낄 수 있고, 인생을 행복하게 살아갈 수 있는 사람이라고 믿는 것으로 정의할 수 있겠다.

교육의 궁극적인 목적은 외적인 기준이 아닌 자기 내부에서 찾는 자신만의 보람을 느끼는 '행복감'을 갖게 하는 것이어야 한다. 학교가 해야 할 사명은 자신의 발전 가능성에 긍정적 시각을 갖고 자신을 신뢰할 수 있게 해 주는 일이 되어야 하고, '나다움', 즉 특별한 개성, 빛깔, 색깔을 지닌 학생을 기르는 형태로 변화되어야 한다.

교육은 자율적이고 창조적이며 주체적인 인간 형성을 목적으로 하는 활동이다. 그런데 우리 교육은 이러한 교육적 인간상과는 거리가 멀다. 대신에 타율적, 수동적, 방관자적 인간은 교육의 의도와는 별개로 형성되는 인간상이었다. 이는 교육의 부정적 효과라고 할 수 있는데, 교육뿐만 아니라 사회를 움직이는 일종의 논리로 굳어지고 있는 듯하다. 교육받은 사람들에 의해 자행되는 사회적 무질서와 반목, 지역 갈등의 심화, 정치 불안과 공적 신뢰의 상실 등은 교육의 제도적 성장에 가려져 있는 교육의 부정적 효과라고 할 수 있고, 교육 현장에 서 있는 나 또한 예외가 아니었다. 자존감이나 나다움을 돌아보지 않고 나를 힘겹게 하는 오해와 편견 가운데 체제 지향적인 삶을 살았던 지난날들을 반성해 보고자 한다. 첫째, 성공과 출세를 위한 지름길로 일류 학교 진학을 조장하는, 학력 차별화 의식을 은연중에 심어 주었던 것이 사실이다. 둘째, 적대성과 배타성을 극복하는 통일교육을 소홀히 했고, 통일 대비교육에도 적극적이지 못했다. 셋째, 환경교육의 중요성은 깨닫지 못하고 은근히 도시생활이 화려하고 흥미로우며 편한 것인 반면 농부의 삶은 낙후되고 원시적인 것이라고 가르쳤다. 넷째, 서양 지식체계에 대한 의존과 종속으로부터 자유롭지 못했고, 우리 전통 사상과 우리 것 찾기에 적극적이지 못했다. 다섯째, 개인의 자율성과 개성을 강조하기보다, 학생다움이란 이름으로 학생을 통제하고자 했다.

내 안에 내재된 기존의 교육적 심성을 바꾸지 않는 한, 아이들을 이해하려고 하면 할수록 절망감만 깊어질 것이다. 교육을 바라보는 관점, 학교를 재구성하는 데 필요한 상상력, 새로운 인류에 대한 성찰이 어느 때보다 절실하게 필요한 시점이라는 생각이 든다. 전부는 아니지만 학교에서 그간 인생에 어떤 귀한 것이 있다는 것을 아이들에게 가르쳤는지 묻고 싶다. 뿌린 대로 거둔다는 것은 자연의 법칙만은 아니리라.

인간은 태어나자마자 '관계의 존재'다. 부모와 관계를 맺고, 형제자매와 관계를 맺으며, 이웃과 관계를 맺는다. 이 관계의 폭은 날마다 확장된다. 이처럼 세상에 태어난 모든 인간은 직간접적으로 서로 관계를 맺고 살아간다. 나는 너에게 의존하고 있고, 너는 나에게 의존하고 있다. 너 없이 나는 존재할 수 없고, 나 없이 너도 존재할 수 없다. 너는 나의 존재 조건이고, 나는 너의 존재 조건이다. 너를 존재하게 하는 내가 너에게 귀중한 존재인 것처럼, 나를 존재케 하는 너도 나에게 귀중한 존재다. 내가 귀중한 것은 너와 다르기 때문이고, 네가 귀중한 것은 나와 다르기 때문이다. 나와 너의 다른 것은 다른 만큼 나와 너를 보완하는 내용이 된다. 이러한 관계가 서로에게 인정될 때 나의 인격과 너의 인격은 세워질 것이다.

그런데 오늘의 학교교육은 '나도 없고 너도 없다.' 나와 네가 있는 그대로 인정되지 않고, 서로를 위한 수단으로 왜곡된다. 내가 너를 나의 수단으로 삼지 못하면 내가 너의 수단으로 전락한다. 내가 존재하기 위해서는 잠시라도 긴장을 풀면 안 된다. 존재한다는 것은 '투쟁'이다. 나에게 있어 너는 일등자리를 넘보는 경쟁자이든지, 나의 일등자리를 빼앗은 강탈자다. 학교에서든 사회에서든 자신의 생존을 위한 노력은 끝이 없다. 언제 어디서나 '겉과 속이 다른 너'를 만날 수밖에 없는 상황이 '무한 경쟁'의 현실이 되고 있는 것이다. 그러므로 우리는 '너'를 인정하는 학교교육을 수행해야 한다. 너를 인정함으로써 나도 인정받을 수 있는 교육을 살아 있는 교육이라고 말할 수 있다. 이제 우리의 학교교육은 '나의 나다움'을 키우는 개성교육과 '너의 너다움'을 인정하는 인성교육이 선행되어야 한다. 개성교육과 인성교육은 서로 맞물려 있다. 너와 다른 나를 인정해야 개성교육이 가능하고, 나와 다른 너를 인정해야 인성교육이 가능하기 때문이다. 서로 다른 것을 인정하기만 한다면 학교교육의 문제들은 더 이상 존재할 수 없다. 이제 우리의 학교교육은 인성교육을 통해서 무한 경쟁의 황량한 세계를 탈피하고, '무한 협력'의 인간 공동체로 새롭게 만들어 가야 할 것이다.

예를 들어, 학생 자치에서 얻는 상호존중의 삶, 환경교육, 현장에서 삶의 문제를 통해 이웃과 만나고 소통하고 감응해 나가는 지역교육, 공동체적 복지를 중시하는 시민교육 등에 보다 많은 시간과 공간이 자리해야 한다. 물론 이것들이 전부는 아니리라. 그러나 이것들을 통해서 교육을 보면 낡은 것 속에서 새로운 것을 발견할 수 있을지 모른다. 희망을 가지면 아이들이 아름답다고 했던가!

자존감이 높은 사람은 자신이 남보다 우월한 위치에 자리함으로써 만족감을 찾지 않는다. 그는 오직 자신의 빛깔과 향기를 올바로 찾아 기르는 일에서 인생의 행복감을 찾는다. 우리 교육이 인성교육과 개성교육이라는 커다란 교육목표를 세상에 차려 놓고 기쁨의 잔칫상을 차릴 수 있는 그런 날을 꿈꾸며 오늘도 묵묵히 교육의 현장에 선다. (전영옥, 2006)

여인의 삶에서 '나'

『나다움 어떻게 찾을까!』를 읽고 나서, 마치 낯선 유리 구두를 신고 세상을 배회하는 신데렐라의 운명처럼 12시가 되면 모든 것이 제자리로 돌아온다는 명제 하에 동화 속 상상의 이야기가 내 이야기가 되었으면 좋겠다는 현실성 없는 꿈, 또 모나코의 왕과 결혼한 미국 여배우 그레이스 켈리처럼 한 나라의 영화로운 여왕의 자리를 차지한 여인처럼……, 그다지 먼 이야기가 아니더라도 주변에서 지금의 나보다 훨씬 더 여유 있고 멋스럽고 아름답게 생을 이끌어 가는 사람들을 보고 있노라면, 비교되는 내 자신이 한없이 초라하게 느껴지고 그저 아무 의미 없는 하루하루의 조각을 세월이라는 판에 끼워 넣고 있는 것 같다는 생각이 들었다. 지금 이 책을 읽고 난 후에 망연함이란……. 하던 일들을 멈추고 한참을 아무것도 할 수가 없었다.

세월의 시간들 속에 옭아매어졌던 이름 붙이기조차 의미 없는 내 인생의 파편들을 지금에 와서 찾아내 붙일 수도 없거니와 붙인다 해도 이음새의 자국들이 남아 흉한 모습을 드러낼 테니까 내 자신이 흘려보냈던 무의미한 시간의 강줄기들을 그냥 흘려보냄이 좋을 듯싶다. 자꾸 아픔으로 혹은 자학으로 되새김질할 뿐이니까!

그러고 보면 다른 사람들은 무척 다양하고 많은 종류의 거창한 꿈과 이상을 가지고 살아가는 것 같다. 헌데 나는 미래가 불투명해서 하루하루 살아가는 것조차 버겁기 때문에 미래는커녕 힘든 하루하루를 살아내는 내 자신이 그저 대견스러울 뿐이었다. 과거엔

빈익빈 부익부 현상이 두드러졌는데, 아쉽게도 내가 처한 위치는 그다지 자랑하고 내세울 만한 가정 환경이 아니었다. 운명론적 사고였을지도 모르겠지만 그렇다고 창피하거나 현실을 도피하고 싶은 생각은 더더욱 없다.

나는 4남매의 둘째로 태어났고 어린 시절 아버지가 일찍 돌아가시고 어머니가 시골에서 작은 식당을 운영하시며 생계를 꾸려 가셨다. 이러한 환경은 그다지 내 미래를 밝게 보장해 줄만한 환경이 아니었기에 그저 환경에 순응하는 법을 일찍 터득했을지도 모른다. 이렇듯 고학력을 기대한다거나 좋은 미래를 보장받을 만한 환경이 아니었기에, 현실 속에 안주하는 방법을 나 스스로 그리고 주변의 익숙한 말과 행동에 의해 당연하게 받아들였고, 그것이 곧 내 삶의 모든 것이 되어 버린 듯하다. 이런 환경 속에서 나는 개천에 용 나듯이 살아야 한다는 강박관념을 가지고 살았다. 남들에게는 그저 착하고 공부 잘하는 싹수가 있는 아이로 자라야만 한다는 강박관념에 사로잡혀 힘들고 짜증나고 한심스러운 생활의 연속이었지만 힘들다고 짜증난다고 한심스럽다고 외마디조차 내서는 안 되는 강제된 틀 속에 있었다. 항상 착하고 예의 바르고 부모와 주위 분들에게 순종하며 모범생의 모습으로만 살아왔다. 개성이란 용어 자체가 아예 나와는 멀었다. 몰개성의 개념에 속한 사람이 바로 나였다. 어릴 적은 그저 순탄하게 평범한 울타리 속에서 잘 길들여져 왔다. 그리고 난 또 평범한 결혼을 하고 평범한 직장을 선택해서 살고 있다. 평범한 부모로서의 삶을 내가 선택해서 살고 있다. 마치 다른 세계에서의 삶은 없는 것처럼 아니 없길 바라면서 살아왔는지도 모르겠다.

어느 날 『인형의 집』의 로라처럼 일상을 탈출하는 일탈을 꿈꾸어 본 적이 있었지만 이미 내가 선택하고 자연스럽게 선택된 지금의 내 삶 속에서 난 로라처럼 용기를 낼 수가 없었다. 내 삶을 주장하며 살기엔 내게 용기도 없었으며 삶을 헤쳐 나갈 비범함을 잊었기 때문이다. 지금의 나를 만들어 온 것은 내 자신과 가정 환경과 사회 환경에 책임을 조금씩 묻고 싶지만 궁극적으로 내 삶의 주인은 나이므로 내가 주장하는 삶을 살았어야 하는데 분명 내 삶이 있을진데, 길들여진 삶이 아닌 나를 주장하는 삶을 개척하는 개척 정신을 내가 잠재의식 속으로 끌어 내려 감췄기에 로라처럼 나를 주장하는 삶의 주인공은 역시나 먼 나라의 이야기처럼 내 머릿속을 맴돌 뿐이다.

여자이기 때문에, 가난한 결손가정에서 자랐기에, 더욱이 가난한 가정의 장녀이기에 참아 냈던 암울한 내 삶의 과거사를 들추기에는 난 너무 가슴 아픈 기억이 많다. '여자이기 때문에'란 유행가 가사처럼 순종하며 순응하는 삶이 전부인양 살아왔고, 앞으로 살아갈 내 자신을 거울 보듯이 보고 있다. 앞서 얘기한 것처럼 신데렐라의 유리 구두를 신고 다른 세상을 살다가 12시가 되어 내 삶으로 돌아온다면 더 초라하고 참담함을 느낄 테니, 아니면 다른 세상을 살다 왔기에 더 나은 삶을 개척할 힘이 생길지도 모르겠지만 항상 마음속에서만 신데렐라를 꿈꾸고 노래하며 살고 있는 초라한 나를 바라본다.

다른 한편으론 '현실에 만족하는 삶을 살아왔지 않느냐?'라고 반문한다면 '100% 내 삶 속에 내 자신을 위한 삶이 몇 %를 차지하는가?'라고 되묻게 된다. 내 부모와 형제들, 내 남편과 아이들,

내가 속해 있는 직장 속의 내 위치를 보건데 나를 위한 내 삶이라고 당당히 말할 수 있는 부분은 1%도 안 될 것이다. 아니, 내 삶에 1%조차도 투자를 해 본적이 없다. 내 자신을 사랑한 적이 없으므로 투자할 가치가 없다고 생각했다. 내 자신을 칭찬하고 옳다고 인정하며 내 자신도 개체를 지닌 존엄한 존재라고 생각해 본 적이 없다. 내 자신은 항상 남들을 의식하는 눈동자 속에 존재해 왔다. 그들 눈에 비춰진 나, 그들 눈에 보여질 나만을 생각하며 그들 눈동자 속에 항상 내가 있었고 그래야만 내 맘이 편했다. 그들 눈동자 속에 존재해야만 내가 자유를, 평안을 얻을 수 있다고 믿고 살아왔고 내 유전자는 그들에 맞춰 진화했다. 아쉽게도 난 항상 남들과 함께하는 삶을 산다. 잠자리에 들 때조차도 나 자신을 되돌아보는 것이 아니라 다른 이들에게 오늘 내가 어떤 모습으로 비추어졌을까를 고민하며 잠이 드는 경우가 허다하다.

슬프고 애처로운 내 인생, 가엾고 무력한 내 인생이 아니었나 싶다. 이제 와서 내 인생을 운운하자면 뜬구름 잡는 식의 허망한 표현으로 일축할 부분도 없잖아 있겠지만 일생을 두고 계산하여 보면 1/3을 살아왔으니 나머지 2/3는 나를 위해 투자하며 살아야 옳지 않겠는가! 이미 굽이굽이 굳어져 버린 포도 덩굴의 나무줄기라 해도 아픔을 딛고 내 인생에 버팀목을 바쳐서라도 내 자신의 내 자아를 이끌어 내야 함이 옳지 않겠는가 생각해 본다. 남들의 눈동자 속에 나를 채색하여 넣는 인위적인 행동이 아니라, 그들의 눈동자 속에 자리매김해야만 하는 힘겨운 능력 밖의 내 모습이 아니라 내 마음속에서 내 잠재의식 속에서 나를 끌어내어 참된 자아상을 만들어 내 눈동자에 내가 있도록 해야겠다.

일상에서 탈출을 시도하려는 것이 아니다. 일상 속에서 내 자아의 개념을 세워 보자는 거다. 내가 존재하고 남이 있다는 것을 내 눈동자 속에도 남들을 담아낼 수 있다는 것을 이야기하고 싶은 거다. 내 눈동자 속에 남들을 담아내는 일은 조심스럽게 금기했던 것들을 행하는 마음으로 조금씩 아주 조금씩 담아 보려고 한다. 낯선 타인처럼 내 자신을 낯설어 하면서 볼지도 모르겠다. 손익을 계산하여 보더라도 투자를 해 볼 만한 인생이지 않겠는가! 과거에 내 삶을 향한 투자가 0%였다면 이제는 나에 대한 할당을 조금씩 높여 내가 만족할 만한 내 몫이 만들어질 것이라고 믿고 싶다. 어찌 보면 더 많은 내 자신의 만족감을 얻을 수 있다고 가정해 보면, 내 자아상을 찾아 투자함으로써 더욱더 많은 부가가치로서 삶의 대가들을 얻어 낼 수 있다고 확신을 해도 무방하지 않나 싶다. 나 스스로 자존감을 높일 수 있다면, 바로 그 순간 그 자리가 내가 살아 있음을 확인하는 지점이 아닌가 싶다. 나 스스로 타인에게 내가 독립된 개체임을 주장까지는 아니어도 인지시킬 수 있고, 남편에게는 아내이기 전에 독립된 여성임을, 내 아이들에게는 보살핌을 주는 보모의 전담역에서 벗어나 또한 여자임을 이야기할 수 있는 날들의 연속이 된다면 삶의 주체가 내가 되어 다른 사람들과 동등한 입장에서 그들을 바로 볼 수 있지 않을까!

때론 자신감이 결여된 삶 속에서 본의 아니게 노예 근성을 갖게 됨을 부인하지 않겠다. 때론 자존심을 갖지 않을 때의 내 모습 속에 비굴함이 내재되어 있었다는 사실을 또한 인정하지 않을 수 없다. 때론 자기가치감이 결여되어 궁극적으로 내 삶은 속 빈 강정처럼 이루어져 왔음을 인정하지 않을 수 없다. 낯선 바다에 표류하는 나의 인생에 종지부를 찍기 위해선 부지런히 내 자아를 찾는 연습을 해야 할 것 같다.

빈집 증후군에 시달리는 내 자신을 발견하기 전에 부단히도 뭔가를 채우기 시작하는 내 자신을 찾아가야겠다. 남의 집에 둥지를 트는 뻐꾸기는 적어도 되지 말아야겠다. 작은 집이더라도, 진흙을 섞어 잡다한 이물질을 엮어 집을 짓는다 해도 내가 스스로 짓는 내 자존심의 작은 집을 세워야겠다. 어디까지가 내 모습이고 어디까지가 내 모습이 아닐런지는 나 자신도 모르겠다. 하지만 지금껏 살아온 인생의 발자취도 나의 것이고 앞으로 내가 내딛는 발자국들도 또한 내 것이기에, 과거의 내 발자국이 타인의 발자국들과 섞여 식별조차 어려웠지만 앞으로는 하얀 눈이 내린 새벽 아무도 밟지 않은 깨끗한 눈길을 처음으로 혼자 걷는 것처럼 나의 발자국을 또렷하게 남겨야겠다. 나의 발에 맞는 내 신발을 신고 나만의 길을 가야겠다. 어느 때 되돌아본다고 해도 '저건 내 발자국이야. 남들의 발자국이 아닌 나만의 길을 걷는 내 발자국이야.' 라고 외칠 수 있어야겠다. 가끔은 다중인격의 나를 발견하곤 소스라치게 놀라곤 한다. 다중인격 같은 나의 여러 모습들을 보고 있노라면 문득 서글퍼진다. 진실한 나는 없고 상황에 길들여진 또 다른 내가 때때로 가면을 바꾸어 쓰며 나타나는 것이 아닌가 싶다.

'나다움' '나다움' 정말 예쁘고 진실하며 아름다운 말이다. 나다움을 지니고 살고 싶다. 여러 사람들에 의해 채색되는 삶이 아닌 '나다움'의 단일 색채로 그려지는 인생을 살고 싶다. 내 삶에 주어진 역할 속에서 나를 찾고 나다움을 발견해서 나의 삶의 주인공이 되고 싶다. 『인형의 집』의 로라처럼 나를 찾아 용기 있게 떠날 채비를 나 또한 할 수 있을 것이라 나 자신을 믿고 싶다. 내 나이 30대에 새로운 꿈들을 거창하게 꿀 수는 없지만 진솔한 꿈 하나하나와 미루어 왔던 내 삶의 가치 있는 부분들을 실천하는 일에 정성을 들여야겠다. 가정에서 오직 내가 남편의 아내이자 아이들의 엄마로만 느껴졌는데 그들이 나의 남편이자 나의 아이들이 되는 시간을 가져야겠다. 헌신을 표현으로 삼지 않고 사랑이란 의미를 다시 생각하고 실천해야겠다. 가족의 울타리에서 내 자리를 만들어야겠다. 조그마한 공간이라도 내 이름으로 된 작은 공간을 가져서 그곳에서 사색도 하고 커피도 즐기면서 좋아하는 책을 읽고 여유로움을 사치할 수 있음을 내 자신에게 각인시켜야겠다. 아내와 엄마의 자리 옆에 나의 자리를 만들어 볼 생각이다. 그래서 내 맘이 여유로워진다면, 남편과 아이들에게 여유로워진 내 모습을 보여 줄 수 있다면 훗날 아니 차츰 내 얼굴에서 조급함이나 조바심 대신 평안함과 넉넉함, 미소를 찾을 수 있을 것이다. 가족에 대한 헌신으로 주름져 있던 곳에 나의 자유와 여유로움을 넣어 두어야겠다. 지금부터라도 직장에서 내가 가졌던 여자로서의 약간의 비굴함과 적당한 타협과 좋은 것이 항상 좋은 것이라는 생각에서 벗어날 기회를 내 자신에게 주어야겠다. 남들과 다른 생각조차 죄악시되던 나의 소심한 마음을 버리고 자신감과 확고함을 길러 내 주장을 분명히 내세울 수 있어야겠다. 긍정과 부정을 명확하게 구분 지어 내 자신이 주체로서 확답을 얻었을 때는 주위 환경에 나 자신을 숙여 바라볼 필요가 없다는 것을 스스로 명심해야겠다. 먼 훗날 그리고 현재 나에게 가장 나은 방향을 고려하여 회색론적 사고에서 벗어나 흑과 백을 주장하는 용기가 필요하겠다. 황희 정승의 말씀처럼 이것도 옳고 저것도 옳고 하는 중첩적인 사고도 필요하겠지만 주위 환경에 짓눌려 내 자아의 목소리를 움츠러들게 하는 일에서 벗어나는 노력을 해야겠다. 직장에서의 내 영역과 나 자신의 영역이 분명히 구분되어야 할 필요가 있음을 인정하고 내 구역 찾기에 더 이상 게으르지 않기를 스스로 타일러 본다.

책을 읽고 만감이 교차했다. 종이에 서서히 물기가 스며들어 가라앉아 나중에는 흔적도 없이 사라지고 없어져 버리는 그런 모습이 아닌 나의 모습, 나의 색깔, 나의 빛깔, 나의 소리, 나의 움직임, 나의 영역, 나의 시간, 나의 것 등등……. 나다움에서 얻을 수 있는, 나다움에서 가져야만 하는 것들을 하나하나 챙겨 봐야겠다. 그것이 비록 작을지 혹은 큰 것인지는 모르겠지만 분명 나다움에서 생겨나는 것들은 모두 소중하고 자랑스럽고 뿌듯한 것들임에 틀림없을 것이다. 남들이 인정하는 것, 남들에게 보이는 것, 남들에게 나타내고자 하는 것, 남들에게 들려주고 싶어 했던 것, 남들에게 표현하고자 했던 것, 남들에게 익숙해져 있는 것에서 이젠 벗어나서 나만의 캔버스에 나만의 색채로 그림을 그려 봐야겠다. 남들이 보건 보지 않건 상관하지 않겠다. 내 자신이 나를 위해 그리는 내 삶의 그림들에 박수를 보내는 관객이 비단 나 자신 혼자여도 좋다. 더불어 진정한 눈빛으로 내 삶의 그림을 바라볼 관객이 한 명쯤 더 있다면 좋겠지만 굳이 내가 그린 그림을 보지 않는다 해도 슬프거나 아쉽거나 안타깝지 않을 것이다. 서툴지만 난 표현할 것이고 캔버스에 그려 볼 것이다. 내 목소리를 담아서 내가 살아 있음을 표현하고 내 인생의 주인공이 나라는 사실이면 족하지 않겠는가.

스스럼없이 가을은 왔고 하늘거리는 코스모스가 하늘을 넉넉히 받치고 있다. 고운 빛깔의 코스모스 같은 한 권의 책을 읽고 내 인생을 보다 새롭게 바라보고 받아들이고 있다면 내 맘은 충분히 넉넉하게 가을을 준비한 게 아닌가 싶다. (윤현영, 2005)

삶의 새로운 창: '나다움'

아름다운 진리의 길을 찾을 수 있는 방법이 있을까? 아무리 좋은 미사여구로 치장해도 소리 없는 아우성과 같은 진리들은 우리의 감각에서 무뎌진 지 오래다. 해묵은 책들과 인류의 초석과 같이 시작한 삶에 대한 성찰은 시절을 쫓아 흘러가 버리고, 역사의 뒤에서 쓸쓸히 고목이 되어 가고 있다. 안이한 굴레 속에서 우리는 좌천된 길을 걸어가며, 그 길이 최고의 길인 양 착각한다. '바른 길'을 의식하지도 못한 채 오늘도 또 그 길을 나선다. 4대 성인과 대문호가들뿐만이 아니라 우리 주변에는 알 수 없는 호기심으로 가득 찬 빛의 생명들이 하루살이처럼 수없이 살아가고 있다. 우리들의 마음을 순수한 아이처럼 깨끗이 비우며 살아갈 때 아름다운 호기심으로부터 참다운 삶의 의미를 찾아서 그 실타래를 풀어 나갈 수 있을 것이다. 그것이 바로 '나다움'이다. 신시대에 맞고, 우리말에 맞는 가장 바람직하고 유미한 말로 우리에게 질문 아닌 질문을 던진다. 아주 당연한 것이었기에 감사함도 의식하지 못한 나를 안타까워하며 이 책, 『나다움 어떻게 찾을까!』를 어루만진다. '나다움'이라는 것은 사람이라면 누구나 한 번쯤은 고뇌하는 우리 인생의 깊은 의미를 성찰할 수 있는 지침 이상의 동화와 같다. 딱딱한

백과사전이 아니요 일기장이며, 어머니가 아기에게 먹기 좋게 하여 먹이는 이유식과 같은 것이다. 그런 의미에서 우리는 아이 때부터 어머니를 통한 참다운 호기심으로부터 우리의 나다움을 출발해야 하지 않을까?

세상의 흐름을 따라가는 사람들 속에서 그들의 모습을 들여다보고 있노라면, 그 세상이 어디로 가는지 아는 사람은 극히 적을 것이다. 매일 돌아가는 지하철, 버스, 컴퓨터와 같은 기계 속에서 우리는 돌아가고 있는 작은 놀이동산 같다는 생각이 들었다. 그 당장의 모습은 참 열심히 살고, 바쁘고, 무언가 의미 있는 일을 추구해 나가는 듯 보이지만, 그것은 어디까지나 반복되는 일상이 가져다주는 즐거움 속에서 살아가는 장님과 같은 모습일 뿐이다.

맨발로 맨땅을 걸어 본 적이 있는가? 나는 어릴 적에 놀이터에서 자주 그렇게 놀곤 했다. 흙을 밟고 있는 느낌이란 놀이기구를 타는 기분과는 비교할 수 없다. 백사장에서, 숲 속에서, 정원에서, 들판에서 바람을 가르는 기분이란 청룡열차를 타는 기분과는 비교할 수 없는 것이다. 우리는 자연을 마시고, 먹으며, 밟고, 숨쉬며, 만지고, 보며, 들으면서 살아간다. 지금의 나의 모습은 초점을 잃은 작은 새처럼 멍하니 하늘만 바라보고 있다. 내가 지금껏 배워왔던 건 세상을 위한 나의 날갯짓이 아닌, 세상의 거대함이었다. 따라서 거대한 세상에 압도되어 내가 날아갈 바로 앞의 그 비행길에 초점을 맞출 수가 없었던 것이다.

그럴 때에 이 책에서 나는 실제로 보이지 않지만 느낄 수 있고, 마음으로 볼 수 있는 그 길에서 '자존감'이라는 참 스승을 만난 것이다. '나다움'이란 거울을 통해서 나를 부단히 가꾸어 나가야 한다. 그것은 마치 '나'라는 하나의 나무를 가꾸는 것과 같다. 그것은 좋은 나무가 좋은 열매를 맺고, 나쁜 나무가 나쁜 열매를 맺는다는 당연한 진리로부터 출발한다. 애초부터 나쁜 열매가 있다고 생각하지는 않지만, 나쁜 열매가 나타날 수 있기 때문이다. 이는 사람이 사람을 해치는 요즘의 사회악 현상들을 통해 알 수 있다. 자신에 대한 존중감과 이로부터 비롯되는 상대방에 대한 존중감이 없기 때문에 다른 사람에게 피해를 주는 잘못된 일임에도 양심의 가책을 느끼지 못하고 행하는 것이다. 그러한 것이 익숙해지다 보면 자신도 모르게 그것을 당연시하게 되며, 결국 그 사람의 인생을 송두리째 빼앗아 간다. 이처럼 사람을 죽이고 살리는 마음은 작은 생각에서부터 출발한다. 자존감이 바로 그 마음의 시발점이다. 자기를 존중하는 생각을 나는 몇 번이나 해 봤을까? 너무도 생소한 느낌으로 나 자신에 대한 소중함을 깨닫지 못하기 때문에 그것을 늘 생각하고 사랑하며 살아갈 수 없었던 것이다. 어릴 때부터 가정, 학교, 사회에서 자존감에 관하여 배우고 자신과 타인을 사랑하며 살아왔어야 하는 것을 우리는 그렇게 하지 못했다. 자연과 더불어 살아가며 자연의 때 묻지 않은 순수함을 배워 우리 내면의 착한 마음을 북돋고 그것으로 사람을 대해야 하는 것이다. 그런 삶을 살아가는 사람은 나이가 많든 적든 간에 아이처럼 순수하고 깨끗하며, 겸손하다.

우리는 어릴 적에 모르는 것이 많아서라도 어른과 주변 사람들에게 자주 이것저것 물어본다. 그것을 통해 신체와 정신이 고루 성장한다. 나아가 서로의 눈과 눈이 마주침으로써 인간존중의 사람됨을 자연스럽게 익히는 것이다. 가정과 학교에서 우리는 많은 사람들과 관계를 맺으며 '자존감'을 키워 나가야 한다. 하지만 안타깝게도 따뜻한 '존중감'을 지닌 손길을 받지 못하고 자란 탓으로, 우리는 지금 나의 나됨을 위한 아름다운 길을 가지 못하고 있는 것이다. 그러다 보니 우리의 마음속에는 공허함과 허황된 욕망만 가득 차 버렸다. 몸은 컸지만 마음이 충분히 자라지 못한 불균형의 성장이 되어 버렸다.

이것은 마치 '자존감'의 두 축이라고 하는 '자기가치감'과 '자기능력감'이 균형 있게 함께 갖추어지지 못하면 자존감이 형성될 수 없는 것과 같다. 이와 마찬가지로 우리는 알맹이가 없는 쭉정이만 크게 자라나고 있는 것이 아닐까? 최근 뉴스에서는 청소년들이 예전에 비해 키도 크고 발육 속도도 빠르다고 보도했다. 하지만 체력은 예전 사람들에 비해 턱없이 부족하다고 한다. 다 같이 못 먹고 못 살았던 시절에 비해 무엇이 부족해 이렇게 허약한 인간이 되는 것일까? 우리가 어머니, 선생님, 친구들과 서로 존중감을 주고받지 못해 삭막한 인간 사회의 갈증과 결핍으로 그 알맹이가 메말라 가고 있는 것은 아닐까? 나는 그것을 이 책에서 제시하고 있는 '자존감' 유형에 따른 행동 특성을 통해 문제를 해소할 오아시스를 찾았다. 내 영혼의 따뜻한 나날을 품 안에 지니고 지키기 위해 우리는 무엇을 어떻게 해야 할지 생각해 봐야 한다. 우선 '자기가치감'과 '자기능력감'이 무엇인지 바르게 알고, 이해하며, 실천해야 할 것이다. '자기가치감'이란 막연히 어려워 보이지만 자존심과 비슷한 말로 이해함으로써 좀 더 쉽게 받아들일 수 있다.

가치를 부여하는 것은 그것을 볼 수 있는 안목이 있어야 함을 의미하는데, 나는 그러한 자질이 많이 부족하다. 하지만 그 가치라는 것이 어디 높은 곳에 있거나, 멀리 있는 것이 아니며, 내 주변과 내 안의 어딘가에 있을 것이라는 생각을 하게 만드는 '인격적 가치'와 '생존적 가치'라는 것을 생각해 보면, 마치 보물찾기라도 하듯이 아주 재미있게 나의 나됨을 위해 노력하는 나의 모습을 금방 떠올릴 수 있다. 훌륭한 사람들에게만 있는 것, 보이는 것이 아니라 내 안에 있는, 인류의 모든 품 안에 있는 것이 자기가치이며, 이는 모두 소중한 우리 영혼의 영양분인 것이다. 이순신 장군에서 고등학교 2학년 담임선생님으로, 담임선생님에서 나에게로 점점 다가오는 훌륭한 '나'는 '베스트 11'으로 축구 경기장을 가득 메우고 있고 있는 존재로서, 그 경기가 있는 본래적인 가치이며, 동시에 세상 단 하나뿐인 선수인 것이다. 즉, 나는 나를 후원하는 든든한 후원자인 동시에 그 후원의 기대에 보답하는 주인공인 것이다.

이러한 것을 느끼지 못하고 자라난 배고픈 어린 시절의 나는 나의 인격을 비하했고, 세상을 부정적인 모습으로 바라봤다. 사랑을 주는 사람이 없었다. 내 두 눈에는 차들이 달리는 것도, 사람들이 걸어 다니는 것도, 건물이 들어서는 것도, 선생님이 가르치는 것도, 모두 부정적으로 보였다. 착하고 진실한 모습은 모두 양의 탈을 쓴 늑대와 같아 보였고, 이기적인 인간관계에서 낙오되는 나를 느끼며 살아왔다. 어린 시절 조금은 순수했던 날들도 모두 잊히고 교복을 입고, 벗으면서 느낀 것은 사회의 부조리한 모습들뿐이었다. 인간이 인격적인 존재로서 당연히 존중받을 수 있음은 생각지도 못하고, 능력과 집안, 사회와의 이해관계, 힘의 논리에 의해서, 법도 악의 도구로 사용될 수 있음을 보아 왔다. 마치 아프리카 사람들의 고유한 문화가 열강의 제국주의에 의한 침략과 약탈 속에서 무참히 유린당했던 것과 같이 인간의 본래적인 가치가 존중받지 못한다고 느꼈다. 전쟁 속의 평화와 태풍 속의 눈처럼 나는 그때 그곳에서 나만의 유일한 평안을 찾아서 하늘을 올려다보았다. 참다운 사람과 그렇지 못한 사람들이 있든지 없든지 관심도 없었고, 나에게 거는 기대나 따뜻한 손길도 바란 적이 없었다. 아니 그렇게 되어 버렸다고 말하는 것이 더 맞는 말이다. 더욱 슬픈 것은 이러한 현실을 남의 탓으로 돌리고 있는 형국이었다. 어떠한 전쟁이라도 그 종말은 의미 없는 상처만을 남기는 것과 같다. 사람에게 거는 기대감은 그렇게 중요한 것이 아니었다. 이유 없는 평화를 원하는 것이었다. 다만 보이지 않는 총부리를 겨누며 이 사회가 원하는 그릇된 엘리트가 되기 위해 노력해야 했다면, 어쩔 수 없는 공존의 세상에서 나는 나와 타협하고 선을 부정하며 악을 미워하는 절충의 길을 찾으려고 했다. 어리석음의 연속이었다. 절대적 빈곤과 상대적 빈곤, 그리고 어머니의 부재와 좁고 습한 공간에서의 썩어 가는 생활은 나를 미치게 하기에 충분했고, 악의로 가득 차 버릴 수도 있었다. 그렇지만 이건 아니었다. 이때 자연은 말해 주었다. 말 없는 나무와, 말 없는 달과, 말 없는 해와, 말 없는 바람, 말 없는 하늘은 모두 진중함을 갖추고 각자 세상이 어떻든 간에 자신들의 몫을 충분히 해내고 있었다. 그것은 거울이었다. 자연의 거울에 비친 나와 보이지 않는 인류의 사랑의 모습을 발견한 것이 아닐까 생각한다.

따뜻한 영혼을 지닌 사람은 이 세상 어딘가에 묵묵히 살고 있으며, 내 안에도 그러한 씨앗을 품고 있다는 생각을 한다. 우리가 밟은 곳은 자연이다. 마시는 것도 자연이며, 숨 쉬는 것도 자연이며,

우리가 보는 것도 자연이며, 우리가 생각하는 것도 자연에서 비롯된다. 이 자연은 단순한 자연이 아닌 우리 인류의 내면에 있는 자연이며, 태초의 어머니의 자연이다. 나의 작고 초라함을 알고 우주의 광활함을 알 수 없었을 때, 나는 세상의 압도적인 위협 앞에서 한 줄기의 빛을 볼 수 있었다. 그것은 정의와 악이 공존하는 모순된 세계 속에 우리는 살아가고 있다는 것이고, 모두가 그러한 양면의 모습을 가지고 있다. 우리는 자연 속에서 살아가며 자연을 파괴하듯이 그러한 모순됨으로 우리는 모두가 불행한 모습으로 살고 있다. 자기 스스로 자신을 파괴하고 있다. 이 책은 그것을 깨닫게 해 주고 있다. 나는 자신의 소중함을 깨닫고, 우리의 소중함을 깨닫고, 인류의 소중함을 깨닫고 싶다. 에디슨의 좌절을 치유하는 어머니의 모습이 두드러진다. 두 마음은 동시에 한 마음이 되는 것이다. 이처럼 나도 이미 늦었다는 생각이나, 안 된다는 생각을 버리고 믿음으로써 할 수 있다는 자신감을 회복하여 자기가치감과 자기능력감이 서로 필요충분조건이 되어야 한다는 사실을 깨달았다. 자신을 치유하며 타인을 치유할 때, 우리는 아픔에 대한 공유와 기쁨에 대한 환희를 동시에 체험할 수 있을 것이며, 그것이 바로 인간 삶의 의미를 찾아가는 길이 아닐까 생각한다. 이는 아이와 같이 순수하고 아무런 의심 없이 자신의 솔직한 모습을 받아들이고, 자존감을 형성해 나가는 단순한 믿음에서 비롯한다. 이 믿음은 닻이 없고 돛이 없는 배가 아니라 자존감에서 비롯되는 닻과 돛, 나아가 그 배의 키를 지닌 항해사와 같은 것이다. 배의 키는 어떠한 큰 배도 자유자재로 움직일 수 있는 중심에 위치한 것이다. 이 키를 붙잡을 때, 세상의 어떠한 모질고 거센 풍파가 닥쳐와도 흔들리지 않고 굳건히 자신의 길을 항해할 수 있는 희망을 가지고 승리하는 삶을 살게 되는 것이다. 자기 자신에 대한 믿음의 의구심으로부터 해방되지 못한다면, 서로를 신뢰하는 믿음도 있을 수 없다. 따라서 이 키는 바로 믿음의 키이며, 자신의 열쇠다.

하지만 앞에서 말했듯이, 몸과 마음은 같이 성장해야 하며, '자기가치감'과 '자기능력감'은 서로를 필요로 하는 공생의 관계 속에서 '자존감'을 형성한다. 그렇다면 '자기능력감'이란 어떻게 나의 마음속에 자리 잡을 수 있을까?

능력이라 함은 '일을 감당해 낼 수 있는 힘'이라고 할 수 있다. 그렇다면 자기 자신을 감당할 수 있는 힘이라고 해야 하는 것인가? 하지만 자기능력감은 그보다 그러한 능력에 대한 믿음을 갖기 위한 과정을 더 중요하게 본다. 살아가면서 부딪히는 크고 작은 문제를 해결할 수 있는 기본적인 능력이 나에게 있다고 믿는 것이 '자기능력감'이다. 나는 지난 시절에 대한 냉소주의적인 인생관을 가지고 있었기 때문에 자기능력감이 오랫동안 결핍되었던 것 같다. 늘 머릿속에 '나 같은 것이 무엇 하나 제대로 할 수 있나?' 하는 생각이 담겨 있었다. 학교에서는 성적표가 자기능력감을 나타내는 하나의 잣대로 인식되었고, 그것은 이 사회에서 거의 평생을 좌우하는 것이었다. 어느 강의 시간의 이야기다. 교수님은 에디슨, 나이팅게일 등과 같은 사람들이 우리나라에서 태어났다고 가정을 해 보자고 했다. 과연 그들이 우리나라에서 그렇게 훌륭하게 성장할 수 있었을까? 성적과 같은 것으로 사람을 가린다면 에디슨과 나이팅게일뿐만 아니라 세계적인 어떤 위인도 절대로 한국 사회에서 제대로 그 빛을 발휘하지 못했을 거라는 것이다. 성적으로 모든 것이 판가름 나고, 보이지 않는 권력에 휘둘리며, 무조건 일류 대학과 일류 기업에 들어가려고 하는 현실에서 그들의 숨은 능력감은 빛을 발하기도 전에 꺼져 버리게 될 것이다. 이것은 바로 자기모순이며 자기파괴다. 참으로 안타까운 일이다. 한 극단적인 예였지만 가볍게 넘어갈 수는 없는 일이다. 나는 '자기능력감'에 대해 바로 알고 그렇게 사는 것이 결코 세상의 냉혹함에도 기죽지 않고 이룰 수 있는 인간의 본질적인 속성이라고 생각한다. 그렇기 때문에 '나다움'은 전 인류에게 공통적으로 관심을 받아야 할 보편적인 생명과 같은 것이며, 나의 빛을 찾아 떠나는 여행이다. 사람을 살리는 일의 중심에 바로 '나다움'이 있는 것이다. '자존감'이 있는 것이다.

'자기능력감'이 높으면 자칫 자신의 능력에 대해 자만하기 쉽다고 생각할지 모른다. 그것은 자신감이 필요한 것이기 때문이다. 하지만 자신감과 함께 중요한 것이 바로 겸손이다. 겸손에서 나오는 깊은 신뢰야말로 자기 자신의 능력을 끊임없이 성장시킬 수 있는 배움의 원동력이고, 겸손은 자신을 신뢰하고 어떤 일이든지 최선을 다할 수 있는 힘을 최고로 발휘하게 해 준다. 그리고 자신감은 그 과정이 매끄럽게 진행되도록 도와준다. 그것이 바로 자기기만에 빠지지 않고 부단히 노력하여 자신을 '자존감'으로 일으켜 세울 수 있는 것이다.

'나다움'이란 평생을 두고 정진해야 할 자기 자신에 대한 교육으로서, 늘 곁에 두고 긍정적이고 적극적인 마음으로 나의 빛깔을 찾아서 그 빛을 밝게 비추는 빛의 사람이 되지 않을까 생각한다. '자존감'을 형성하기 위해 자연과 인류는 중요한 의미를 지닌다. 자신과 타인을 같은 대상으로 보아야 한다. 성경에 '내 이웃을 내 몸과 같이 사랑하라.'라는 구절이 있다. 나를 사랑하지 않는다면, 이웃도 사랑할 수 없다. 반대로 나를 사랑한다면 남도 사랑할 수밖에 없다. 나를 사랑하는데 남을 사랑하지 않는다면 그것은 반쪽짜리 사랑이며, 껍데기 사랑이다. 그러니까 내가 소중한 것을 아는 만큼, 남도 소중하다는 것을 알아야 한다. '자존감'으로 나의 빛깔을 찾고 그 빛이 모두에게 모범으로서 빛을 발한다면, 그것은 나의 나됨의 초석을 세우고 의롭고 인격적인 사람이 되는 것이며, 모두가 함께 승리하는 상생의 삶, 소위 Win-Win의 건전한 삶으로 나타날 것이다. 그것은 이미 나를 위한 삶을 뛰어넘어 인류를 위한 삶으로 살아가는 성현의 모습과 다르지 않을 것이며, 가장 오래 기억될 가장 새로운 빛일 것이다. 나는 이번 계기로 '나다움'이란 거울을 통해서 나의 나됨을 교육하며, 행복을 위해 행복을 추구하는 어리석은 사람이 아닌 충실한 삶으로 '의'를 쫓아 행복이 따라오게 하는 삶을 살아야 한다는 것을 깨달았다. 이제 나는 평생 동안 나의 '나다움'을 찾아갈 것이다. (박대웅, 2008)

자존감에서 시작된 새 행복감

어제와 같은 오늘, 오늘과 같은 내일을 살고 있는 우리는 자기 자신을 상실하기도 하고, 반대로 자기 자신이 사회의, 우주의 중심인 양 착각하고 살고 있다. 사회는 복잡해지고 있다. 사람이 사회 속의 부품에 불과한 지금과 달리, 문명 이전에서는 오늘 먹을 것, 내일 먹을 것, 더 나아가 모레 먹을 것 그리고 가족의 안녕만을 걱정하며 살아왔다. 이러한 문제에만 관심을 갖고 해결되면 그 자체가 행복의 중심이었다. 그러나 지금은 어떠한가? 문제를 해결하려는 그 본질은 같으나 현대인들은 생각할 것이 많다. 거미줄처럼 복잡한 관계에서 당당히 자기 중심을 가지고 살아야 하는 현대인들은 그와 반대로 인간 소외라는 자기 상실감을 느끼고 있다. 이는 현대 사회 속에서 인간이 물질화되어 가고 있으며, 사회라는 거대한 기계 속에서 차가운 톱니바퀴로 전락되기 때문이다. 마르크스는 인간이 노동을 하면서도 노동의 잉여가치가 그것을 생산한 이에게 돌아오지 않을 때 소외가 발생한다고 했다. 그러나 현대인의 소외는 단지 노동의 가치로부터의 소외를 의미하는 것은 아닐 것이다. 현대인은 자신의 사회 속에서 존재의 가치를 느끼지 못할 때 소외를 받게 되는 것이고 자신이 원하는 이상향, 즉 주체적 이해와 요구를 실현하고 싶어도 시대의 큰 흐름, 사회의 흐름에 묻혀 그것을 실현하지 못하고 단지 그 흐름을 쫓아갈 수밖에 없을 때 소외는 다가온다. 어떤 이는 자신이 소외되고 있다는 것조차도 모르고 있다. '상실의 시대'를 살고 있는 우리는 자기를 존중하며, 자신의 능력을 스스로 인정하고 나다움이라는 자기성찰을 겸허하게, 때로는 관대하게 접근하는 학문적 반성이 절실하다. 나만의 향기와 빛깔을 인식하며, 이를 아름답게 만들고, 이 아름다움에 만족과 환희를 느끼는 자기존중이야말로 현대인에게 꼭 필요한 수양 과목이라 할 수 있다. 가정에서 길러진 자존감과 학교에서 길러진 자존감이 사회로 확장되어 사회를 변화시킬 수 있을 것이다.

『나다움 어떻게 찾을까!』는 이러한 자기 상실과 인간 소외의 문제점을 제기하고 자신, 가정, 학교에서의 자기존중의 중요성을 말하고 있다. 또한 모든 사람이 간과하고 있는 '나다움'에 대해 다시 한 번 돌아볼 수 있는 귀한 시간을 제공하고 있어 독서와 성찰의 즐거움을 느낄 수 있게 만들어 주는 경험을 제공하고 있다. 저자는 우리나라의 역사적인 배경과 사회 현상 그리고 교육의 현실을 통해 자연스럽게 '나다움'의 의미와 자존감의 필요성을 드러냈다. 이 책에서 냉전 이데올로기와 획일화된 군사문화와 독재정치를 통해 편협해진 사고방식과 권위주의, 간판주의 그리고 권력지향적 생활방식이 개개인의 가치를 무시하게 되는 원인이라고 역설한다. 성적이 좋은 학생은 성적이 나쁜 학생을 업신여기고, 학벌이기주의는 열등한 학교를 만들어 내고, 열등한 학교를 다니거나 졸업한 사람에게 상실감을 주고 있으며, 권력과 부를 자진 사람이 그렇지 못한 사람들을 괴롭히기도 하며, 점입가경으로 편의대로 법을 바꾸는 정치인들로 인해 고통을 당하고 있는 민초의 고충을 토로하고 있다.

이러한 현실에서 새로운 틀로 '나다운 나'를 찾고, 자신의 가치를 정확하게 알며, 자존감을 형성하는 것이 중요하다고 말하고 있다. 즉, 사회의 병폐와 모순을 '나'라는 개인을 변화의 주체로 삼아 사람 개개인의 존재가치를 인식하며, 능력을 발휘하여 모종의 성과를 얻음으로써 개인의 행복감을 획득하며, 더 나아가 나의 환경, 나의 이웃, 나의 가정, 나의 학교에서 '나에 대한 존중과 가치'의 실현을 추구해야 한다고 역설하고 있다.

책을 읽으면서, 나는 '닭이 먼저냐, 알이 먼저냐?' 하는 의문이 생겼다. 사회적인 모순에 대해서 그 변화의 주체가 내가 되느냐, 혹은 변화의 주체가 사회의 시스템이냐 하는 것이다. 위에서 언급한 성적이 좋은 학생이 성적이 나쁜 학생을 업신여기고, 학벌이기주의가 만연하고, 권력의 횡포와 정치인들의 이중성 문제에 관해 그 당사자들을 욕하며, 당사자들의 자기존중을 통해 그 해법을 찾는 것이 올바른 방법인지, 법이나 제도 혹은 윤리 등의 사회구조적인 시스템의 변화와 개선을 통한 방법이 올바른 방법인지에 대한 질문이 먼저인지, 아니면 자기상실의 시대에서 나 자신의 행복을 추구하기 위해 자기존중만을 고집한다는 것이 옳은 것인지 의문이 떠오른다. 또 어쩔 수 없이 발생하는 사회의 강자와 적자 속에서 자기존중을 통한 자아의 행복 추구는 강자를 위한 것인지 혹은 적자를 위한 것인지 혹은 모두를 위한 것인지에 대한 의문이 생겼다. 한편으로는 이러한 의미 확대가 저자의 집필 의도와는 상반된 의미 해석일 것이라는 생각도 해 본다. 저자는 이 책을 통해 이분법적인 사고의 위험성을 경고하며, 자신의 색깔을 찾아 '하고 싶은 일' '할 수 있는 일' 그리고 '해야 할 일'을 통해 행복한 삶을 영위하기 바라며, 이를 위한 전제로 자존감의 필요성을 역설하고 있다. 자존감이 개개인에게 행복을 가져다줄 수 있는 명제로는 필요충분의 요건이다. '나는 한 인간으로서 살아갈 수 있는 생명을 지니고 있고, 나는 한 인간으로서 생각하는 능력을 가지고 있으며, 나는 인생을 살아가면서 부딪치는 여러 가지 크고 작은 어려움과 낯선 역경을 이겨 낼 수 있는 기본적인 능력을 가지고 있고, 나 자신이 한 인간으로서 가치 있는 존재임을 느끼며, 내가 필요한 것과 원하는 것을 표현하고 주장할 수 있는 자격이 있다고 믿고, 나 자신이 필요로 하는 것과 원하는 것을 적극적으로 시도할 수 있는 능력과 자격을 지니고 있다고 믿고 있으며, 그로 인한 결과를 스스로 즐김으로써 내가 행복을 얻을 수 있고, 행복하게 살아갈 수 있다고 믿는다.' 이것이 자존감의 의미다. 이 책의 내용을 시간이 지나 모두 잊더라도, 이 문단만 기억한다면 그것으로도 정말 인생을 살아가는 데 있어 중요한 양식이 될 수 있을 것이다.

이 책은 자존감의 의미와 구성요소의 두 축인 자기가치감과 자기능력감과 더불어 자기존중의 중요성에 대해 언급하고 있다. 아울러 자기존중과 함께 언급될 수 있는 자부심과 자존심에서 대해서도 기술하고 있다. 책에서도 언급했듯이, 우리는 살아가면서 매 순간 선택을 한다. 조금 과장한다면, 인생은 선택이고 결단이다. 그 선택을 통해 행복과 책임을 느끼고, 순간순간 새로운 선택을 해야만 하는 것이 또한 인생이다. 선택은 질문의 결과다. 나는 내 자신을 믿을 수 있을까? 나의 생각이 옳은가? 나는 지금 적절한 행동을 하고 있는가? 나는 만족스러운가? 나는 얼마나 좋은 사람일까? 나는 성공할 수 있을까? 나는 행복할 수 있을까? 등의 수없이 많은 질문들 사이에서 모든 사람이 추구하는 궁극적 행복은 자존감, 즉 자기가치감과 자기능력감을 통해서 비록 그 결과가 만족스럽지 못하더라고 우리는 인정하고 수긍하며, 나름대로 행복한 생활을 영위하고 있다고 말할 수 있을 것이다.

또한 자기가치감과 동의어로 여겨지는 자존심이라는 개인적 명제에 대해서 다시 한 번 생각하고, 성공의 의미와 성공의 해석에 대해서도 다시 한 번 스스로 숙고할 수 있는 계기가 되었다. 아울러 이 책을 통해 내가 속한 사회에서 나의 가치와 그 가치의 해석 그리고 능동적, 수동적 혹은 구체적, 피상적인 측면에서의 나의 가치의 평가와 존중에 대한 중요성을 되돌아보는 소중한 기회가 되었다.

책의 내용을 일부 인용하면, 가정의 재산, 교육 수준, 주거 환경,

사회적 신분, 아버지의 직업 혹은 가정주부로서 어머니의 존재 등과 같은 외형적인 요소보다는 자녀와 부모 또는 보호자와의 내면적인 관계가 중요하다고 말하고 있는데 여기서도 부모나 보호자의 건전한 자존감을 가장 중요한 요소로 말하고 있다. 또한 자존감이 형성된 아이들은 인격적인 가치와 됨됨이가 전적으로 인정되면, 안정감을 체험하고, 자신의 존엄성을 느끼며, 행위나 성취 수준에 대해서 높은 기대치를 가지며, 이를 유지하려고 노력한다. 물론 이러한 측면에서는 전적으로 동의한다. 다만 이러한 자기존중의 바탕에는 가족의 사랑과 믿음이 전제되어야 한다는 것을 간과해서는 안 될 것이다.

이 책은 가정에서의 자기존중의 형태로 심리적인 안정감 제공, 사랑, 자기수용의 터득, 인격적 가치의 존중, 투명한 심리관계 형성, 나이에 적합한 양육, 음미적 칭찬과 꾸중, 부모의 신뢰할 수 있는 기대, 실수의 인정, 건정한 규율, 학대 금물, 스킨십, 함께하는 식사 등 여러 지침은 다양한 방식으로 자존감을 기를 수 있는 조건을 제시하고 있다. 단지 아쉬운 점은 가족이라는 공동체에서 자녀양육의 측면에서만 자존감의 형성을 부각시켰다는 점이다. 하지만 모든 가족 간의 자기존중의 실현이 그 내면에 깔려 있다고 생각된다. 한편 글 중간에 시를 인용한 것은 가족 사랑을 중요시하는 공동체를 설명하는 데 있어 아주 좋은 표현이라고 생각된다. 딱딱한 논리적인 설명보다 한편의 시는 저자가 표현하고자 하는 뜻을 증폭시키는 역할을 충분히 하고도 남았다.

마지막으로 저자는 우리 사회에 만연해 있는 학벌 위주의 사고방식, 체면문화로부터 아이들을 보호하고, 아이 나름대로의 색깔을 인식시키고 지지해 줄 수 있는 부모를 좋은 부모라고 언급하며, 아이들에게 자존감을 정상적으로 키워 주기 위해 겉치레 문화인, 학벌주의와 체면과 눈치 보는 행동의 불식을 선행 과제로 제시하고 있다. 아울러 새로운 시사를 받은 것은 가족 해체와 자녀 양육 문제가 심각하게 대두되고 있는 현대 사회에서 이러한 자기존중 방식은 동양의 철학과 서양의 철학이 적절하게 반영된 현대 철학의 새로운 형태라는 생각을 해 본다.

아침 식사조차 제대로 하지 못하고 학교로 향하는 우리 아이들에게는 학교생활이 인격 형성에 가장 큰 영향을 줄 것이라고 짐작할 수 있다. 아이들에게 학교는 정체성을 찾아주며, 사회생활 내지는 공동체 생활에서의 자신의 역할과 책임을 키워 주는 중요한 공간이다. 특히 교사의 역할은 학생들에게 매우 중요하다. 저자는 책에서 학교교육의 궁극적 목표는 '나다움' 찾기라고 표현했다. 즉, 이러한 나다움은 교사와 학생 간의 신뢰와 자기존중을 통해 형성된다고 해도 과언은 아니다. '선생님'이란 단어는 아직까지도 우리 사회에서 감동을 불러일으킨다. 이렇게 청소년기에 중요한 역할을 하고 있는 교사의 건강한 자존감은 학생들에게 있어서는 기독교에서의 성경과도 같은 존재로 작용한다는 점을 간과해서는 안 될 것이다.

한편 이러한 자존감은 교사의 학생들에 대한 신뢰와 기대를 통해 형성된다. 학교에서 학생들에게 '나다움'을 찾아 주기 위한 시도는 예전에 비해 현재 교실에서 더 많이 이루어지고 있는 것이 사실이다. 학생들의 다양한 소질을 반영하기 위해 이에 걸 맞는 교수 방식과 입시체계를 만들고 있지만, 교사는 교사대로 학생은 학생대로 불만을 가지고 있는 것이 현실이다. 과거의 교육 형태는 학생들에게 매를 들기도 하고 상당히 권위적이었지만, 현재 일부 기성 세대들에게는 나름대로 향수를 불러일으키는 것도 사실이다. 개인적인 생각으로 자기존중의 교육이 정착되기에는 아직 우리 교육의 분위기나 학교 문화가 따라가질 못하는 것 같다. 그러나 교사의 선구자적 노력으로 학생에게 자존감을 키워 줄 수 있는 조건이 만들어져야 할 것이다.

나에게 '나다움'이란 단어는 이 책을 읽기 전까지는 참으로 생소한 단어였다. 특히 부록에 수록되어 있는 수강생들의 보고서에서 볼 수 있는 '나다움'에 대한 고민으로부터 많은 공감을 얻었다. 나는 '나다움'이라는 말에 대해 솔직히 고민해 본 적도 그리 많지 않았다. 단순히 그때그때 부딪치는 문제에 대해 고민하고 해결하려고 했거나 회피하려고 들었을 뿐, 나 자신에 대한 깊은 성찰과 반성은 없었던 것 같다. 획일화된 교육 속에서 자라 왔다는 핑계로 우리는 똑같은 나무 상자에서 정해진 눈금에 맞추어 그 선만을 바라보며 살아왔던 것 같다. 이 책을 통해 새삼 나 자신을 사랑해야겠다는 생각이 들었다. 목적지에 도달하는 과정은 가장 빠른 길도 있을 것이고, 안전한 길도 있을 것이고, 우회하여 돌아가는 길도 있을 것이다. 모든 길에는 의미가 부여된다. 하지만 우리의 인생은 한 번이기에 저자의 말처럼 위험이 내재된 길을 갈 필요는 없다.

마지막으로 '나다움'이란 명제를 항상 마음속에 되새겨야겠다는 다짐을 하고, '나는 어떻게 살 것인가? 나는 어떤 행복을 추구할 것인가? 다른 사람들에게 나는 어떤 사람으로 기억되고 싶은가?'에 대해 진지하게 생각해 본다. (박여름, 2005)

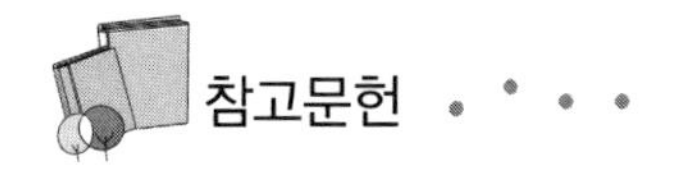

참고문헌

강승규(2008). 학생의 삶을 존중하는 교사. 동문사.

강승규 역(1994). 나를 존중하는 삶(나사니엘 브랜든 저). 학지사.

유영만, 이수경 공역(2007). 에너지 버스(존 고든 저). 쌤앤파커스.

이정하(1994). 너는 눈부시지만 나는 눈물겹다. 푸른숲.

정봉구 역(1987). 에밀(루소, 1762). 범우사.

Branden, Nathaniel (1994). *Six Pillars of Self-Esteem*. New York: Bantam Books.

Canfield, Jack, & Wells, Harold Clive (1994). *100 Ways to Enhance Self-Concept in the Classroom*. New Jersey: Prentice-Hall.

Field, Lynda (1993). *Creating Self-Esteem*. Great Britan: Element Books Limited.

Mckay, Matthew, & Fanning, Patrick (2000). *Self-Esteem*. Oakland, CA: New Harbinger Publications, Inc.

Mruk, Christopher J. (1999). *The Self-Esteem, Research, Theory and Practice*. New York: Spring Publishing Company.

Schiraldi, Glenn R. (2001). *The Self-Esteem Workbook*. Oakland, CA: New Harbinger Publications.

http://www.ingwon.com

저자 소개

강승규(ghsg@woosuk.ac.kr)

고려대학교 교육학과 졸업
고려대학교 대학원 교육학 박사
전 한국교육개발원 연구원, 미국 오하이오 주립대학교 교환교수
한국교육학회 이사, 우석대학교 교육과학연구소 소장
우석대학교 신문사 주간, 우석대학교 대학원장
민주화를 위한 전국 교수협의회 중앙위원, 경실련 교육정책위원장
전북교육연대 상임대표, 전북학교운영위원협의회 회장
대통령자문 교육혁신위원회 상임위원
현 우석대학교 교육학과 교수
우석대학교 교육연수원장

〈주요 저 · 역서〉

교육의 역사와 철학(2판, 공저, 2009)
학생의 삶을 존중하는 교사(2008)
좋은 교육(공저, 2007)
교육학대백과사전(공저, 1998)
루돌프 슈타이너의 교육론(공역, 1997)
나를 존중하는 삶(역, 1994)
어린이의 삶을 사랑하는 교육(역, 1993)
사랑이라는 예술(역, 1974) 외 다수

〈주요 논문〉

교수와 예비교수 집단의 연구윤리 정립방안(2008)
좋은 교육의 목적: 함께하는 마음눈 키우기(2007)
학생의 삶을 존중하는 교사의 교육철학(2006)
즐거운 삶터로서 좋은 학교 만들기 방안 연구(2004)
존 듀이의 민주주의 교육론(2003)
지방화시대의 교육이념 탐색(2001)
한국 전통사회의 인간상: 선비상 연구(1997)
교원교육에 대한 교육철학적 접근(1996)
존 듀이의 선 연구(1995)
존 듀이의 선 형성과 그 교육적 의미(1994)
학생존중에 관한 이론 분석(1992)
존 듀이의 판단 이론 연구(1990) 외 다수

나다움 어떻게 찾을까! 3판

2002년 11월 30일 1판 1쇄 발행
2005년 3월 25일 2판 1쇄 발행
2009년 7월 27일 3판 1쇄 발행

지은이 • 강승규
펴낸이 • 김진환
펴낸곳 • (주) 학지사
121-837 서울시 마포구 서교동 352-29 마인드월드빌딩 5층
대표전화 • 02-330-5114 / 팩스 • 02-324-2345
홈페이지 • www.hakjisa.co.kr
등록 • 제313-2006-000265호

ISBN 978-89-6330-149-5 93370

가격 8,000원

파본은 구입처에서 바꾸어 드립니다.

이 책을 무단 전재 또는 복제 행위 시 저작권법에 따라 처벌을 받게 됩니다.

인터넷 학술논문 원문 서비스 뉴논문 www.newnonmun.com